「创造最有价值的阅读」

“阅读力”指导专家委员会

顾　问：朱永新

主　任：曹文轩

成　员：（以姓氏笔画为序）

王士荣　方卫平　朱芒芒　刘克强　杜德林
何立新　张伟忠　张祖庆　周其星　周益民
胡　勤　顾之川　倪文尖　黄华伟　梅子涵
章新其　蒋红森　滕春友

丛书主编：曹文轩

本书编写人员：蔡明子

丛书统筹：王晓乐

名著阅读力养成丛书

名人传

◆ [法] 罗曼·罗兰 著

◆ 傅雷 译

浙江文艺出版社
Zhejiang Literature & Art Publishing House

图书在版编目(CIP)数据

名人传 /(法)罗曼·罗兰著;傅雷译. —杭州:浙江文艺出版社,2018.8(2024.1重印)
(名著阅读力养成丛书)
ISBN 978-7-5339-5352-2

Ⅰ.①名… Ⅱ.①罗… ②傅… Ⅲ.①贝多芬(Beethoven, Ludwing Van 1770-1827)—传记②米开朗琪罗(Michelangelo, Buonarroti 1475-1564)—传记③托尔斯泰(Tolstoy, Leo Nikolayevich 1828-1910)—传记 Ⅳ.①K811

中国版本图书馆CIP数据核字(2018)第165618号

责任编辑 冯静芳 谢园园
装帧设计 吕翡翠
责任印制 吴春娟

名人传

[法]罗曼·罗兰 著 傅雷 译

出版 浙江文艺出版社
地址 杭州市体育场路347号
邮编 310006
网址 www.zjwycbs.cn
经销 浙江省新华书店集团有限公司
制版 杭州天一图文制作有限公司
印刷 杭州杭新印务有限公司
开本 710毫米×1000毫米 1/16
字数 250千字
印张 15.75
插页 2
印数 23001-25000
版次 2018年8月第1版 2024年1月第3次印刷
书号 ISBN 978-7-5339-5352-2
定价 35.00元

团购电话:0571-85064309

出版说明

阅读不仅关乎个人的素养和语文教育的水平，也关乎整个社会的风尚和文明的品质。因此，国家统编语文教科书加强了阅读设计，提倡将阅读往课外延拓，倡导1＋X的群文阅读模式，增加了课外阅读的比重。语文学习要建立在广泛的课外阅读的基础上，这既是教材编写的重要理念，也成为越来越多的人的共识。

浙江文艺出版社以文学立社，出名著，出精品，几十年来在古典文学、现当代文学、外国文学、儿童文学等领域积累了大量的资源和优秀的版本。早在2003年起就陆续推出“语文新课标必读丛书”，为中小学生的经典名著阅读助力，深受欢迎。随着国家统编语文教科书的使用，2017年开始，浙文社面向师生做了大量的教材使用调研。在深刻了解阅读教育的实际情况后，秉承国家统编语文教科书的编写精神和教学需求，我们多次邀请并集聚读书界、语文教育界、文学界、出版界等领域的专家把脉会诊，群策群力，为中小学生和老师们精心策划、精心编辑，推出了这套“名著阅读力养成丛书”。

这是一套充分领会国家统编语文教科书的编写精神，围绕阅读，紧扣教材，涵盖小学、初中、高中的名著阅读力养成丛书；不仅强调要读什么，更强调应该怎么读。该丛书由曹文轩先生担纲主编，延请一线教学名师，对入选的每一部作品编写阅读指导方案，阶段不同，阅读指导方案也略有差异，如“专题探究”板块，通过有针对性的阅读方法训练，把教学的目标要求融入到“专题探究”的设置中，熔铸着一线精英名师的教学思想精髓和对阅读的不懈探索。这样，通过阅读力养成训练，可以有方法有步骤地引领学生完成整本书阅读，了解小说、散文、诗歌、戏剧等不同文体的特征，切实有效地提高学生的阅读水平和阅读能力，同时也给老师的教学实践提供一种参照与借鉴。

该丛书紧扣教材要求阅读的书目，收录两类书：一类属于核心书目，如初中语文教材中“名著导读”里的书目、小学语文教材中“快乐读书吧”中的指定书目等；另一类属于拓展书目，指课文后要求阅读的作家作品，这些作品的阅读或帮助学生拓展对所选作家创作的了解，或增加对相应文体的认识和理解，起到拓展视野的作用。

该丛书在版本选用上精益求精。对于名家名著，精挑细选经典权威版本；对于名家选本，追求代表性，或由该领域权威研究者编选，或由作家自己编选；对于外国文学名著，囊括一批资深翻译家的经典译本，如傅雷译《名人传》《欧也妮·葛朗台》、力冈译《猎人笔记》等。由于“五四”白话文运动的发轫与推进，中国现代文学作品在语体上有着鲜明的用语特色，我们在编校中参阅相关文献对少量字词和标点做了适当的修改，尽可能地保留作品的原貌。

该丛书在设计上充分考虑阅读的舒适感和青少年的用眼卫生，尽可能地采用大号字体、米黄纸张，做到版面疏密有致、图书轻重得宜等。所有这些，旨在推出一套真正面向学生、服务学生的青少年版丛书。

培根说：“读书足以怡情，足以傅彩，足以长才。”经典名著的影响力是不可估量的，一本好书能够让一个人终身受益。让我们种下阅读的种子，学会阅读，爱上阅读，在阅读中唤起灵性和兴味；让我们在多姿多彩的阅读的花园里，去领略丰美而自由的天地！

浙江文艺出版社

总序

曹文轩

“新课标”以及根据“新课标”编定的国家统一中小学语文教材，有一个重要的理念：语文学习必须建立在广泛的课外阅读基础之上。

语文学科与其他学科的重要区别是：其他一些学科的学习有可能在课堂上就得以完成，而对于语文学科来说，课堂学习只不过是其中的一部分，甚至不是最重要的一部分；语文学习的完成须有广泛而有深度的课外阅读做保证——如果没有这一保证，语文学习就不可能实现既定目标。我在有关语文教育和语文教学的各种场合，曾不止一次地说过：课堂并非是语文教学的唯一所在，语文课堂的空间并非只是教室；语文课本是一座山头，若要攻克这座山头，就必须调集其他山头的力量。而这里所说的其他山头，就是指广泛的课外阅读。一本一本书就是一座一座山头，这些山头屯兵百万，只有调集这些力量，语文课本这座山头才可被攻克。一旦涉及语文，语文老师眼前的情景永远应当是：一本语文课本，是由若干其他书重重包围着的。一个语文老师倘若只是看到一本语文教材，以为这本语文教材就是语文教学的全部，那么，要让学生从真正意义上学好语文，几乎是没有希望的。有些很有经验的语文老师往往采取一种看似有点极端的做法，用很短的时间一气完成一本语文教材的教学，而将其余时间交给学生，全部用于课外阅读，大概也就是基于这一理念。

关于这一点，经过这些年的教学实践，加之深入的理性论证，语文界已经基本形成共识。现在的问题是：这所谓的课外阅读，究竟阅读什么样的书？又怎样进行阅读？在形成“语文学习必须建立在广泛的课外阅读基础之上”这一共识之后，摆在语文教育专家、语文教师和学生面前的却是这样一个让人感到十分困惑的问题。

有关部门，只能确定基本的阅读方向，大致划定一个阅读框架，对阅读何种作品给出一个关于品质的界定，却是无法细化，开出一份地道的足可以供一个学生大量阅读的大书单来的。若要拿出这样一份大书单，使学生有足够的选择空间，既可以让他们阅读到最值得阅读的作品，又可避免因阅读的高度雷同化而导致知识和思维高度雷同化现象的发生，则需要动用读书界、语文教育界、文学界、出版界等领域和行业的联合力量。一向有着清晰领先的思维、宏大而又科学的出版理念，并有强大行动力的浙江文艺出版社，成功地组织了各领域的力量，在一份本就经过时间考验的书单基础上，邀请一流的专家学者、作家、有丰富教学经验的语文老师、阅读推广人，根据“新课标”所确定的阅读任务、阅读方向和阅读梯度，给出了一份高水准的阅读书单，并已开始按照这一书单有步骤地出版。

这些年，我们国家上上下下沉思阅读与国家民族强盛之关系，国家将阅读的意义上升到从未有过的高度，无数具有高度责任感的阅读推广人四处奔走游说，并引领人们如何阅读，有关阅读的重大意义已日益深入人心。事实上，广大中小学的课外阅读已经形成气候，并开始常态化，所谓“书香校园”已比比皆是。现在的问题是：阅读虽然蔚然成风，但阅读生态却并不理想，甚至很不理想。这个被商业化浪潮反复冲击的世界，阅读自然也难以幸免。那些纯粹出于商业目的的写作、阅读推广以及和各种利益直接挂钩的某些机构的阅读书目推荐，造成了阅读的极大混乱。许多中小学生手头上阅读的图书质量低下，阅读精力的投放与阅读收益严重不成比例。更严重的情况是，一些学生因为阅读了这些质量低下的图书，导致了天然语感被破坏，语文能力非但没有得到提高，还不断下降。如果这种情况大面积发生，我们还在毫无反思、毫无警觉地泛泛谈课外阅读对语文学习之意义，就可能事与愿违了。现实迫切需要有一份质量上乘、定位精准、真正能够匹配语文教材的阅读书目以及这些图书的高质量出版。

我们必须回到“经典”这个概念上来。

我们可能首先要回答“经典”这个词从何而来。

人们发现，这个世界上的书越来越多了，特别是到了今天，图书出版的门槛大大降低，加之出版在技术上的高度现代化，一本书的出版与竹简时代、活字印刷时代的所谓出版相比，其容易程度简直无法形容。书的汪洋大海正席卷这个星球。然而，人们很清楚地看到一个根本无法回避的事实，那就是：每一个人的生命长度都是有限的，我们根本不可能去阅读所有的图书。于是一个问题很久之前就被提出来了：怎么样才能在有限的生命过程中读到最值得读的书？人们聪明地想到了一个办法：将一些人—— 一些读书种子——养起来，让他们专门读书，让读书成为他们的事业和职业，然后由“苦读”的他们转身告诉普通的阅读大众，何为值得将宝贵的生命投入于此的上等图书，何为不值得将生命浪费于此的末流图书或是品质恶劣的图书。通过一代一代人漫长而辛劳的摸索，我们终于把握了那些优秀文字的基本品质。这些被认定的图书又经过时间之流的反复洗涤，穿越岁月的风尘，非但没有留下被岁月腐蚀的痕迹，反而越发光彩、青春焕发。

于是，我们称它们为“经典”。

阅读经典是人类找到的一种科学的阅读途径。阅读经典免去了我们生命的虚耗和损伤。我们可以通过对这些图书的阅读，让我们的生命得以充实和扩张。我们在这些文字中逐渐确立了正当的道义观，潜移默化之中培养了高雅的审美情趣，字里行间悲悯情怀的熏陶，使我们不断走向文明，我们的创造力因知识的积累而获得了足够的动力，并因为这些知识正确性，从而保证了创造力都用在人类的福祉上。阅读这些经典所获得的好处，根本无法说尽。而对于广大的中小学生来说，阅读经典无疑也是提高他们语文能力的明智选择。

这套书，也许不是所有篇章都堪称经典，但它们至少称得上名著，都具有经典性。

2018年7月15日于北京大学

点击名著

关于作者

罗曼·罗兰（1866—1944），法国著名的人道主义作家，一生为争取人类自由、民主与光明进行不屈的斗争，苏联美学家卢那察尔斯基称赞他为“和平主义教皇”。罗曼·罗兰于1915年获得诺贝尔文学奖，瑞典文学院给出的获奖理由是：“文学创作中高度的理想主义以及在描写各种不同典型时所表现出来的同情心和真实性。”

关于内容

《名人传》是贝多芬、米开朗琪罗、列夫·托尔斯泰三个伟大天才传记的总称。作品紧扣这三位在各自领域有突出贡献的艺术家的共同之处，刻画了他们为追求真善美而长期忍受苦难的心路历程，字里行间彰显着他们与命运抗争的崇高勇气和担荷全人类苦难的伟大情怀，堪称另一阕“英雄交响曲”。

关于特色

罗曼·罗兰未对传主生平做过多的知识性介绍，而是集中精力把握人物高度统一的精神品格。他多侧面地表现三位伟人在身体上和精神上遭受的磨难，以及在屡次回击中爆发出来的生命激情。纵观三传，罗曼·罗兰笔下的英雄有自己的艺术追求和人生信仰。他们诠释了世界上只有一种英雄主义：便是注视世界的真面目——并且爱世界。

24 时间规划

本书建议大致在三周内完成阅读，在阅读中，你可以参考下面的阅读时间有计划地安排，也可以根据自己的实际情况制订属于自己的阅读计划。

【选择性阅读规划任务单】

阅读任务	阅读规划	
借“问题”读《贝多芬传》	专题规划	借助作品梳理人物生平
	备选内容	《行军曲》《悲怆奏鸣曲》《幻想奏鸣曲》《英雄交响曲》《第四交响曲》《第七交响曲》《德意志的再生》《D调弥撒曲》《第九交响曲》
	任务规划	________（时间）我读了________（篇目）。 阅读笔记示例：我根据《行军曲》（乐曲）了解到贝多芬在战争蔓延到波恩时，爱国情绪高涨，这一时期的他被大革命征服，拥护共和的情绪愈益肯定。 仿照示例继续借助乐曲梳理贝多芬生平。

续表

阅读任务	阅读规划	
以“兴趣”读《米开朗琪罗传》	专题规划	凭借兴趣感受米氏魅力
	备选内容	(1)绘画：西斯廷教堂天顶画 (2)雕塑：尤利乌斯二世陵墓、《大卫》 (3)诗歌与信件
	任务规划	＿＿＿＿＿（时间）我读了＿＿＿＿＿（篇目）。 阅读笔记： 我选择第＿＿点，从中我感受到了米氏＿＿＿＿＿＿＿＿＿＿＿＿＿＿＿＿（米氏魅力）。 我选择第＿＿点，从中我感受到了米氏＿＿＿＿＿＿＿＿＿＿＿＿＿＿＿＿（米氏魅力）。
据“目的”读《托尔斯泰传》	专题规划	根据目的触摸文豪灵魂
	备选内容	(1)回忆与生活：《童年时代》《少年时代》《高加索纪事》《哥萨克》《塞瓦斯托波尔纪事》《三个死者》《夫妇间的幸福》《安娜·卡列尼娜》《战争与和平》 (2)宗教与社会：《忏悔录》《社会的烦闷》《我们应当做什么?》《我信仰的寄托》 (3)艺术与信仰：《艺术论》《通俗的故事》《黑暗的力量》《伊万·伊里奇之死》《克勒策奏鸣曲》《复活》
	任务规划	＿＿＿＿＿（时间）我读了＿＿＿＿＿（篇目）。 阅读笔记： 出于＿＿＿＿＿＿的阅读目的，我重点阅读了＿＿＿（填写序号）所罗列的作品，感悟到列夫·托尔斯泰＿＿＿＿＿＿＿＿＿＿＿＿＿。

续表

阅读任务	阅读规划	
选择其他读书方法读《名人传》	专题规划	在选择性阅读中，你一定还有其他的阅读方法，不妨依据你喜欢的阅读方法设计个性的阅读规划吧。
	备选内容	
	任务规划	________（时间）我读了________（篇目）。 阅读笔记：

【主题性阅读规划任务单】

主题参考	阅读规划	
家国之爱	阅读参考	阅读《贝多芬传》第12—24页的正文 阅读《米开朗琪罗传》第78—87页的正文 阅读《托尔斯泰传》第147—149页的正文； 第161—164页的正文
	阅读实践	________（时间）我读了第________页至________页。 阅读笔记：

续表

主题参考		阅读规划
艺术气质	阅读参考	阅读《贝多芬传》第25—33页的正文 阅读《米开朗琪罗传》第75—77页的正文 阅读《托尔斯泰传》第____至____页的正文
	阅读实践	______________（时间）我读了第__________页至____________页。 阅读笔记：
悲悯情怀	阅读参考	阅读《贝多芬传》第26—28页的正文 阅读《米开朗琪罗传》第60—61页的正文 阅读《托尔斯泰传》第191—195页的正文
	阅读实践	______________（时间）我读了第__________页至____________页。 阅读笔记：
自拟主题	阅读实践	______________（时间）我读了第__________页至____________页。 阅读笔记：

专题探究

围绕感兴趣的阅读任务，自主设计实践活动方式，并分小组进行探究，最终形成研究成果。

专题一：

根据规划任务单中的备选内容，运用选择性阅读的方法，以你或者小组成员喜欢的方式呈现你们所认识的贝多芬、米开朗琪罗、托尔斯泰，完成《选择性阅读规划任务单》，可以以表格、绘画、思维导图等形式。

指导：◆小组成员依据《选择性阅读规划任务单》快速阅读相关内容；

◆归纳和整合有关名人生活和创作的信息；

◆选取合适的方式分工完成展示作品。

示例一：

贝多芬的经历与作品梳理成果展示如下：

1796—1797年	他在爱国情绪鼓动下，谱成了《行军曲》《我们是伟大的德意志族》。
1799年	他在身体病痛的折磨下，创作了《悲怆奏鸣曲》。
1800年	他自己创造快乐，谱写了《七重奏》和《第一交响曲》。

示例二：

“我所认识的米开朗琪罗”成果展示如下：

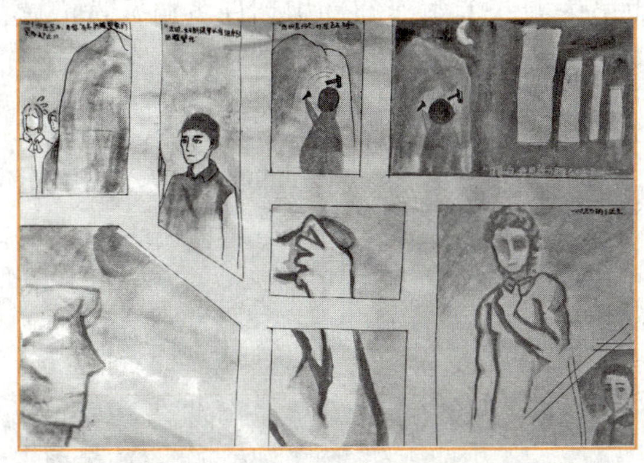

专题二：

围绕“主题参考”出示的主题和你自拟的主题，阅读并整合相关内容，完成《主题性阅读规划任务单》中的部分任务，选择你最喜欢的主

题，结合书中的内容和你的思考，最后以你或小组成员喜欢的方式展示出来。（可以是读书笔记，也可以是宣传小报等）

指导：◆小组成员依据《主题性阅读规划任务单》选取感兴趣的主题并完成任务单的相关任务；

◆阅读并整合相关内容并在组内交流分享；

◆分工设计并完成展示作品。

示例：

“家国之爱”主题研读成果展示如下：

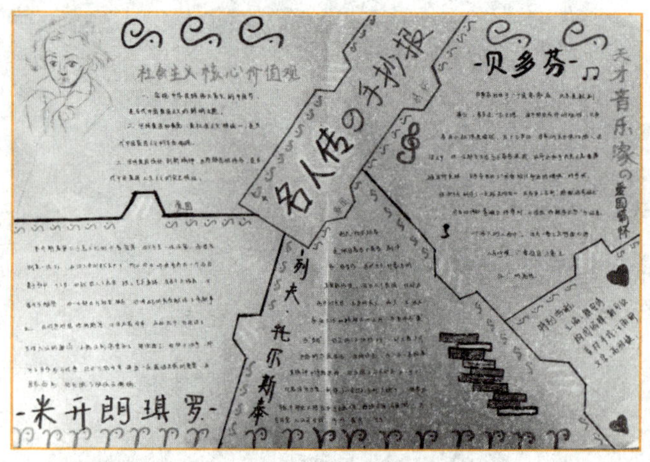

专题三：

在主题性阅读的过程中，你已经不知不觉地走近了三位英雄。他们有共同之处，同时又有自己鲜明的个性。通读整部《名人传》，你最喜欢哪位英雄？请你向他表示你的敬意。可以摘抄若干精彩片段，进行个性化的批注。也可以写一写读后感，铭记你心中的英雄。

指导：◆通读整本书，结合《主题性阅读规划任务单》，选定你心中的最佳英雄；

◆整理表现其英雄气质的相关内容；

◆自主完成阅读和批注，组内交流，班级展示。

贝多芬传

米开朗琪罗传

托尔斯泰传

贝多芬传

Ludwig van Beethoven

译者序

唯有真实的苦难，才能驱除罗曼蒂克的幻想的苦难；唯有看到克服苦难的壮烈的悲剧，才能帮助我们担受残酷的命运；唯有抱着“我不入地狱谁入地狱”的精神，才能挽救一个萎靡而自私的民族：这是我十五年前初次读到本书时所得的教训。

不经过战斗的舍弃是虚伪的，不经劫难磨炼的超脱是轻佻的，逃避现实的明哲是卑怯的；中庸、苟且、小智小慧，是我们的致命伤：这是我十五年来与日俱增的信念。而这一切都由于贝多芬的启示。

我不敢把这样的启示自秘，所以十年前就移译了本书。现在阴霾遮蔽了整个天空，我们比任何时候都更需要精神的支持，比任何时候都更需要坚忍、奋斗、敢于向神明挑战的大勇主义。现在，当初生的音乐界只知训练手的技巧，而忘记了培养心灵的神圣工作的时候，这部《贝多芬传》对读者该有更深刻的意义。——由于这个动机，我重译了本书。[①]

此外，我还有个人的理由。疗治我青年时世纪病的是贝多芬，扶植我在人生中的战斗意志的是贝多芬，在我灵智的成长中给我大影响的是贝多芬。多少次的颠扑曾由他搀扶，多少的创伤曾由他抚慰，——且不说引我进音乐王国这件次要的恩泽。除了把我所受的恩泽转赠给比我年轻的一代之外，我不知还有什么方法可以偿还我对贝多芬，和对伟大的传记家罗

---

① 这部书的初译稿，成于1932年，在存稿堆下埋藏了有几十年之久。——出版界坚持本书已有译本，不愿接受。但已出版的译本绝版已久，我始终未曾见到。然而我深深地感谢这件在当时使我失望的事故，使我现在能全部重译，把少年时代幼稚的翻译习作一笔勾销。

（除特别注明外，其余注释均为译注，且内容适当省略。）

曼·罗兰所负的债务。表示感激的最好的方式，是施与。

为完成介绍的责任起见，我在译文以外，附加了一篇分析贝多芬作品的文字。[①]我明知道是一件越俎的工作，但望这番力不从心的努力，能够发生抛砖引玉的作用。

译　者

1942年3月

① 该文未被收入到该版次译著中。——编注

1927年版序

二十五年前，当我写这本小小的《贝多芬传》时，我不曾想要完成什么音乐学的著作。那是1902年。我正经历着一个骚乱不宁的时期，充满着兼有毁灭与更新作用的雷雨。我逃出了巴黎，来到我童年的伴侣——曾经在人生的战场上屡次撑持我的贝多芬那边，寻觅十天的休息。我来到波恩，他的故里。我重复找到了他的影子和他的老朋友们，就是说在我到科布伦茨访问的韦格勒[1]的孙子们身上，重又见到了当年的韦格勒夫妇。在美因兹，我又听到他的交响乐大演奏会，是魏因加特纳[2]指挥的。然后我又和他单独相对，倾吐着我的衷曲，在多雾的莱茵河畔，在那些潮湿而灰色的四月天，浸淫着他的苦难，他的勇气，他的欢乐，他的悲哀；我跪着，由他用强有力的手搀扶起来，给我的新生儿约翰·克利斯朵夫[3]行了洗礼；在他祝福之下，我重又踏上巴黎的归路，得到了鼓励，和人生重新缔了约，一路向神明唱着病愈者的感谢曲。那感谢曲便是这本小册子。先由《巴黎杂志》发表，后又被贝玑[4]拿去披露。我不曾想到本书会流传到朋友们的小范围以外。可是“各有各的命运……”

恕我叙述这些枝节。但今日会有人在这支颂歌里面寻求以严格的史学方法写成的渊博的著作，对于他们，我不得不有所答复。我自有我做史家的时间。我在《亨德尔》和关于歌剧研究的几部书内，已经对音乐学尽了

① 韦格勒，贝多芬生前挚友。——编注

② 魏因加特纳（Weingartnet Felix，1863—1942），指挥贝多芬作品之权威。

③ 罗曼·罗兰名著《约翰·克利斯朵夫》，最初数卷的事实和主人翁的性格，颇多取材于贝多芬的事迹与为人。且全书的战斗精神与坚忍气息，尤多受贝多芬的感应。

④ 贝玑（Charles Peguy，1873—1914），法国近代大诗人。

相当的义务。但《贝多芬传》绝非为了学术而写的。它是受伤而窒息的心灵唱出的一支歌，在苏醒与振作之后感谢救主的，我知道，这救主已经被我改换面目。但一切从信仰和爱情出发的行为都是如此的。而我的《贝多芬传》便是这样的行为。大家人手一编地拿了去，让这册小书走上它不曾希望的好运之路。那时候，法国几百万的生灵，被压迫的理想主义者的一代，焦灼地等待着一声解放的讯号。这讯号，他们在贝多芬的音乐中听到了，他们便去向他呼吁。经历过那个时代的人，谁不记得那些四重奏音乐会，仿佛弥撒祭中唱《神之羔羊》时的教堂——谁不记得那些痛苦的脸，注视着祭献礼，因它的启示而受着光辉的烛照？生在今日的人们已和生在昨日的人们离得远远了。（但生在今日的人们是否能和生在明日的离得更近？）在本世纪初期的这一代里，多少行列已被歼灭：战争开了一个窟窿，他们和他们最优秀的儿子都失了踪影。我的小小的《贝多芬传》保留着他们的形象。出自一个孤独者的手笔，它不知不觉地竟和他们相似。而他们早已在其中认出自己。这小册子，由一个无名的人写的，从一家无名的店铺里出来，几天之内在大众手里传播开去，它已不再属于我了。

我把本书重读了一遍，虽然残缺，我也不拟有所更易。因为它应当保存原来的性质，和伟大的一代神圣的形象。在贝多芬百年祭的时候，我纪念那一代，同时颂扬它伟大的同伴，正直与真诚的大师，教我们如何生如何死的大师。

罗曼·罗兰

1927年3月

初版序

我愿证明，凡是行为善良与高尚的人，定能因之而担当患难。

——贝多芬

（1819年2月1日在维也纳市政府语）

我们周围的空气多沉重。老大的欧罗巴在混浊与腐败的气氛中昏迷不醒。鄙俗的物质主义镇压着思想，阻挠着政府与个人的行动。社会在乖巧卑下的自私自利中窒息以死。人类喘不过气来。——打开窗子吧！让自由的空气重新进来！呼吸一下英雄们的气息。

人生是艰苦的。对于不甘于平庸凡俗的人，那是一场无休无止的斗争，往往是悲惨的，没有光华的，没有幸福的，在孤独与静寂中展开的斗争。贫穷，日常的烦虑，沉重与愚蠢的劳作，压在他们身上，无益地消耗着他们的精力，没有希望，没有一道欢乐之光，大多数还彼此隔离着，连对患难中的弟兄们一援手的安慰都没有，他们不知道彼此的存在。他们只能依靠自己；可是有时连最强的人都不免在苦难中蹉跌。他们求助，求一个朋友。

为了援助他们，我才在他们周围集合一班英雄的友人，一班为了善而受苦的伟大的心灵。这些“名人传”不是向野心家的骄傲申说的，而是献给受难者的，并且实际上谁又不是受难者呢？让我们把神圣的苦痛的油膏，献给苦痛的人吧！我们在战斗中不是孤军。世界的黑暗，受着神光烛照。即是今日，在我们近旁，我们也看到闪耀着两朵最纯洁的火焰，正义与自由：毕加大佐和蒲尔民族。即使他们不曾把浓密的黑暗一扫而空，至少他们在一闪之下已给我们指点了大路。跟着他们走吧，跟着那些散在各个国家、各个时代，孤独奋斗的人走吧。让我们来摧毁时间的阻隔，使英雄的种族再生。

我称为英雄的，并非以思想或强力称雄的人，而只是靠心灵而伟大的人。好似他们之中最伟大的一个，就是我们要叙述他的生涯的人所说的："除了仁慈以外，我不承认还有什么优越的标记。"没有伟大的品格，就没有伟大的人，甚至也没有伟大的艺术家，伟大的行动者；所有的只是些空虚的偶像，匹配下贱的群众的：时间会把他们一齐摧毁。成败又有什么相干？主要是成为伟大，而非显得伟大。

这些传记中人的生涯，几乎都是一种长期的受难。或是悲惨的命运，让他们的灵魂在肉体与精神的苦难中磨折，在贫穷与疾病的铁砧上锻炼；或是，目击同胞受着无名的羞辱与劫难，而生活为之戕害，内心为之碎裂，他们永远过着磨难的日子；他们固然由于毅力而成为伟大，可是也由于灾患而成为伟大。所以不幸的人啊！切勿过于怨叹，人类中最优秀的和你们同在，汲取他们的勇气做我们的养料吧；倘使我们太弱，就把我们的头枕在他们膝上休息一会儿吧。他们会安慰我们。在这些神圣的心灵中，有一股清明的力和强烈的慈爱，像激流一般飞涌出来。甚至无须探询他们的作品或倾听他们的声音，就在他们的眼里，他们的行述里，即可看到生命从没像处于患难时的那么伟大，那么丰满，那么幸福。

在此英勇的队伍内，我把首席给予坚强与纯洁的贝多芬。他在痛苦中间即曾祝望他的榜样能支持别的受难者，"但愿不幸的人，看到一个与他同样不幸的遭难者，不顾自然的阻碍，竭尽所能地成为一个不愧为人的人，而能借以自慰"。经过了多少年超人的斗争与努力，克服了他的苦难，完成了他所谓"向可怜的人类吹嘘勇气"的大业之后，这位胜利的普罗米修斯①，回答一个向他提及上帝的朋友时说道："噢，人啊，你当自助！"

我们对他这句豪语应当有所感悟。依着他的先例，我们应当重新鼓起对生命对人类的信仰！

罗曼·罗兰

1903年1月

① 普罗米修斯，希腊神话中的火神，人类文明最初的创造者。作者常用以譬喻贝多芬。

贝多芬传

竭力为善，爱自由甚于一切，即使为了王座，也永勿欺妄真理。

——贝多芬

（1792年手册）

他短小臃肿，外表结实，生就运动家般的骨骼。一张土红色的宽大的脸，到晚年皮肤才变得病态而黄黄的，尤其是冬天，当他被关在室内远离田野的时候。额角隆起，宽广无比。乌黑的头发，异乎寻常地浓密，好似梳子从未在上面光临过，到处逆立，赛似“梅杜萨头上的乱蛇”。眼中燃烧着一股奇异的威力，使所有见到他的人为之震慑；但大多数人不能分辨它们微妙的差别。因为在褐色而悲壮的脸上，这双眼睛射出一道狂野的光，所以大家总以为是黑的；其实却是灰蓝的。平时又细小又深陷，兴奋或愤怒的时光才大张起来，在眼眶中旋转，那才奇妙地反映出它们真正的思想。他往往用忧郁的目光向天凝视。宽大的鼻子又短又方，竟是狮子的相貌。一张细腻的嘴巴，但下唇常有比上唇前突的倾向。牙床结实得厉害，似乎可以嗑破核桃。左边的下巴有一个深陷的小窝，使他的脸显得古怪的不对称。据莫舍勒斯说，“他的微笑是很美的，谈话之间往往有一副可爱而令人高兴的神气。但另一方面，他的

这句话告诉我们：真理就是求真向善，自由高于一切，不管是什么样的权力，都影响不了自己对真理的追求。贝多芬提出了一种不屈服于权贵，坚持真理的主张。

作者介绍贝多芬时先用略为夸张的手法对他的外貌和神态进行了细致的描写，令读者脑海中浮现出这样一个“特别”的人物形象，为后文的叙述做铺垫，由此也突出了贝多芬的与众不同。

贝多芬肖像

笑却是不愉快的，粗野的，难看的，并且为时很短”——那是一个不惯于欢乐的人的笑。他通常的表情是忧郁的，显示出“一种无可疗治的哀伤”。1825年，雷斯塔伯说看见“他温柔的眼睛及其剧烈的痛苦”时，他需要竭尽全力才能止住眼泪。一年以后，布劳恩·冯·布劳恩塔尔在一家酒店里遇见他，坐在一隅抽着一支长烟斗，闭着眼睛，那是他临死以前与日俱增的习惯。一个朋友向他说话。他悲哀地微笑，从袋里掏出一本小小的谈话手册；然后用着聋子惯有的尖锐的声音，教人家把要说的话写下来。——他的脸色时常变化，或是在钢琴上被人无意中撞见的时候，或是突然有所感应的时候，有时甚至在街上，使路人大为吃惊。“脸上的肌肉突然隆起，血管膨胀；狂野的眼睛变得加倍可怕；嘴巴发抖；仿佛一个魔术家召来了妖魔而反被妖魔制服一般”，那是莎士比亚式的面目。尤利乌斯·贝内迪克特说他无异于“李尔王”。

路德维希·凡·贝多芬①，1770年12月16日生于科隆附近的波恩，一所破旧屋子的阁楼上。他的出身是佛兰芒族②。父亲是一个不聪明且酗酒的男高音歌手。母亲是女仆，一个厨子的女儿，初嫁男仆，夫死再嫁贝多芬的父亲。

① 贝多芬的祖父名叫路德维希，是家族里最优秀的人物，出生在安特卫普，直到二十岁时才住到波恩来，做当地大公的乐长。贝多芬的性格和他最像。我们必须记住这个祖父的出身，才能懂得贝多芬奔放独立的天性，以及别的不全是德国人的特点。

② 今法国与比利时交界之一部及比利时西部之地域，古称佛兰德。佛兰芒即居于此地域内之人种名。

艰苦的童年，他不像莫扎特般享受过家庭的温情。一开始，人生于他就显得是一场悲惨而残暴的斗争。父亲想开拓他的音乐天分，把他当作神童一般炫耀。四岁时，他就被整天地钉在洋琴[①]前面，或和一架提琴一起关在家里，几乎被繁重的工作压死。他的不致永远厌恶这艺术总算是万幸的了。父亲不得不用暴力来迫使贝多芬学习。他少年时代就得操心经济问题，打算如何挣取每日的面包，那是来得过早的重任。十一岁，他加入戏院乐队；十三岁，他当大风琴手。1787年，他丧失了他热爱的母亲。“她对我那么仁慈，那么值得爱戴，我的最好的朋友！噢！当我能叫出母亲这甜蜜的名字而她能听见的时候，谁又比我更幸福？”她是生肺病死的；贝多芬自以为也染着同样的病症；他常常感到痛楚，再加比病魔更残酷的忧郁。[②]十七岁，他做了一家之主，负着两个兄弟的教育之责；他不得不羞惭地要求父亲退休，因为他酗酒，不能主持门户：人家恐怕他浪费，把养老俸交给儿子收领。这些可悲的事实在他心上留下了深刻的创痕。他在波恩的一个家庭里找到了一个亲切的依傍，便是他终身珍视的布罗伊宁一家。可爱的埃莱奥诺雷·特·布罗伊宁比他小两岁。他教她音乐，领她走上诗歌的路。她是他的童年伙伴，也许他们之间曾有相当温柔的情绪。后来埃莱奥诺雷嫁了韦格勒医生，他也成为贝多芬的知己之一；直到最后，他们之间一直保持着恬静的友谊，那是从韦格勒、埃莱奥诺雷和贝多芬彼此的书信中可以看到的。当三个人到了老年的时候，情爱格外动人，而心灵的年轻却又不减当年。

贝多芬的童年尽管如是悲惨，但他对这个时代和消磨这时代的地方，却永远保持着一种温柔而凄凉的回忆。他不得不离开波恩，几乎终身都住在轻佻的都城维也纳及其惨淡的近郊，却从没忘记莱茵河畔的故乡，庄严的父性的大河，像他所称的“我们的父亲莱茵”。的确，它是那样的生动，几乎赋有人性似的，仿佛一颗巨大的灵魂，无数的思想与力量在其中流过；而且莱茵流域中也没有一个地方比细腻的波恩更美、更雄壮、更温柔的了，它的浓荫密布、鲜花满地的坂坡，受着河流的冲击与抚爱。在此，贝多芬消磨了他最初的二十年；在此，形成了他少年心中的梦境——慵懒

① 洋琴，钢琴以前的键盘乐器，形式及结构大致与钢琴同。

② 1816年时，贝多芬说：“不知道死的人真是一个可怜虫！我十五岁时已经知道了。”

环境描写，运用了拟人的修辞手法，描摹出草原、植物、村落等的景象，突出了波恩的美、雄壮和温柔。

童年不快乐的回忆并没有消磨掉贝多芬对于家乡的热爱，他不是想着逃离而是想着回归。令人想到萧乾写的《老北京的小胡同》一文中，“我”童年时也有着不美好的回忆，却始终无法忘却小胡同，因为那里有着人情味。而贝多芬无法忘却的，大概就是故园的美，是一份特殊的感情。

地拂着水面的草原上，那雾氛笼罩着的白杨，丛密的矮树，细柳和果树，把根须浸在静寂而湍急的水流里——还有是村落，教堂，墓园，懒洋洋地睁着好奇的眼睛俯视两岸——远处，蓝色的七峰在天空画出严峻的侧影，上面矗立着废圮的古堡，显出一些瘦削而古怪的轮廓。他的心对于这个乡土是永久忠诚的；直到生命的终了，他老是想再见故园一面而不能如愿。“我的家乡，我出生的美丽的地方，在我眼前始终是那样的美，那样的明亮，和我离开它时毫无两样。”

大革命爆发了，泛滥全欧，占据了贝多芬的心。波恩大学是新思想的集中点。1789年5月14日，贝多芬报名入学，听有名的厄洛热·施奈德[①]讲德国文学——他是未来的下莱茵州检察官。当波恩得悉巴斯底狱被攻陷时，施奈德在讲坛上朗诵了一首慷慨激昂的诗[②]，鼓起了学生们如醉如狂的热情。次年，他又印行了一部革命诗集。[③]在预约者的名单中，我们可以看到贝多芬和布罗伊宁的名字。

1792年11月，正当战事蔓延到波恩时，贝多芬离开了故乡，住到德意志的音乐首都维也纳去。路上他遇见开向法国的黑森[④]军队。无疑地，他受着爱国情绪的鼓动，在1796与1797两年内，他把弗里贝格的战争诗谱成音乐：一阕是《行军曲》；一阕是《我们是伟大的德意志族》。尽管讴歌大革命的敌人也是徒然：大革命已征服了世界，征服

① 厄洛热·施奈德生于巴伐利亚邦，为斯特拉斯堡雅各宾党首领。1794年，在巴黎被送上断头台。

② 诗的开首是：“专制的铁链斩断了……幸福的民族！……”

③ 我们可举其中一首为例：“唾弃偏执，摧毁愚蠢的幽灵，为着人类而战斗……啊，这，没有一个亲王的臣仆能够干。这，需要自由的灵魂，爱死甚于爱谄媚，爱贫穷甚于爱奴颜婢膝……须知在这等灵魂内我绝非最后一个。”

④ 黑森为当时日耳曼三联邦之一，后皆并入德意志联邦。

了贝多芬。从1798年起，虽然奥国和法国的关系很紧张，贝多芬仍和法国人有亲密的往还，包括和使馆方面，和才到维也纳的贝尔纳多德[①]。在那些谈话里，他的拥护共和的情绪愈益肯定，在他以后的生活中，我们更可看到这股情绪的有力的发展。

这时期施泰因豪泽替他画的肖像，把他当时的面目表现得相当准确。这一幅像之于贝多芬以后的肖像，无异介朗[②]的拿破仑肖像之于别的拿破仑像，那张严峻的脸，活现出波拿巴充满着野心的火焰。贝多芬在画上显得很年轻，似乎不到他的年纪，瘦削的、笔直的高领使他头颈僵直，一副睥睨一切和紧张的目光。他知道他的意志所在；他相信自己的力量。1796年，他在笔记簿上写道："勇敢啊！虽然身体不行，我的天才终究会获胜……二十五岁！不是已经临到了吗？……就在这一年上，整个的人应当显示出来了。"[③]特·伯恩哈德夫人和葛林克说他很高傲，举止粗野，态度抑郁，带着非常强烈的内地口音。但他藏在这骄傲的笨拙之下的慈悲，唯有几个亲密的朋友知道。他写信给韦格勒叙述他的成功时，第一个念头是："譬如我看见一个朋友陷于窘境，倘若我的钱袋不够帮助他时，我只消坐在书桌前面，顷刻之间便解决了他的困难……你瞧这多美妙。"随后他又道："我的艺术应当使可怜的人得益。"

然而痛苦已在叩门。它一朝住在他身上之后永远不再

这样的表达方式非常新颖，将"痛苦"拟人化，化无形为有形，交代了贝多芬长期忍受痛苦的事实。

① 在贝氏周围，还有提琴家鲁道夫·克勒策（Rodolphe Kreutzer，1766—1831），即后来贝多芬把有名的奏鸣曲题赠给他。——原注

贝氏为法国元帅，在大革命时以战功显赫；后与拿破仑为敌，与英、奥诸国勾结。

② 介朗（Pierre-Narcisse Guerin，1774—1833），法国名画家，所作拿破仑像代表拿翁少年时期之姿态。

③ 那时他才初露头角，在维也纳的首次钢琴演奏会是1795年3月30日举行的。

对于音乐家来说，丧失听力等于是向他宣布死刑判决。在需要聆听美妙音乐的世界里，贝多芬面对的是一片死寂，安静得令人害怕的现实。

退隐。1796年至1800年，耳聋已开始它的酷刑。[①]耳朵日夜作响；他内脏也受剧烈的痛楚折磨。听觉越来越衰退。在好几年中，他瞒着人家，连对最心爱的朋友也不说；他避免与人见面，使他的残疾不致被人发现；他独自守着这可怕的秘密。但到1801年，他不能再缄默了；他绝望地告诉两个朋友——韦格勒医生和阿门达牧师：

> 我的亲爱的、我的善良的、我的恳挚的阿门达……我多希望你能常在我身旁！你的贝多芬真是可怜已极。得知道我的最高贵的一部分，我的听觉，大大地衰退了。当我们同在一起时，我已觉得许多病象，我瞒着；但从此越来越恶劣……还会痊愈吗？我当然如此希望，可是非常渺茫；这一类的病是无药可治的。我得过着凄凉的生活，避免我心爱的一切人物，尤其是在这个如此可怜、如此自私的世界上！……我不得不在伤心的隐忍中找栖身！固然，我曾发誓要超临这些祸害；但又如何可能？……

他写信给韦格勒时说：

> 我过着一种悲惨的生活。两年以来我躲避着一切交际，因为我不可能与人说话：我聋了。要是我干着别的职业，也许还可以；但在我的行当里！这是可怕的遭遇啊。我的敌人们又将怎么说，他们的数目又是相当可观！……在戏院里，我得坐在贴近乐队的地方，才能懂得演员的说话。我听不见乐器和歌唱的高音，假如我的座位稍远的话。……人家柔和地说话时，我勉强听到一些，人家高声叫喊时，我简直痛苦

① 在1802年的遗嘱内，贝多芬说耳聋已开始了六年——所以是1796年起的。

难忍……我时常诅咒我的生命……普卢塔克[①]教我学习隐忍。我却愿和我的命运挑战，只要可能；但有些时候，我竟是上帝最可怜的造物……隐忍！多伤心的避难所！然而这是我唯一的出路！

这种悲剧式的愁苦，在当时一部分的作品里有所表现，例如作品第十三号的《悲怆奏鸣曲》（1799），尤其是作品第一号（1798）之三的奏鸣曲中的Largo（广板）。奇怪的是并非所有的作品都带忧郁的情绪，还有许多乐曲，如欢悦的《七重奏》（1800），明澈如水的《第一交响曲》（1800），都反映着一种青年人的天真。无疑地，要使心灵惯于愁苦也得相当的时间。它是那样的需要欢乐，当它实际没有欢乐时就自己来创造。当“现在”太残酷时，它就在“过去”中生活。往昔美妙的岁月，一下子是消灭不了的；它们不复存在时，光芒还会悠久地照耀。独自一人在维也纳遭难的辰光，贝多芬便隐遁在故园的忆念里；那时代他的思想都印着这种痕迹。《七重奏》内以Vatiation（变奏曲）出现的Andante（行板）的主题，便是一支莱茵的歌谣。《第一交响曲》也是一首颂赞莱茵的作品，是青年人对着梦境微笑的诗歌。它是快乐的，慵懒的；其中有取悦于人的欲念和希望。但在某些段落内，在Introduction（引子）里，在低音乐器的明暗的对照里，在神圣的Scherzo（谐谑曲）里，我们何等感动地，在青春的脸上看到未来的天才的目光。那是波提切利在《圣家庭》中所画的幼婴[②]的眼睛，其中已可窥到他未来的悲剧。

在这些肉体的痛苦之上，再加另外一种痛苦。韦格勒说他从没见过贝多芬不抱着一股剧烈的热情。这些爱情似乎永远是非常纯洁的。热情与欢娱之间毫无连带关系。现代的人们把这两者混为一谈，实在是他们全不知道何谓热情，也不知道热情之如何难得。贝多芬的心灵里多少有些清教徒气息；粗野的谈吐与思想，他是厌恶的；他对于爱情的神圣抱着毫无假借的观念。据说他不能原谅莫扎特，因为他不惜屈辱自己的天才去写《唐·璜》[③]。他的密友申德勒确言：“他一生保着童贞，从未有何缺德需要忏

① 普卢塔克，纪元一世纪时希腊伦理学家与史家。

② 指儿时的耶稣，故有未来的悲剧之喻。

③ 唐·璜为西洋传说中有名的登徒子，莫扎特曾采为歌剧的题材。

悔。”这样的一个人是生来受爱情的欺骗，做爱情的牺牲品的。他的确如此。他不断地钟情，如醉如狂般颠倒，他不断地梦想着幸福，然而立刻幻灭，随后是悲苦的煎熬。贝多芬最丰满的灵感，就当在这种时而热爱、时而骄傲地反抗的轮回中去探寻根源；直到相当的年龄，他的激昂的性格，才在凄恻的隐忍中趋于平静。

1801年时，他热情的对象是朱丽埃塔·圭恰迪妮，他为她题赠那著名的作品第二十七号之二的《月光奏鸣曲》(1802)。他写信给韦格勒说：“现在我生活比较甜美，和人家来往也较多了些……这变化是一个亲爱的姑娘的魅力促成的；她爱我，我也爱她。这是两年来我初次遇到的幸运的日子。”可是他为此付了很高的代价。第一，这段爱情使他格外感到自己的残疾，境况的艰难，使他无法娶他所爱的人。第二，圭恰迪妮是风骚的，稚气的，自私的，她使贝多芬苦恼；1803年11月，她嫁了加伦贝格伯爵。——这样的热情是摧残心灵的；而像贝多芬那样，心灵已因疾病而变得虚弱的时候，狂乱的情绪更有把它完全毁灭的危险。他一生就只是这一次，似乎到了颠蹶的关头；他经历着一个绝望的苦闷时期，只消读他那时写给兄弟卡尔与约翰的遗嘱便可知道，遗嘱上注明“等我死后开拆”。这是惨痛至极的呼声，也是反抗的呼声。我们听着不由不充满着怜悯，他差不多要结束他的生命了，就只靠着他坚强的道德情操才把他止住。[①]他对病愈的最后的希望没有了。“连一向支持我的卓绝的勇气也消失了。噢，神！给我一天真正的欢乐吧，就是一天也好！我没有听到欢乐的深远的声音已经多久！什么时候，噢！我的上帝，什么时候我再能和它相遇？……永远不？——不？——不，这太残酷了！”

这是临终的哀诉，可是贝多芬还活了二十五年。他的强毅的天性不能遇到磨难就屈服。“我的体力和智力突飞猛进……我的青春，是的，我感到我的青春不过才开始。我窥见我不能加以肯定的目标，我每天都迫近它一些。……噢！如果我摆脱了这疾病，我将拥抱世界！……一些休息都没

① 贝多芬的遗嘱里有一段说：“把德行教给你们的孩子；使人幸福的是德行而非金钱。这是我的经验之谈。在患难中支持我的是道德，使我不曾自杀的，除了艺术以外也是道德。”1810年5月2日致韦格勒书中写道：“假如我不知道一个人在能完成善的行为时就不该结束生命的话，我早已不在人世了，而且是由于我自己的处决。”

有！除了睡眠以外，我不知还有什么休息；而可怜我对于睡眠不得不花费比从前更多的时间。但愿我能在疾病中解放出一半：那时候！……不，我受不了。我要扼住命运的咽喉。它决不能使我完全屈服……噢！能把人生活上千百次，真是多美！”

这爱情，这痛苦，这意志，这时而颓丧时而骄傲的转换，这些内心的悲剧，都反映在1802年的大作品里：附有葬礼进行曲的奏鸣曲（作品第二十六号）；俗称为《月光曲》的《幻想奏鸣曲》（作品第二十七号之二）；作品第三十一号之二的奏鸣曲——其中戏剧式的吟诵体恍如一场伟大而凄婉的独白；——题献亚历山大皇的提琴奏鸣曲（作品第三十号）；《克勒策奏鸣曲》（作品第四十七号）；依着格勒特的词句所谱的六支悲壮惨痛的宗教歌（作品第四十八号）。至于1803年的《第二交响曲》，却反映着他年少气盛的情爱；显然是他的意志占了优势。一种无可抵抗的力把忧郁的思想一扫而空。生命的沸腾掀起了乐曲的终局。贝多芬渴望幸福；不肯相信他无可救药的灾难；他渴望痊愈，渴望爱情，他充满着希望。

这些作品里有好几部，进行曲和战斗的节奏特别强烈。这在《第二交响曲》的Allegro（快板）与终局内已很显著，但尤其是献给亚历山大皇的奏鸣曲的第一章，更富于英武壮烈的气概。这种音乐所特有的战斗性，令人想起产生它的时代。大革命已经到了维也纳。[①]贝多芬被它煽动了。骑士赛弗里德[②]说：“他在亲密的友人中间，很高兴地谈论政局，用着非常的聪明下判断，目光犀利而且准确。”他所有的同情都倾向于革命党人。在他生命晚期，最熟知他的申德勒说：“他爱共和的原则。他主张无限制的自由与民族的独立……他渴望大家同心协力地建立国家的政府……渴望法国实现普选，希望波拿巴建立起这个制度来，替人类的幸福奠定基石。”他仿佛一个革命的古罗马人，受着普卢塔克的熏陶，梦想着一个英雄的共和国，由胜利之神建立的：而所谓胜利之神便是法国的首席执政；于是他接连写下《英雄交响曲：波拿巴》（1804）[③]，帝国的史诗；和《第五交响曲》（1805—

① 拿破仑于1793、1797、1800年数次战败奥地利，兵临维也纳城下。

② 赛弗里德（Ignaz von Seyffied，1776—1841），奥地利音乐家、指挥和作曲家。

③《英雄交响曲》是以波拿巴为题材而献给他的。

1808）的终局，光荣的叙事歌。第一阕真正革命的音乐：时代之魂在其中复活了，那么强烈，那么纯洁，因为当代巨大的变故在孤独的巨人心中是显得强烈与纯洁的，这种印象即和现实接触之下也不会减损分毫。贝多芬的面目，似乎都受着这些历史战争的反映。在当时的作品里，到处都有它们的踪影，也许作者自己不曾觉察，在《科里奥兰序曲》（1807）内，有狂风暴雨在呼啸，《第四四重奏》（作品第十八号）的第一章，和上述的序曲非常相似；《热情奏鸣曲》（作品第五十七号，1804），俾斯麦曾经说过："倘我常听到它，我的勇气将永远不竭。"[①]还有《哀格蒙特序曲》，甚至《降E大调钢琴协奏曲》（作品第七十三号，1809），其中炫耀技巧的部分都是壮烈的，仿佛有人马奔突之势。——而这也不足为怪。在贝多芬写作品第二十六号奏鸣曲中的"英雄葬曲"时，比《英雄交响曲》的主人翁更配他讴歌的英雄，霍赫将军，正战死在莱茵河畔，他的纪念像至今屹立在科布伦茨与波恩之间的山岗上——即使当时贝多芬不曾知道这件事，但他在维也纳也已目击两次革命的胜利。1805年11月，当《菲岱里奥》[②]初次上演时，在座的便有法国军佐。于兰将军，巴斯底狱的胜利者，住在洛布科维兹家里，做着贝多芬的朋友兼保护人，受着他《英雄交响曲》与《第五交响曲》的题赠。1809年5月10日，拿破仑驻节在舍恩布伦。[③]不久贝多芬便厌恶法国的征略者。但他对于法国人史诗般的狂热，依旧很清楚地感觉到；所以凡是不能像他那样感觉的人，对于他这种行动与胜利的音乐决不能彻底了解。

贝多芬突然中止了他的《第五交响曲》，不经过惯有的拟稿手续，一口气写下了《第四交响曲》。幸福在他眼前显现了。1806年5月，他和特雷泽·特·布伦瑞克订了婚。[④]她老早就爱上他。从贝多芬卜居维也纳的初期，他和她的哥哥弗朗索瓦伯爵为友，她还是一个小姑娘，跟着贝多芬学

---

① 曾任德国驻意大使的罗伯特·特·科伊德尔，著有《俾斯麦及其家庭》一书，1901年版。以上事实即引自该书。

② 贝多芬的歌剧。

③ 贝多芬的寓所离维也纳的城堡颇近，拿破仑攻下维也纳时曾炸毁城垣。

④ 1796—1799年间，贝多芬在维也纳认识了布伦瑞克一家。朱丽埃塔·圭恰迪妮是特雷泽的表姊妹。

钢琴时起，就爱他的。1806年，他在他们匈牙利的马尔托伐萨家里做客。在那里，他们才相爱起来。关于这些幸福的日子的回忆，还保存在特雷泽·特·布伦瑞克的一部分叙述里。她说：

> 一个星期日的晚上，用过了晚餐，在月光下，贝多芬坐在钢琴前面。先是他放平着手指在键盘上来回抚弄。我和弗朗索瓦都知道他这种习惯。他往往是这样开场的。随后他在低音部分奏了几个和弦；接着，慢慢地，他用一种神秘的庄严的神气，奏着赛巴斯蒂安·巴赫的一支歌：“若愿素心相赠，无妨悄悄相传；两情脉脉，勿为人知。”
>
> 母亲和教士[①]都已就寝；哥哥严肃地凝眸睇视着；我的心被他的歌和目光渗透了，感到生命的丰满。——第二天早上，我们在园中相遇。他对我说：“我正在写一本歌剧。主要的人物在我心中，在我面前，不论我到什么地方，停留在什么地方，他总和我同在。我从没到过这般崇高的境界。一切都是光明和纯洁。在此以前，我只像童话里的孩子，只管捡取石子，而不看见路上美艳的鲜花……”1806年5月，只获得我最亲爱的哥哥的同意，我和他订了婚。

这一年所写的《第四交响曲》，是一朵精纯的花，蕴藏着他一生比较平静的日子的香味。人家说：“贝多芬那时竭力要把他的天才，和一般人在前辈大师留下的形式中所认识与爱好的东西，加以调和。”这是不错的。同样渊源于爱情的妥协精神，对他的举动和生活方式也发生了影响。赛弗里德和格里尔巴策说他兴致很好，心灵活跃，处世接物彬彬有礼，对可厌的人也肯忍耐，穿着很讲究；而且他巧妙地瞒着大家，甚至令人不觉得他耳聋；他们说他身体很好，除了目光有些近视之外。在梅勒替他画的肖像上，我们也可看到一种罗曼蒂克的风雅，微微有些不自然的神情。贝多芬要博人欢心，并且知道已经博得人家欢心。猛狮在恋爱中：它的利爪藏起来了。但在他的眼睛深处，甚至在《第四交响曲》的幻梦与温柔的情调之下，我们仍能感到那可怕的力，任性的脾气，突发的愤怒。

这种深邃的和平并不持久；但爱情的美好的影响一直保存到1810年。

① 欧洲贵族家中，皆有教士供养。

无疑是靠了这个影响，贝多芬才获得自主力，使他的天才产生了最完满的果实，例如那古典的悲剧：《第五交响曲》；——那夏日的神明的梦：《田园交响曲》（1808）。还有他自认为他奏鸣曲中最有力的，从莎士比亚的《暴风雨》感悟得来的：《热情奏鸣曲》（1807），为他题献给特雷泽的。[①]作品第七十八号的富于幻梦与神秘气息的奏鸣曲（1809），也是献给特雷泽的。写给“不朽的爱人”的一封没有日期的信，所表现的他的爱情的热烈，也不亚于《热情奏鸣曲》：

> 我的天使，我的一切，我的我……我心头装满了和你说不尽的话……啊！不论我在哪里，你总和我同在……当我想到你星期日以前不曾接到我初次的消息时，我哭了。——我爱你，像你的爱我一样，但还要强得多……啊！天哪！——没有了你是怎样的生活啊！——咫尺，天涯——……我的不朽的爱人，我的思念一齐奔向你，有时是快乐的，随后是悲哀的，问着命运，问它是否还有接受我们的愿望的一天。——我只能同你在一起过活，否则我就活不了……永远无人再能占有我的心。永远！——永远！——噢，上帝！为何人们相爱时要分离呢？可是我现在的生活是忧苦的生活。你的爱使我同时成为最幸福和最苦恼的人。——安静罢……安静——爱我呀！——今天，昨天，多少热烈的憧憬，多少的眼泪对你——你——你——我的生命——我的一切！别了！——噢！继续爱我呀——永勿误解你亲爱的人的心。——永久是你的——永久是我的——永远是我们的。

什么神秘的理由，阻挠着这一对相爱的人的幸福？——也许是没有财产，也许是地位的不同。也许贝多芬对人家要他长时期的等待，要他为这段爱情保守秘密，感到屈辱而表示反抗。

也许以他暴烈、多病、愤世嫉俗的性情，无形中使他的爱人受难，而他自己又因之感到绝望。——婚约毁了；然而两个人中间似乎没有一个忘却这段爱情。直到她生命的最后一刻，特雷泽·特·布伦瑞克还爱着贝多芬。

---

① 见贝多芬和申德勒的谈话。

1816年时贝多芬说："当我想到她时，我的心仍和第一天见到她时跳得一样地剧烈。"同年，他制作六阕《献给遥远的爱人》的歌。他在笔记内写道："我一见到这个美妙的造物，我的心情就泛滥起来，可是她并不在此，并不在我旁边！"——特雷泽曾把她的肖像赠予贝多芬，题着："给稀有的天才，伟大的艺术家，善良的人。T. B."[①]在贝多芬晚年，一位朋友无意中撞见他独自拥抱着这幅肖像，哭着，高声地自言自语着（这是他的习惯）："你这样地美，这样地伟大，和天使一样！"朋友退了出去，过了一会儿再进去，看见他在弹琴，便对他说："今天，我的朋友，你的脸上全无可怕的气色。"贝多芬答道："因为我的好天使来访问过我了。"——创伤深深地铭刻在他心上。他自己说："可怜的贝多芬，此世没有你的幸福。只有在理想的境界里才能找到你的朋友。"

他在笔记上又写着："屈服，深深地向你的运命屈服：你不复能为你自己而存在，只能为着旁人而存在；为你，只在你的艺术里才有幸福。噢，上帝！给我勇气让我征服我自己！"

爱情把他遗弃了。1810年，他重又变成孤独；但光荣已经来到，他也显然感到自己的威力。他正当盛年。他完全放纵他的暴烈与粗犷的性情，对于社会，对于习俗，对于旁人的意见，对一切都不顾虑。他还有什么需要畏惧，需要敷衍？爱情，没有了；野心，没有了。所剩下的只有力，力的欢乐，需要应用它，甚至滥用它。"力，这才是和寻常人不同的人的精神！"他不修边幅，举止也愈加放肆。他知道他有权畅所欲言，对世间最大的人物亦然。"除了仁慈以外，我不承认还有什么优越的标记"，这是他1812年7月17日所写的说话。[②]贝蒂娜·布伦塔诺[③]那时看见他，说"没有一个皇帝对于自己的力有他这样坚强的意识"。她被他的威力慑服了，写信给歌德时说道："当我初次看见他时，整个世界在我面前消失了，贝多芬使我忘记了世界，甚至忘记了你，噢，歌德！……我敢断言这个人物远远地

① 这幅肖像至今还在波恩的贝多芬家。

② 贝多芬写给G. D. 李里奥的信中又道："心是一切伟大的起点。"书信集一〇八。

③ 贝蒂娜系歌德的青年女友，贝蒂娜母亲曾与歌德相爱；故贝蒂娜成年后竭力追求歌德。贝蒂娜对贝多芬极为崇拜，且对贝多芬音乐极为了解。贝蒂娜兄克莱门斯（1778—1892）为德国浪漫派领袖之一。其丈夫阿宁亦为有名的诗人。

走在现代文明之前，而我相信我这句话是不错的。”[①]

歌德设法要认识贝多芬。1812年，他们终于在波希米亚的浴场特普利兹地方相遇，结果却不很投机。贝多芬热烈佩服着歌德的天才；[②]但他过于自由和过于暴烈的性格，不能和歌德的性格融和，且不免于伤害它。他曾叙述他们一同散步的情景，当时这位骄傲的共和党人，把魏玛大公的枢密参赞[③]教训了一顿，使歌德永远不能原谅。

> 君王与公卿尽可造就教授与机要参赞，尽可赏赐他们头衔与勋章；但他们不能造就伟大的人物，不能造就超临庸俗社会的心灵；……而当像我和歌德这样两个人在一起时，这般君侯贵胄应当感到我们的伟大。——昨天，我们在归路上遇见全体的皇族。我们远远地就已看见。歌德挣脱了我的手臂，站在大路一旁。我徒然对他说尽我所有的话，不能使他再走一步。于是我按了一按帽子，扣上外衣的纽子，背着手，往最密的人丛中撞去。亲王与近臣密密层层；太子鲁道夫[④]对我脱帽；皇后先对我招呼。——那些大人先生是认得我的。——为了好玩起计，我看着这队人马在歌德面前经过。他站在路边上，深深地弯着腰，帽子拿在手里。事后我大大地教训了他一顿，毫不同他客气。……

文段刻画了贝多芬在书信中写到与歌德一起散步遇到皇亲国戚时的情景，从中突出表现了贝多芬叛逆的性格。这里也可看出，罗曼·罗兰在写作时，对于人物形象的刻画有不同的维度。在表现名人们伟大的同时，也透露了他们的缺点，使人物形象更贴近生活真实，有血有肉，个性鲜明。

① 贝蒂娜写此信时，约为1808年，尚未满二十九岁。此时贝多芬未满四十岁，歌德年最长，已有六十岁左右。

② 1811年2月19日，贝多芬写给贝蒂娜的信中说：“歌德的诗使我幸福。”1809年8月8日，他在旁的书信中也说：“歌德与席勒，是我在莪相与荷马之外最心爱的诗人。”——值得注意的是，贝多芬幼年的教育虽不完全，但他的文学品位极高。

③ 此为歌德官衔。

④ 鲁道夫，贝多芬的钢琴学生。

而歌德也没有忘记。

《第七交响曲》和《第八交响曲》便是这时代的作品，就是说1812年在特普利兹写的：前者是节奏的大祭乐，后者是诙谑的交响曲，他在这两件作品内也许最是自在，像他自己所说的，最是“尽量”，那种快乐与狂乱的激动，出其不意的对比，使人错愕的夸大的机智，巨人式的、使歌德与策尔特惶骇的爆发，使德国北部流行着一种说数，说《第七交响曲》是一个酒徒的作品。——不错，是一个沉醉的人的作品，但也是力和天才的产物。

他自己也说：“我是替人类酿制醇醪的酒神，是我给人以精神上至高的热狂。”

我不知他是否真如瓦格纳所说的，想在《第七交响曲》的终局内描写一个酒神的庆祝会。在这阕豪放的乡村节会音乐中，我特别看到他佛兰芒族的遗传；同样，在以纪律和服从为尚的国家，他的肆无忌惮的举止谈吐，也是渊源于他自身的血统。不论在哪一件作品里，都没有《第七交响曲》那么坦白，那么自由的力。这是无目的地，单为了娱乐而浪费着超人的精力，宛如一条洋溢泛滥的河的欢乐。在《第八交响曲》内，力量固没有这样的夸大，但更加奇特，更表现出作者的特点，交融着悲剧与滑稽，力士般的刚强和儿童般的任性。①

1814年是贝多芬幸运的顶点。在维也纳会议中，人家把他看作欧罗巴的光荣。他在庆祝会中非常活跃。亲王们向他致敬，像他自己高傲地向申德勒所说的，他听任他们追逐。

他受着独立战争的鼓动。1813年，他写了一阕《威灵顿之胜利交响曲》；1814年初，写了一阕战士的合唱：《德意志的再生》；1814年11月29日，他在许多君主面前指挥一支爱国歌曲：《光荣的时节》；1815年，他为攻陷巴黎②写一首合唱：《大功告成》。这些应时的作品，比他一切旁的音乐更能增加他的声名。布莱修斯·赫弗尔依着弗朗索瓦·勒特龙的素描所作的木刻，和1813年弗兰兹·克莱因塑的脸形，活泼泼地表现出贝多芬在维

① 写作这些作品的同时，贝多芬在1811—1812年间在特普利兹认识一个柏林的青年女歌唱家，和她有着相当温柔的友谊，也许对这些作品不无影响。

② 指1814年3月奥德各邦联军攻入巴黎。

也纳会议时的面貌。狮子般的脸上，牙床紧咬着，刻画着愤怒与苦恼的皱痕，但表现得最明显的性格是他的意志，早年拿破仑式的意志："可惜我在战争里不像在音乐中那么内行！否则我将打败他！"

但是他的王国不在此世，像他写信给弗朗索瓦·特·布伦瑞克时所说的："我的王国是在天空。"①

在此光荣的时间以后，接踵而来的是最悲惨的时期。

维也纳从未对贝多芬抱有好感。像他那样一个高傲而独立的天才，在此轻佻浮华、为瓦格纳所痛恶的都城里是不得人心的。他抓住可以离开维也纳的每个机会；1808年，他很想脱离奥地利，到威斯特伐利亚王热罗姆·波拿巴的宫廷里去。但维也纳的音乐泉源是那么丰富，我们也不该抹杀那边常有一般高贵的鉴赏家，感到贝多芬之伟大，不肯使国家蒙受丧失这天才之羞。1809年，维也纳三个富有的贵族：贝多芬的学生鲁道夫太子、洛布科维兹亲王、金斯基亲王，答应致送他四千弗洛令的年俸，只要他肯留在奥地利。他们说："显然，一个人只在没有经济烦虑的时候才能整个地献身于艺术，才能产生这些崇高的作品为艺术增光，所以我们决意使路德维希·凡·贝多芬获得物质的保障，避免一切足以妨害他天才发展的阻碍。"

不幸的是，结果与诺言不符。这笔津贴并未付足；不久又完全停止。且从1814年维也纳会议起，维也纳的性格也转变了。社会的目光从艺术移到政治方面，音乐口味被意大利作风破坏了，时尚所趋的是罗西尼，贝多芬被视为迂腐。贝多芬的朋友和保护人，分散的分散，死亡的死亡：金斯基亲王死于1812年，李希诺夫斯基亲王死于1814年，洛布科维兹死于1816年。受贝多芬题赠作品第五十九号的美丽的四重奏的拉苏莫夫斯基，在1815年举办了最后的一次音乐会。同年，贝多芬和童年的朋友，埃莱奥诺雷的哥哥，斯特凡·冯·布罗伊宁失和。从此，他孤独了。在1816年的笔记上，他写道："没有朋友，孤零零地在世界上。"

耳朵完全聋了。从1815年秋天起，他和人们只剩下笔上的往还。最早

---

① 贝多芬在维也纳会议时写信给考卡说："我不和你谈我们的君王和王国，在我看来，思想之国是一切国家中最可爱的：那是此世和彼世的一切王国中的第一个。"

的谈话手册是1816年的。关于1822年《菲岱里奥》预奏会的经过，有申德勒的一段惨痛的记述可追溯。

> 贝多芬要求亲自指挥最后一次的预奏……从第一幕的二部唱起，显而易见，他全没听见台上的歌唱。他把乐曲的进行延缓很多；当乐队跟着他的指挥棒进行时，台上的歌手自顾自地匆匆向前。结果是全局都紊乱了。经常地，乐队指挥乌姆劳夫不说明什么理由，提议休息一会，和歌唱者交换了几句说话之后，大家重新开始。同样的紊乱又发生了。不得不再休息一次。在贝多芬指挥之下，无疑是干不下去的了。但怎样使他懂得呢？没有一个人有心肠对他说："走罢，可怜虫，你不能指挥了。"贝多芬不安起来，骚动之余，东张西望，想从不同的脸上猜出症结所在：可是大家都默不作声。他突然用命令的口吻呼唤我。我走近时，他把谈话手册授给我，示意我写。我便写着："恳求您勿再继续，等回去再告诉您理由。"于是他一跃下台，对我嚷道："快走！"他一口气跑回家里去；进去，一动不动地倒在便榻上，双手捧着自己的脸；他这样一直到晚饭时分。用餐时他一言不发，保持着最深刻的痛苦的表情。晚饭以后，当我想告别时，他留着我，表示不愿独自在家。等到我们分手的辰光，他要我陪着去看医生，以耳科出名的……在我和贝多芬的全部交谊中，没有一天可和这十一月里致命的一天相比。他心坎里受了伤，至死不曾忘记这可怕的一幕的印象。①

两年以后，1842年5月7日，他指挥着（或更准确地，像节目单上所注明的"参与指挥事宜"）《合唱交响曲》时，他全没听见全场一致的喝彩声；他丝毫不曾觉察，直到一个女歌唱演员牵着他的手，让他面对着观众时，他才突然看见全场起立，挥舞着帽子，向他鼓掌。——一个英国游历家罗素，1825年时看见过他弹琴，说当他要表现柔和的时候，琴键不曾发声，在这静寂中看着他情绪激动的神气，脸部和手指都抽搐起来，真是令

① 申德勒从1814年起就和贝多芬来往，但到1819年以后方始成为他的密友。贝多芬不肯轻易与之结交，最初对他表示高傲轻蔑的态度。

当人无法在现实生活中找到寄托时，便会转而去求得他物。或许我们有理由相信，贝多芬的作品中之所以弥漫着一股蓬勃的生命力，源于大自然给予他的力量。他已经超越了自己在肉体上和精神上的种种痛苦、恐惧，懂得忍让、敬畏，他感悟到了生命的升华。

人感动。[①]

隐遁在自己的内心生活里，和其余的人类隔绝着，他只有在自然中觅得些许安慰。特雷泽·布伦瑞克说："自然是他唯一的知己。"它成为他的托庇所。1815年时认识他的查理·纳德，说他从未见过一个人像贝多芬这样地爱花木，云彩，自然……他似乎靠着自然生活。[②]贝多芬写道："世界上没有一个人像我这样地爱田野……我爱一株树甚于爱一个人……"在维也纳时，每天他沿着城墙绕一个圈子。在乡间，从黎明到黑夜，他独自在外散步，不戴帽子，冒着太阳，冒着风雨。"全能的上帝！——在森林中，我快乐了——在森林中，我快乐了——每株树都传达着你的声音。——天哪！何等地神奇！——在这些树林里，在这些岗峦上——一片宁谧，供你役使的静谧。"

他精神的骚乱在自然中获得了一些苏慰[③]。他被金钱的烦虑弄得疲惫不堪。1818年时，他写道："我差不多到了行乞的地步，而我还得装作日常生活并不艰窘的神气。"此外他又说："作品第一〇六号的奏鸣曲是在紧急情况中写的。要以工作来换取面包实在是一件苦事。"施波尔[④]说他往往不能出门，为了靴子洞穿之故。他对出版商负着重债，而作品又卖不出钱。《D调弥撒曲》发售预约时，只有七个预约者，其中没有一个是音乐家。他全部美妙的奏鸣曲——每曲都得花费他三个月的工作——但只给他挣了三十至四十杜加。加利钦亲王要他制作的四重奏（作品第一二七、一三〇、一三二号），也许是他作品中最

① 参看瓦格纳的《贝多芬评传》，对他的耳聋有极美妙的叙述。

② 贝多芬爱好动物，非常怜悯它们。有名的史家弗里梅尔的母亲，说她不由自主地对贝多芬怀有长时期的仇恨，因为贝多芬在她儿时把她要捕捉的蝴蝶用手帕赶开。

③ 贝多芬的居处永远不舒服。在维也纳三十五年，他迁居三十次。

④ 路德维希·施波尔（Ludwig Spohr，1784—1859），当时德国的提琴家兼作曲家。

深刻的，仿佛用血泪写成的，结果是一文都不曾拿到。把贝多芬煎熬完的是，日常的窘况，无穷尽的讼案：或是要人家履行津贴的诺言，或是为争取侄儿的监护权，因为他的兄弟卡尔于1815年死于肺病，遗下一个儿子。

他心坎间洋溢着的温情全部灌注在这个孩子身上。这儿又是残酷的痛苦等待着他。仿佛是境遇的好意，特意替他不断地供给并增加苦难，使他的天才不致缺乏营养。——他先是要和他那个不入流品的弟媳争他的小卡尔，他写道：

> 噢，我的上帝，我的城墙，我的防卫，我唯一的托庇所！我的心灵深处，你是一览无余的，我使那些和我争夺卡尔的人受苦时，我的苦痛，你是鉴临的。请你听我呀，我不知如何称呼你的神灵！请你接受我热烈的祈求，我是你造物之中最不幸的可怜虫。
>
> 噢，神哪！救救我吧！你瞧，我被全人类遗弃，因为我不愿和不义妥协！接受我的祈求吧，让我，至少在将来，能和我的卡尔一起过活！……噢，残酷的命运，不可摇撼的命运！不，不，我的苦难永无终了之日！

然后，这个热烈地被爱的侄子，显得并不配受伯父的信任。贝多芬给他的书信是痛苦的、愤慨的，宛如米开朗琪罗给他的兄弟们的信，但是更天真更动人：

> 我还得再受一次最卑下的无情义的酬报吗？也罢，如果我们之间的关系要破裂，就让它破裂吧！一切公正的人知道这回事以后，都将恨你……如果联系我们的约束使你不堪担受，那么凭着上帝的名字——但愿一切都照着他的意志实现——我把你交给至圣至高的神明了；我已尽了我所有的力量；我敢站在最高的审判之前……
>
> 像你这样娇养坏的孩子，学一学真诚与朴实决计于你无害；你对我的虚伪的行为，使我的心太痛苦了，难以忘怀……上帝可以作证，我只想跑到千里之外，远离你，远离这可怜的兄弟和这丑恶的家庭……我不能再信任你了。

下面的署名是："不幸的是：你的父亲——或更好：不是你的父亲。"

但宽恕立刻接踵而至：

我亲爱的儿子！——一句话也不必再说——到我怀抱里来吧，你不会听到一句严厉的说话……我将用同样的爱接待你。如何安排你的前程，我们将友善地一同商量。——我以荣誉为担保，决无责备的言辞！那是毫无用处的。你能期待于我的只有殷勤和最亲切的帮助。——来吧——来到你父亲的忠诚的心上。——来吧，一接到信立刻回家吧。（在信封上又用法文写着："如果你不来，我定将为你而死。"）

他又哀求道：

别说谎，永远做我最亲爱的儿子！如果你用虚伪来报答我，像人家使我相信的那样，那真是何等丑恶何等刺耳！……别了，我虽不曾生下你来，但的确抚养过你，而且竭尽所能地培植过你精神的发展，现在我用着有甚于父爱的情爱，从心坎里求你走上善良与正直的唯一的大路。你的忠诚的老父。

这个并不缺少聪明的侄儿，贝多芬本想把他领上高等教育的路，然而替他筹划了无数美妙的前程之梦以后，不得不答应他去习商。但卡尔出入赌场，负了不少债务。

由于一种可悲的怪现象，比人们想象中更为多见的怪现象，伯父的精神的伟大，对侄儿非但无益，而且有害，它使他恼怒，使他反抗，如他自己所说的："因为伯父要我上进，所以我变得更下流"；这种可怕的说话，活脱脱显出这个浪子的灵魂。他甚至在1826年时在自己头上开了一枪。然而他并没死，倒是贝多芬几乎因之送命：他为这件事情所受的难堪，永远无法摆脱。[①]卡尔痊愈了，他自始至终使伯父受苦，而这对于

① 当时看见贝多芬的申德勒，说他突然变得像一个七十岁的老人，精神崩溃，没有力量，没有意志。倘卡尔死了的话，他也要死的了。——不多几个月之后，他果然一病不起。

伯父之死，也未必没有关系；贝多芬临终的时候，他竟没有在场。——几年以前，贝多芬写给侄子的信中说：“上帝从没遗弃我。将来终有人来替我阖上眼睛。”——然而替他阖上眼睛的，竟不是他称为“儿子”的人。

在此悲苦的深渊里，贝多芬致力于讴歌欢乐。

这是他毕生的计划。从1793年他在波恩时起就有这个念头。他一生要歌唱欢乐，把这歌唱作为他某一大作品的结局。颂歌的形式，以及放在哪一部作品里这些问题，他踌躇了一生。即在《第九交响曲》内，他也不曾打定主意。直到最后一刻，他还想把欢乐颂歌留下来，放在第十或第十一的交响曲中去。我们应当注意《第九交响曲》的原题，并非今日大家所习用的《合唱交响曲》，而是“以欢乐颂歌的合唱为结局的交响曲”。《第九交响曲》可能而且应该有另外一种结束。1823年7月，贝多芬还想给它以一个器乐的结束，这一段结束，他以后用在作品第一三二号的四重奏内。车尔尼和松莱特纳确言，即在演奏过后（1824年5月），贝多芬还未放弃改用器乐结束的意思。

要在一阕交响曲内引进合唱，有极大的技术上的困难，这是可从贝多芬的稿本上看到的，他做过许多试验，想用别种方式，并在这件作品的别的段落引进合唱。在Adagio（柔板）的第二主题的稿本上，他写道：“也许合唱在此可以很适当地开始。”但他不能毅然决然地和他忠诚的乐队分手。他说：“当我看见一个乐思的时候，我总是听见乐器的声音，从未听见人声。”所以他把运用歌唱的时间尽量延宕；不但终局的吟诵体是这样[①]，甚至把主题也交给器乐来奏出，连“欢乐”的主题亦是如此。

对于这些延缓和踌躇的解释，我们还得更进一步：它们还有更深刻的原因。这个不幸的人永远受着忧患折磨，永远想讴歌“欢乐”之美；然而年复一年，他延宕着这桩事业，因为他老是卷在热情与哀伤的漩涡内。直到生命的最后一日他才完成了心愿，可是完成的时候是何等的伟大！

当欢乐的主题初次出现时，乐队忽然中止；出其不意地一片静默，这

① 贝多芬说这一部分“完全好像有歌词在下面”。

这一部分运用了拟人的修辞手法，形象生动地写出了贝多芬《第九交响曲》形式的丰富和给听众带来的心灵感受，脉络清晰、层次井然，将乐曲的感染力用如此形象的语言表现出来，并运用通感手法，调动读者的感官体验，实乃妙笔。

此处由乐曲带给人的初步体验慢慢过渡到深层次的内心感受，“欢乐”抓住了生命，这是一场对痛苦的斗争，饱含着贝多芬坎坷的人生经历，从音乐中，我们听到的是一个人在绝望中的呐喊，是努力以欢乐克服悲伤的隐忍，是对于生命和苦难的沉思。作者将贝多芬的人生经历、人生态度和音乐融合在一起。

使歌唱的开始带着一种神秘与神明的气概。而这是不错的：这个主题的确是一个神明。“欢乐”自天而降，包裹在非现实的宁静中间：它用柔和的气息抚慰着痛苦；而它溜滑到大病初愈的人的心坎中时，第一下的抚摩又是那么温柔，令人如贝多芬的那个朋友一样，禁不住因“看到他柔和的眼睛而为之流泪”。当主题接着过渡到人声上去时，先由低音表现，带着一种严肃而受压迫的情调。慢慢地，“欢乐”抓住了生命。这是一种征服，一场对痛苦的斗争。然后是进行曲的节奏，浩浩荡荡的军队，男高音热烈急促的歌，在这些沸腾的乐章内，我们可以听到贝多芬的气息，他的呼吸，与他受着感应的呼喊的节奏，活现出他在田野间奔驰，作着他的乐曲，受着如醉如狂的激情鼓动，宛如大雷雨中的李尔老王。在战争的欢乐之后，是宗教的醉意；随后又是神圣的宴会，又是爱的兴奋。整个的人类向天张着手臂，大声疾呼着扑向“欢乐”，把它紧紧地搂在怀里。

巨人的巨著终于战胜了群众的庸俗。维也纳轻浮的风气，被它震撼了一刹那，这都城当时是完全在罗西尼与意大利歌剧的势力之下的。贝多芬颓丧忧郁之余，正想移居伦敦，到那边去演奏《第九交响曲》。像1809年一样，几个高贵的朋友又来求他不要离开祖国。他们说：

> 我们知道您完成了一部新的圣乐，表现着您深邃的信心感应给您的情操。渗透着您的心灵的超现实的光明，照耀着这件作品。我们也知道您的伟大的交响曲的王冠上，又添了一朵不朽的鲜花……您近几年来的沉默，使一切关注您的人为之凄然。①大家都悲哀

① 贝多芬为琐碎的烦恼，贫穷以及各种的忧患所困，在1816至1821年的五年中间，只写了三支钢琴曲（作品第一〇一、一〇二、一〇六号）。他的敌人说他才力已尽。1821年起他才重新工作。

地想到，正当外国音乐移植到我们的土地上，令人遗忘德国艺术的产物之时，我们的天才，在人类中占有那么崇高的地位的，竟默无一言。……唯有在您身上，整个的民族期待着新生命，新光荣，不顾时下的风气而建立起真与美的新时代……但愿您能使我们的希望不久即实现……但愿靠了您的天才，将来的春天，对于我们，对于人类，加倍地繁荣！”①

这封慷慨陈辞的信，证明贝多芬在德国优秀阶级中所享有的声威，不但是艺术方面的，而且是道德方面的。他的崇拜者称颂他的天才时，所想到的第一个词既非学术，亦非艺术，而是“信仰”。②

贝多芬被这些言辞感动了，决意留下。1824年5月7日，在维也纳举行《D调弥撒曲》和《第九交响曲》的第一次演奏会，获得空前的成功。情况之热烈，几乎含有暴动的性质。当贝多芬出场时，受到群众五次鼓掌的欢迎；在此讲究礼节的国家，对王族的出场，习惯也只用三次的鼓掌礼。因此警察不得不出面干涉。交响曲引起狂热的骚动。许多人哭起来。贝多芬在终场以后感动得晕过去；大家把他抬到申德勒家，他蒙蒙眬眬地和衣睡着，不饮不食，直到次日早上。可是胜利是暂时的，对贝多芬毫无盈利。音乐会不曾给他挣什么钱。物质生活的窘迫依然如故。他贫病交迫，孤独无依，可是战胜了——战胜了人类的平庸，战胜了他自己的命运，战胜了他的痛苦。

“牺牲，永远把一切人生的愚昧为你的艺术去牺牲！艺术，这是高于一切的上帝！”

因此他已达到了终身想望的目标。他已抓住欢乐。但在这控制着暴风雨的心灵高峰上，他是否能长此逗留？——当然，他还得不时堕入往昔的创痛里。当然，他最后的几部四重奏里充满着异样的阴影。可是《第九交响曲》的胜利，似乎已在贝多芬心中留下它光荣的标记。他未来的计划

① 这是1824年的事，署名的有C. 李希诺夫斯基亲王等二十余人。

② 1819年2月1日，贝多芬要求对侄子的监护权时，在维也纳市政府高傲地宣称：“我的道德品格是大家公认的。”

是：《第十交响曲》《纪念巴赫的前奏曲》，为格里尔巴策的《曼吕西纳》谱的音乐，为克尔纳的《奥德赛》、歌德的《浮士德》谱的音乐，《大卫与扫罗的清唱剧》，这些都表示他的精神倾向于德国古代大师的清明恬静之境：巴赫与亨德尔——尤其是倾向于南方，法国南部，或他梦想要去游历的意大利。

施皮勒医生于1826年看见他，说他气色变得快乐而旺盛了。同年，当格里尔巴策最后一次和他晤面时，倒是贝多芬来鼓励这颓丧的诗人："啊，他说，要是我能有千分之一的你的体力和强毅的话！"时代是艰苦的。专制政治的反动，压迫着思想界。格里尔巴策呻吟道："言论检查把我杀害了。倘使一个人要言论自由，思想自由，就得往北美洲去。"但没有一种权力能钳制贝多芬的思想。诗人库夫纳写信给他说："文字是被束缚了；幸而声音还是自由的。"贝多芬是伟大的自由之声，也许是当时德意志思想界唯一的自由之声。他自己也感到。他时常提起，他的责任是把他的艺术来奉献于"可怜的人类""将来的人类"，为他们造福利，给他们勇气，唤醒他们的迷梦，斥责他们的懦怯。他写信给侄子说："我们的时代，需要有力的心灵把这些可怜的人群加以鞭策。"1827年，米勒医生说："贝多芬对于政府、警察、贵族，永远自由发表意见，甚至在公众面前也是如此。①警察当局明明知道，但将他的批评和嘲讽认为是无害的梦呓，因此也就让这个光芒四射的天才太平无事。"

这段话中的"玩弄"一词用得非常好，表现出一种随意的、淡然的，甚至是略带嘲讽的态度，它代表着贝多芬对于苦难的超越，对于生命的乐观，他以惊人的毅力走出悲伤，对痛苦报以微笑。

因此，什么都不能使这股不可驯服的力量屈膝。如今它似乎玩弄痛苦了。在此最后几年中所写的音乐，虽然环境恶劣，往往有一副簇新的面目，嘲弄的，睥睨一切

① 在谈话手册里，我们可以读到：（1819年的）"欧洲政治目前所走的路，令人没有金钱没有银行便什么事都不能做。""统治者的贵族，什么也不曾学得，什么也不曾忘记。""五十年内，世界上到处都将有共和国。"

的，快乐的。他逝世以前四个月，在1826年11月完成的作品，作品第一三〇号的四重奏的新的结束是非常轻快的。这种快乐并非一般人所有的那种。时而是莫舍勒斯所说的嬉笑怒骂；时而是战胜了如许痛苦以后的动人的微笑。总之，他是战胜了。他不相信死。

然而，死终于来了。1826年11月终，他得了肋膜炎性的感冒；为侄子奔走前程而旅行回来，他在维也纳病倒了。朋友都在远方。他打发侄儿去找医生。据说这麻木不仁的家伙竟忘记了使命，两天之后才重新想起来。医生来得太迟，而且治疗得很恶劣。三个月内，他运动家般的体格和病魔挣扎着。1827年1月3日，他把至爱的侄儿立为正式的继承人。他想到莱茵河畔的亲爱的友人，写信给韦格勒说："我多想和你谈谈！但我身体太弱了，除了在心里拥抱你和你的洛亨①以外，我什么都无能为力了。"要不是几个豪侠的英国朋友，贫穷的苦难几乎笼罩到他生命的最后一刻。他变得非常柔和，非常忍耐。1827年2月17日，弥留之际，他躺在床上，经过了三次手术以后，等待着第四次，他在等待期间还安详地说："我耐着性子，想道：一切灾难都带来几分善。"②

这个善，是解脱，是像他临终时所说的"喜剧的终场"——我们却说是他一生悲剧的终场。

他在大风雨中，大风雪中，一声响雷中，咽下了最后一口气。一只陌生的手替他阖上了眼睛（1827年3月26日）。

亲爱的贝多芬！多少人已颂赞过他艺术上的伟大。但他远不只是音乐家中的第一人，而是近代艺术的最英勇的力。对于一般受苦而奋斗的人，他是最大而最好的朋友。当我们对着世界的劫难感到忧伤时，他会到我们身旁来，好似坐在一个穿着丧服的母亲旁边，一言不发，在琴上唱着他隐忍的悲歌，安慰那哭泣的人。当我们对德与善的庸俗，斗争到疲惫的辰光，到此意志与信仰的海洋中浸润一下，将获得无可言喻的裨益。他分赠我们的是一股勇气，一种奋斗的欢乐，一种感到与神同在的醉意。仿佛在

① 洛亨，即韦格勒夫人埃莱奥诺雷的亲密的称呼。

② 据格哈得·冯·布罗伊宁的信，说他在弥留时，在床上受着臭虫的骚扰。——他的四次手术是1826年12月20日，1827年1月8日、2月2日和2月27日。

他和大自然不息的沟通之下，他竟感染了自然的深邃的力。格里尔巴策对贝多芬是钦佩之中含有惧意的，在提及他时，他说："他所到达的那种境界，艺术竟和狂野与古怪的元素混合为一。"舒曼提到《第五交响曲》时也说："尽管你时常听到它，它对你始终有一股不变的威力，有如自然界的现象，虽然时时发生，总教人充满着恐惧与惊异。"他的密友申德勒说："他抓住了大自然的精神。"——这是不错的：贝多芬是自然界的一股力；一种原始的力和大自然其余的部分接战之下，便产生了荷马史诗般的壮观。

他的一生宛如一天雷雨的日子。——先是一个明净如水的早晨。仅仅有几阵懒懒的微风。但在静止的空气中，已经有隐隐的威胁，沉重的预感。然后，突然之间巨大的阴影卷过，悲壮的雷吼，充满着声响的可怖的静默，一阵复一阵的狂风，《英雄交响曲》与《第五交响曲》。然而白日的清纯之气尚未受到损害。欢乐依然是欢乐，悲哀永远保存着一缕希望。但自1810年后，心灵的均衡丧失了。日光变得异样。最清楚的思想，也看来似乎水汽一般在升华：忽而四散，忽而凝聚，它们的又凄凉又古怪的骚动，罩住了心；往往乐思在薄雾之中浮沉了一两次以后，完全消失了，淹没了，直到曲终才在一阵狂飙中重新出现。即是快乐本身也蒙上苦涩与狂野的性质。所有的情操里都混合着一种热病，一种毒素。黄昏将临，雷雨也随着酝酿。随后是沉重的云，饱蓄着闪电，给黑夜染成乌黑，挟带着大风雨，那是《第九交响曲》的开始。——突然，当风狂雨骤之际，黑暗裂了缝，夜在天空给赶走，由于意志之力，白日的清明重又还给了我们。

什么胜利可和这场胜利相比？波拿巴的哪一场战争，奥斯特利茨[①]哪一天的阳光，曾经达到这种超人的努力的

贝多芬的一生，就是不屈不挠与命运、与人类社会的不平等斗争的一生。他曾说过："扼住命运的咽喉"，这是他一生精神的真实写照。虽然生活中饱受苦难，却在音乐的世界里，用温暖、用力量、用欢乐，来战胜人生的苦难，让人超越权力、疾病、痛苦、孤独，甚至摆脱死亡的束缚，让人们获得朋友般的心灵慰藉，获得继续前行的勇气和力量。

① 奥斯特利茨，拿破仑1805年12月大获胜利之地。

贝多芬葬礼场景图

光荣？曾经获得这种心灵从未获得的凯旋？一个不幸的人，贫穷，残疾，孤独，由痛苦造成的人，世界不给他欢乐，他却创造了欢乐来给予世界！他用他的苦难来铸成欢乐，好似他用那句豪语来说明的——那是可以总结他一生，可以成为一切英勇心灵的箴言的：

“用痛苦换来的欢乐。”

米开朗琪罗传

Michelangelo

译者弁言

本书之前，有《贝多芬传》；本书之后，有《托尔斯泰传》：合起来便是罗曼·罗兰的不朽的《名人传》。移译本书的意念是和移译《贝多芬传》的意念一致的，在此不必多说。在一部不朽的原作之前，冠上不伦的序文是种亵渎的行为。因此，我只申说下列几点：

一、本书是依据原本第十一版全译的。但附录的米氏诗选因其为意大利文原文（译者无能），且在本文中已引用甚多，故擅为删去。

二、附录之后尚有详细参考书目（英、德、美、意四国书目），因非目下国内读书界需要，故亦从略。

三、原注解除删去最不重要的十余则外，余皆全译，所以示西人治学之严，为我人作一榜样耳。

1934年1月5日

原 序

在翡冷翠[1]的国家美术馆中，有一座为米开朗琪罗称为《胜利者》的白石雕像。这是一个裸露的青年，生成美丽的躯体，低低的额上垂覆着拳曲的头发。昂昂地站着，他的膝盖踞曲在一个胡髭满面的囚人背上，囚人蜷伏着，头伸向前面，如一头牛。可是胜利者并不注视他。即在他的拳头将要击下去的一刹那，他停住了，满是沉郁之感的嘴巴和犹豫的目光转向别处去了。手臂折转去向着肩头：身子往后仰着；他不再要胜利，胜利使他厌恶。他已征服了，但亦被征服了。

这幅英雄的惶惑之像，这个折了翅翼的胜利之神，在米开朗琪罗全部作品中是永留在工作室中的唯一的作品，以后，达涅尔·特·沃尔泰雷[2]想把它安置在米氏墓上。——它即是米开朗琪罗自己，即是他全部生涯的象征。

痛苦是无穷的，它具有种种形式。有时，它是由于物质的凌虐，如灾难、疾病、命运的褊枉、人类的恶意。有时，它即蕴藏在人的内心。在这种情境中的痛苦，是同样的可悯，同样的无可挽救；因为人不能自己选择他的人生，人既不要求生，也不要求成为他所成为的样子。

米开朗琪罗的痛苦，即是这后一种。他有强力，他生来便是为战斗为征服的人；而且他居然征服了。——可是，他不要胜利。他所要的并不在

① 翡冷翠，旧时对佛罗伦萨的译称。——编注

② 达涅尔·特·沃尔泰雷（Daniele da Volterra，1509—1566），意大利风格主义画家和雕塑家。——编注

此。——真是哈姆莱特式的悲剧呀！赋有英雄的天才而没有实现的意志；赋有专断的热情，而并无奋激的愿望：这是多么悲痛的矛盾！

人们可不要以为我们在许多别的伟大之外，在此更发现一桩伟大！我们永远不会说是因为一个人太伟大了，世界于他才显得不够。精神的烦闷并非伟大的一种标识。即在一般伟大的人物，缺少生灵与万物之间、生命与生命律令之间的和谐并不算是伟大，却是一桩弱点。——为何要隐蔽这弱点呢？最弱的人难道是最不值得人家爱恋吗？——他正是更值得爱恋，因为他对于爱的需求更为迫切。我绝不会造成不可企及的英雄范型。我恨那怯懦的理想主义，它只教人不去注视人生的苦难和心灵的弱点。当我们和太容易被梦想与甘言所欺骗的民众说：英雄的谎言只是怯懦的表现。世界上只有一种英雄主义：便是注视世界的真面目——并且爱世界。

我在此所要叙述的悲剧，是一种与生俱来的痛苦，从生命的核心中发出的，它毫无间歇地侵蚀生命，直到把生命完全毁灭为止。这是巨大的人类中最显著的代表之一，一千九百余年来，我们的西方充塞着他的痛苦与信仰的呼声——这代表便是基督徒。

将来，有一天，在多少世纪的终极——如果我们尘世的事迹还能保存于人类记忆中的话——会有一天，那些生存的人们，对于这个消逝的种族，会倚凭在他们堕落的深渊旁边，好似但丁俯在地狱第八层的火坑之旁那样，充满着惊叹、厌恶与怜悯。

但对于这种又惊又佩又恶又怜的感觉，谁还能比我们感受得更真切呢？因为我们自幼便渗透这些悲痛的情操，便看到最亲爱的人们相斗，我们一向识得这基督教悲观主义的苦涩而又醉人的味道，我们曾在怀疑踌躇的辰光，费了多少力量，才止住自己不致和多少旁人一样堕入虚无的幻象中去。

神呀！永恒的生呀！这是一般在此世无法生存的人们的荫庇！信仰，往往只是对于人生对于前途的不信仰，只是对于自己的不信仰，只是缺乏勇气与欢乐！……啊！信仰！你的苦痛的胜利，是由多少的失败造成的呢！

基督徒们，为了这，我才爱你们，为你们抱憾。我为你们怨叹，我也叹赏你们的悲愁。你们使世界变得凄惨，又把它装点得更美。当你的痛苦消灭的时候，世界将更加枯索了。在这满着卑怯之徒的时代——在苦痛前面发抖，大声疾呼要求他们的幸福，而这幸福往往便是别人的灾难——我们应当敢于正视痛苦，尊敬痛苦！欢乐固然值得颂赞，痛苦亦何尝不值得颂赞！这两位是姊妹，而且都是圣者。她们锻炼人类开展伟大的心魂。她们是力，是生，是神。凡是不能兼爱欢乐与痛苦的人，便是既不爱欢乐，亦不爱痛苦。凡能体味她们的，方懂得人生的价值和离开人生时的甜蜜。

罗曼·罗兰

米开朗琪罗传

导　言

这是一个翡冷翠城中的中产者。

——那里，满是阴沉的宫殿，矗立着的崇高的塔尖如长矛一般，柔和而又枯索的山岗细腻地映在天际，岗上摇曳着杉树的圆盖形的峰巅，和闪闪作银色、波动如水浪似的橄榄林。

——那里，一切都讲究极端的典雅。洛伦佐·特·梅迪西[1]的讥讽的脸相，马基雅弗利[2]的阔大的嘴巴，波提切利画上的黄发，贫血的维纳斯，都会合在一起。

——那里，充满着热狂、骄傲、神经质的气息，易于沉溺在一切盲目的信仰中，受着一切宗教的和社会的狂潮耸动；在那里，各个是自由的，各个是专制的；在那里，生活是那么舒适。可是那里的人生无异是地狱。

——那里，居民是聪慧的、顽固的、热情的、易怒的，口舌如钢一般尖利，心情是那么多疑，互相试探、互相嫉忌、互相吞噬。

——那里，容留不下莱奥纳多·达·芬奇般的自由思想者；那里，波提切利只能如一个苏格兰的清教徒般在幻想的神秘主义中终其天年；那

① 洛伦佐·特·梅迪西（Lorenzo de' Medici，1449—1492），也译作洛伦佐·德·美弟奇，意大利政治家，文艺复兴时期佛罗伦萨的实际统治者。——编注

② 尼可罗·马基雅弗利（Niccolò di Bernardo dei Machiavelli，1469—1527），意大利哲学家、历史学家、政治家，著有《君主论》。——编注

米开朗琪罗肖像

里，萨伏那洛拉[1]受了一班坏人的利用，举火焚烧艺术品，使他的僧徒们在火旁舞蹈——三年之后，这火又死灰复燃地烧死了他自己。

在这个时代的这个城市中，他是他们的狂热的对象。

“自然，他对于他的同胞们没有丝毫温婉之情，他的豪迈宏伟的天才蔑视他们小组的艺术、矫饰的精神、平凡的写实主义，他们的感伤情调与病态的精微玄妙。他对待他们的态度很严酷；但他爱他们。他对于他的国家，并无达·芬奇般的微笑的淡漠。远离了翡冷翠，便要为怀乡病所苦。”

一生想尽方法要住在翡冷翠，在战争的悲惨的时期中，他留在翡冷翠；他要“至少死后能回到翡冷翠，既然生时是不可能”[2]。

因为他是翡冷翠的旧家，故他对于自己的血统与种族非常自傲。甚至比对于他的天才更加自傲。他不答应人家把他当艺术家看待：

“我不是雕塑家米开朗琪罗……我是米开朗琪罗·博纳罗蒂……”[3]

他精神上便是一个贵族，而且具有一切阶级的偏见。他甚至说：“修炼艺术的，当是贵族而非平民。”

他对于家族抱有宗教般的、古代的、几乎是野蛮的观念。他为它牺牲一切，而且要别人和他一样牺牲。他将，如他所说的，“为了它而卖掉自

① 吉洛拉谟·萨伏那洛拉（Girolamo Savonarola，1452—1498），意大利道明会修士，从1494年至1497年担任佛罗伦萨的精神和世俗领袖。他反对文艺复兴艺术和哲学。——编注

② “死之于我，显得那么可爱；因为它可以使我获得生前所不能得到的幸福：即回到我的故乡。”

③ 米开朗琪罗又说：“我从来不是一个画家，也不是雕塑家——做艺术商业的人。我永远保留着我世家的光荣。”（1548年5月2日致利奥那多书）

己，如奴隶一般”。[1]在这方面，为了些微的事情，他会激动感情。他轻蔑他的兄弟们，的确他们应该受他轻蔑。他轻蔑他的侄子——他的继承人。但对于他的侄子和兄弟们，他仍尊敬他们代表世系的身份。这种言语在他的信札中屡见不鲜：

“我们的世系……维持我们的世系……不要令我们的血统中断……”

凡是这强悍的种族的一切迷信、一切盲从，他都全备。这些仿佛是一个泥团（有如上帝捏造人类的泥团），米开朗琪罗即是在这个泥团中形成的。但在这个泥团中却涌现出澄清一切的成分：天才。

“不相信天才，不知天才为何物的人，请看一看米开朗琪罗吧！从没有人这样为天才所拘囚的了。这天才的气质似乎和他的气质完全不同；这是一个征服者投入他的怀中而把他制服了。他的意志简直是一无所能；甚至可说他的精神与他的心也是一无所能。这是一种狂乱的爆发，一种骇人的生命，为他太弱的肉体与灵魂所不能胜任的。”

“他在继续不断的兴奋中过生活。他的过分的力量使他感到痛苦，这痛苦逼迫他行动，不息地行动，一小时也不得休息。”

他写道：“我为了工作而筋疲力尽，从没有一个人像我这样地工作过，我除了夜以继日地工作之外，什么都不想。”

这种病态的需要活动不但使他的业务天天积聚起来，不但使他接受他所不能实行的工作，而且也使他堕入偏执的癖性中去。他要雕琢整个的山头。当他要建造什么纪念物时，他会费掉几年的光阴到石厂中去挑选石块，建筑搬运石块的大路；他要成为一切：工程师、手工人、斫石工人；他要独个干完一切；建造宫邸、教堂，由他一个人来。这是一种判罚苦役的生活。他甚至不愿分出时间去饮食睡眠。在他信札内，随处看得到同样可怜的语句：

> 我几乎没有用餐的时间……我没有时间吃东西……十二年以来，我的肉体被疲倦所毁坏了，我缺乏一切必需品……我没有一个铜子，

---

① 米开朗琪罗1497年8月19日致父亲书。——他在1508年3月13日三十三岁时才从父亲那里获得成丁独立权。

> 我是裸体了，我感受无数的痛苦……我在悲惨与痛苦中讨生活……我和患难争斗……

“没有人会懂得”正是米开朗琪罗的悲哀。三个不懂得又有区别，“会懂得”带有主观意思，表示没有人愿意尝试，主动触摸他的心灵，而“能懂得”表示，旁人终不能进入他的境界，理解他的思维，所以米开朗琪罗终生是孤独的。

这患难其实是虚幻的。米开朗琪罗是富有的；他拼命使自己富有，十分富有。[①]但富有对于他有何用处？他如一个穷人一样生活，被劳作束缚着好似一匹马被磨轮的轴子系住一般。没有人会懂得他如此自苦的原因。没有人能懂得他为何不能自主地使自己受苦，也没有人能懂得他的自苦对于他实是一种需要。即使是脾气和他极相似的父亲也埋怨他：

> 你的弟弟告诉我，你生活得十分节省，甚至节省到悲惨的程度：节省是好的；但悲惨是坏的；这是使神和人都为之不悦的恶行；它会妨害你的灵魂与肉体。只要你还年轻，这还可以；但当你渐渐衰老的时光，这悲惨的坏生活所能产生的疾病与残废，全都会显现。应当避免悲惨，中庸的生活，当心不要缺乏必需的营养，留意自己不要劳作过度……

但什么劝告也不起影响。他从不肯把自己的生活安排得更合人性些。他只以极少的面包与酒来支持他的生命。他只睡几小时。当他在博洛尼亚进行尤利乌斯二世的铜像工程时，他和他的三个助手睡在一张床上，因为他只有一张床而又不愿添置。他睡时衣服也不脱，皮靴也不卸。有一次，腿肿起来了，他不得不割破靴子；在脱下靴子的时

① 米开朗琪罗死后，有人在他罗马寓所发现他的藏金有七千至八千金币，约合今日四十万或五十万法郎。史家瓦萨里说米开朗琪罗两次给侄儿七千小金元，给侍役乌尔比诺两千小金元。他在翡冷翠亦有大批存款。1534年时，他在翡冷翠及附近各地置有房产六处，田产七处。他酷爱田地。这是他乡下人的遗传性。然而他的储蓄与置产并非为了他自己，而是为别人花去，他自己却什么都不舍得享用。

候，腿皮也随着剥下来了。

这种骇人的卫生状况，果如他的父亲所预料，使米开朗琪罗老是患病。在他的信札中，人们可以看出他生过十四或十五次大病。他好几次发热，几乎要死去。他眼睛有病，牙齿有病，头痛，心病。他常为神经痛所苦，尤其当他睡眠的时候；睡眠对于他竟是一种苦楚。他很早便老了。四十二岁，他已感到衰老。四十八岁时，他说他工作一天必得要休息四天。他又固执得不肯请任何医生诊治。

他的精神所受到这苦役生活的影响，比他的肉体更甚。悲观主义侵蚀他。这于他是一种遗传病。青年时，他费尽心机去安慰他的父亲，因为他有时为狂乱的苦痛纠缠着。可是米开朗琪罗的病比他所照顾的人感染更深。这没有休止的活动，累人的疲劳，使他多疑的精神陷入种种迷乱状态。他猜疑他的敌人，他猜疑他的朋友。他猜疑他的家族、他的兄弟、他的嗣子；他猜疑他们不耐烦地等待他的死。

一切使他不安；他的家族也嘲笑这永远的不安。他如自己所说的一般，在“一种悲哀的或竟是癫狂的状态”中过生活。痛苦久了，他竟嗜好痛苦，他在其中觅得一种悲苦的乐趣：

> 愈使我受苦的我愈欢喜。

对于他，一切都成为痛苦的题目——甚至爱，甚至善。

> 我的欢乐是悲哀。

没有一个人比他更不接近欢乐而更倾向于痛苦的了。他在无垠的宇宙中所见到的所感到的只有它。世界上全部的悲观主义都包含在这绝望的呼声中，这极端褊枉的语句中。

痛苦久了真的会喜欢痛苦吗？并非如此，只是长久的痛苦令米开朗琪罗麻木，他已经感受不到痛苦与欢乐的区别。悲苦和乐趣本就是相对的词语，在矛盾冲突中，他获得了生命暂时的宁静。

用了很多相似相反的句式，如“他爱人，但他不被人爱”等等，又用贝多芬与他对比，在强烈的对比中凸显出米开朗琪罗内心忧郁，处境孤独。

千万的欢乐不值一单独的苦恼！……

“他的猛烈的力量，”孔迪维①说，“把他和人群几乎完全隔离了。”

他是孤独的。——他恨人；他亦被人恨。他爱人；但他不被人爱。人们对他又是钦佩，又是畏惧。晚年，他令人发生一种宗教般的尊敬。他威临着他的时代。那时，他稍微镇静了些。他从高处看人，人们从低处看他。他从没有休息，也从没有最微贱的生灵所应享受的温柔——即在一生能有一分钟的时间在别人的爱抚中睡眠。妇人的爱情于他是无缘的。在这荒漠的天空，只有维多利亚·科隆娜的冷静而纯洁的友谊，如明星一般照耀了一刹那。周围尽是黑夜，他的思想如流星一般在黑暗中剧烈旋转，他的意念与幻梦在其中回荡。贝多芬却从没有这种情境。因为这黑夜即在米开朗琪罗自己的心中。贝多芬的忧郁是人类的过失；他天性是快乐的，他希望快乐。米开朗琪罗却是内心忧郁，这忧郁令人害怕，一切的人本能地逃避他。他在周围造成一片空虚。

这还算不得什么。最坏的并非是成为孤独，而是对自己也孤独了，和自己也不能生活，不能为自己的主宰，而且否认自己，与自己斗争，毁坏自己。他的心魂永远在欺妄他的天才。人们时常说起他有一种“反对自己”的宿命，使他不能实现他任何伟大的计划。这宿命便是他自己。他的不幸的关键足以解释他一生的悲剧——而为人们所最少看到或不敢去看的关键——只是缺乏意志和天性懦怯。

在艺术上、政治上，在他一切行动和一切思想上，他都是优柔寡断的。在两件作品、两项计划、两个部分中

① 孔迪维（Ascanio Condivi，1525—1574），意大利画家和作家。——编注

间，他不能选择。关于尤利乌斯二世的纪念建筑、圣洛伦佐的屋面、梅迪西的墓等的历史都足以证明他这种犹豫。他开始，开始，却不能有何结果。他要，他又不要。他才选定，他已开始怀疑。在他生命终了的时光，他什么也没有完成：他厌弃一切。人家说他的工作是强迫的；人家把朝三暮四、计划无定之责，加在他的委托人身上。其实如果他决定拒绝的话，他的主使人也无法强迫他呢。可是他不敢拒绝。

他是弱者。他在种种方面都是弱者，为了德行和因为胆怯。他是心地怯弱的。他为种种思虑而苦闷，在一个性格坚强的人，这一切思虑是全都可以丢开的。因为他把责任心夸大之故，便自以为不得不去干那最平庸的工作，为任何匠人可以比他做得更好的工作。他既不能履行他的义务，也不能把它忘掉。[①]

他为了谨慎与恐惧而变得怯弱。被尤利乌斯二世称为“可怕的人”，同样却被瓦萨里[②]称作“谨慎者”——“使任何人，甚至使教皇也害怕的”人会害怕一切。他在亲王权贵面前是怯弱的——可是他又最瞧不起在亲王权贵面前显得怯弱的人，他把他们叫作“亲王们的荷重的驴子”。——他要躲避教皇；他却逗留着，他服从教皇。他容忍他的主人们的蛮横无理的信，他恭敬地答复他们。有时，他反抗起来，他骄傲地说话；——但他永远让步。直到死，他努力挣扎，可没有力量奋斗。教皇克雷芒七世——和一般的意见相反——在所有的教皇中是对他最慈和的人，他认识他的弱点；他也怜悯他。

他的全部的尊严会在爱情面前丧失。他在坏蛋面前显得十分卑怯。他把一个可爱的但是平庸的人，如托马索·卡瓦列里当作一个了不得的天才。[③]

至少，爱情使他这些弱点显得动人。当他因为恐惧而显得怯弱时，这怯弱只是——人们不敢说是可耻的——痛苦得可怜的表现。他突然陷入神

---

① 米开朗琪罗1514年承受下来的米涅瓦寺中的基督像，到1518年还未动工。“我痛苦死了……我做了如窃贼一般的行为……”1501年，他和锡耶纳的皮科洛米尼寺签订契约，订明三年以后交出作品。可是六十年后，1561年，他还在为了没有履行契约而苦恼。

② 乔尔乔·瓦萨里（Giorgio Vasari，1511—1574），意大利画家、建筑师、作家。——编注

③ “……我不能和你相比。你在一切学问方面是独一无二的。”（1533年1月1日，米开朗琪罗致托马索·卡瓦列里书）

志错乱的恐怖中。于是他逃了，他被恐怖逼得在意大利各处奔窜。1494年，因为某种幻象，他吓得逃出翡冷翠。1529年，翡冷翠被围，负有守城之责的他，又逃亡了。他一直逃到威尼斯。几乎要逃到法国去。以后他对于这件事情觉得可耻，他重新回到被围的城里，尽他的责任，直到围城终了。但当翡冷翠陷落，严行流戍放逐，雷厉风行之时，他又是多么怯弱至发抖！他甚至去恭维法官瓦洛里，那个把他的朋友、高贵的巴蒂斯塔·德拉·帕拉处死的法官。可怜啊！他甚至弃绝他的友人，翡冷翠的流戍者。

他怕。他对于自己的恐怖感到极度的羞耻。他瞧不起自己。他憎厌自己以致病倒了。他要死。人家也以为他快死了。①

但他不能死。他内心有一种癫狂的求生的力量，这力量每天会苏醒，求生，为的是要继续受苦。——他如果能不活动呢？但他不能如此。他不能不有所行动。他行动。他应该要行动。——他自己行动吗？——他是被动！他是卷入他的癫狂的热情与矛盾中，好似但丁的狱囚一般。

以上几段文字概括了米开朗琪罗一生重要的事件节点和心理状态。可以看到，伟大的米开朗琪罗并不是普通意义上的英雄，他有着阴郁的性格，诸多弱点，但正是这些不完美，甚至令人敬而远之的性格和经历，使他成为真实和让人敬佩的英雄。

他应该要受苦啊！

> 使我苦恼吧！苦恼！在过去的日子里，没有一天是属于我的！

他向神发出这绝望的呼号：

> 神哟！神哟！谁还能比我自己更透入我自己？

如果他渴望死，那是因为他认为死是这可怕的奴隶生活的终极之故。他讲起已死的人时真是多么艳羡！

---

① 那是1531年，在翡冷翠陷落后，米开朗琪罗屈服于教皇克雷芒七世和谄媚法官瓦洛里之后。

你们不必再恐惧生命的嬗变和欲念的转换……后来的时间不再对你们有何强暴的行为了；必须与偶然不再驱使你们……言念及此，能不令我艳羡？

死！不再存在！不再是自己！逃出万物的桎梏！逃出自己的幻想！

啊！使我，使我不再恢复我自己！

他的烦躁的目光还在卡比托利欧博物馆中注视我们，在痛苦的脸上，我更听到这悲怆的呼声。

他是中等的身材，肩头很宽，骨骼与肌肉突出很厉害。因为劳作过度，身体变了形，走路时，头往上仰着，背佝偻着，腹部突向前面。这便是画家弗朗西斯科·特·奥兰达的肖像中的形象：那是站立着的侧影，穿着黑衣服；肩上披着一件罗马式大氅；头上缠着布巾；布巾之上覆着一顶软帽。[①]

头颅是圆的，额角是方的，满着皱痕，显得十分宽大。黑色的头发乱蓬蓬地虬结着。眼睛很小，又悲哀，又强烈，光彩时时在变化，或是黄的或是蓝的。鼻子很宽很直，中间隆起，曾被托里贾尼[②]的拳头击破。从鼻孔到口角有很深的皱痕，嘴巴生得很细腻，下唇稍稍前突，鬓毛稀薄，牧师般的胡须簇拥着两片颧骨前突的面颊。

全部脸相上笼罩着悲哀与犹豫的神情，这确是诗人塔索时代的面目，表现着不安的，被怀疑所侵蚀的痕迹。凄惨的目光引起人们的同情。

作者并没有先对米开朗琪罗的外貌进行描写，而是在分析其生平经历和性格之后才进行描写，这样，一个具有饱满形象的传主就赫然出现在眼前了。事实上，对人物的刻画有许多种方式，要合理安排呈现，才会发挥最大的效果。

① 1564年，人们把米开朗琪罗的遗骸自罗马运回到翡冷翠去的时候，曾经重开他的棺椁，那时头上便戴着这种软帽。

② 彼埃特罗·托利贾尼（Pietro Torrigiano，1472—1528），意大利画家和雕塑家。——编注

同情，我们不要和他斤斤较量了吧。他一生所希望而没有获得的这爱情，我们给了他吧。他尝到一个人可能受到的一切苦难。他目击他的故乡沦陷。他目击意大利沦于野蛮民族之手。他目击自由之消灭。他眼见他所爱的人一个一个地逝世。他眼见艺术上的光明，一颗一颗地熄灭。

在这黑夜将临的时光，他孤独地留在最后。在死的门前，当他回首瞻望的时候，他不能说他已做了他所应做与能做的事以自我安慰。他的一生于他显得是白费的。一生没有欢乐也是徒然。他也徒然把他的一生为艺术的偶像牺牲了。①

没有一天快乐，没有一天享受到真正的人生，九十年间的巨大的劳作，竟不能实现他梦想的计划于万一。他认为最重要的作品没有一件是完成的。命运嘲弄他，使这位雕塑家有始有终地完成的事业，只是他所不愿意的绘画。②在那些使他骄傲使他苦恼的大工程中，有些——如《比萨之战》的图稿、尤利乌斯二世的铜像——在他生时便毁掉了，有些——尤利乌斯二世的坟墓，梅迪西的家庙——是可怜地流产了：现在我们所看到的只是他的思想的速写而已。

雕塑家吉贝尔蒂在他的注解中讲述一桩故事，说德国安永公爵的一个镂银匠，具有可和“希腊古雕塑家相匹敌”的手腕，暮年时眼见他灌注全生命的一件作品毁掉了。——“于是他看到他的一切疲劳都是枉费；他跪着喊道：‘啊，吾主，天地的主宰，不要再使我迷失，不要让我再去跟从除你以外的人；可怜我吧！’立刻，他把所有的财产分给了穷人，退隐到深山中去，死了……”

如这个可怜的德国镂银匠一样，米开朗琪罗到了暮年，悲苦地看着他的一生、他的努力都是枉费，他的作品未完的未完，毁掉的毁掉。

于是，他告退了。文艺复兴睥睨一切的光芒，宇宙自由至高至上的心魂，和他一起遁入“这神明的爱情中，他在十字架上张开着臂膀迎接我们”。

“颂赞欢乐”的丰满的呼声，没有嘶喊出来。于他直到最后的呼吸永远

① “……热情的幻梦，使我把艺术当作一个偶像与一个王国……”（《诗集》卷一百四十七）

② 米开朗琪罗自称为“雕塑家”而非“画家”。1508年3月10日，他写道：“今日，我雕塑家米开朗琪罗，开始西斯廷教堂的绘画。”——“这全不是我的事业，”一年以后他又写道，“……我毫无益处地费掉我的时间。”（1509年1月27日）关于这个见解，他从没变更。

是“痛苦的颂赞”，“解放一切的死的颂赞”。他整个地战败了。

这便是世界的战胜者之一。我们，享受他的天才的结晶时，和享受我们祖先的功绩一般，再也想不起他所流的鲜血。

我愿把这血渗在大家眼前，我愿举起英雄们的红旗在我们的头上飘扬。

上编 战斗

力

1475年3月6日，他生于卡森蒂诺地方的卡普雷塞。荒确的乡土，“飘逸的空气”[①]，岩石，桐树，远处是亚平宁山。不远的地方，便是阿西西的圣方济各在阿尔佛尼阿山头看见基督显灵的所在。

父亲是卡普雷塞与丘西地方的法官。这是一个暴烈的、烦躁的、“怕上帝”的人。母亲在米开朗琪罗六岁时便死了。他们共有弟兄五人：利奥那多、米开朗琪罗、博纳罗托、乔凡·西莫内、西吉斯蒙多。[②]

他幼时寄养在一个石匠的妻子家里。以后他把做雕塑家的志愿打趣地说是由于这幼年的乳。人家把他送入学校：他只用功素描。“为了这，他被他的父亲与伯叔瞧不起，而且有时打得很凶，他们都恨艺术家这职业，似乎在他们的家庭中出一个艺术家是可羞的。”因此，他自幼便认识人生的残暴与精神的孤独。

可是他的固执战胜了父亲的固执。十三岁时，他进入多梅尼科·吉兰达约的画室——那是当代翡冷翠画家中最大最健全的一个。他初时的成绩非常优异，据说甚至令他的老师也嫉妒起来。[③]一年之后他们分手了。

他已开始憎厌绘画。他企慕一种更英雄的艺术。他转入雕塑学校。那个学校是洛伦佐·特·梅迪西所开办的，设在圣马可花园内。那亲王很赏

① 米开朗琪罗欢喜说他的天才是由于他的故乡的“飘逸的空气”所赐。

② 利奥那多生于1473年，博纳罗托生于1477年，乔凡·西莫内生于1479年，西吉斯蒙多生于1481年。利奥那多做了教士，因此米开朗琪罗成为了长子。

③ 实在，一个那样大的艺术家曾对他的学生嫉妒是很难令人置信的。我不信这是米开朗琪罗离开吉兰达约的原因。他到暮年还保存着对于他的第一个老师的尊敬。

识他：叫他住在官邸中，允许他和他的儿子们同席；童年的米开朗琪罗一下子便处于意大利文艺复兴运动的中心，处身于古籍之中，沐浴着柏拉图研究的风气。他们的思想，把他感染了，他沉湎于怀古的生活中，心中也存了崇古的信念：他变成一个希腊雕塑家。在“非常钟爱他”的波利齐亚诺[①]的指导之下，他雕了《半人半马怪与拉庇泰人之战》。

这座骄傲的浮雕，这件完全被力与美统治着的作品，反映出他成熟时期的武士式的心魂与粗犷坚强的手法。

他和洛伦佐·迪·克雷蒂、布贾尔迪尼、格拉纳奇、托里贾诺·德尔·托里贾尼等到卡尔米尼寺中去临摹马萨乔的壁画。他不能容忍他的同伴们的嘲笑。一天，他和虚荣的托里贾尼冲突起来。托里贾尼一拳把他的脸击破了。后来，他以此自豪：“我紧握着拳头，”他讲给贝韦努托·切利尼听，“我那么厉害地打在他的鼻子上，我感到他的骨头粉碎了，这样，我给了他一个终身的纪念。”

然而异教色彩并未抑灭米开朗琪罗的基督教信仰。两个敌对的世界争夺米开朗琪罗的灵魂。

1490年，教士萨伏那洛拉，依据多明我派的神秘经典《启示录》开始说教。他三十七岁，米开朗琪罗十五岁。他看到这短小羸弱的说教者，充满着热烈的火焰，被神的精神燃烧着，在讲坛上对教皇作猛烈的攻击，向全意大利宣扬神的威权。翡冷翠人心动摇。大家在街上乱窜，哭着喊着如疯子一般。最富有的市民如鲁切拉伊、萨尔维亚蒂、阿尔比齐、斯特罗齐辈都要求加入教派。博学之士、哲学家也承认他有理。米开朗琪罗的哥哥利奥那多便入了多明我派修道。

米开朗琪罗也没有免掉这惊惶的传染。萨伏那洛拉自称为预言者，他说法兰西王查理八世将是神的代表，这时候，米开朗琪罗不禁害怕起来。

他的一个朋友，诗人兼音乐家卡尔迪耶雷有一晚看见洛伦佐·特·梅迪西的黑影在他面前显现，穿着褴褛的衣衫身体半裸着；死者命他预告他的儿子彼得，说他将要被逐出他的国土，永远不得回转。卡尔迪耶雷把这

① 波利齐亚诺，本名安杰洛·安布罗吉尼（Angelo Ambrogini，1454—1494），意大利文艺复兴时期诗人。——编注

幕幻象告诉了米开朗琪罗，米氏劝他去告诉亲王；但卡尔迪耶雷畏惧彼得，绝对不敢。一个早上，他又来找米开朗琪罗，惊悸万分地告诉他说，死者又出现了：他甚至穿了特别的衣装，卡尔迪耶雷睡在床上，静默地注视着，死人的幽灵便来把他批颊，责罚他没有听从他。米开朗琪罗大大地埋怨他，逼他立刻步行到梅迪西别墅。半路上，卡尔迪耶雷遇到了彼得：他就讲给他听。彼得大笑，喊马弁把他打开。亲王的秘书别纳和他说："你是一个疯子。你想洛伦佐爱哪一个呢？爱他的儿子呢还是爱你？"卡尔迪耶雷遭了侮辱与嘲笑，回到翡冷翠，把他倒霉的情形告知米开朗琪罗，并用翡冷翠定要逢到大灾难的话说服了米开朗琪罗，两天之后，米开朗琪罗逃走了。

仔细叙述了米开朗琪罗第一次逃走的缘由，引出后文他一生都在为迷信而无法克制地采取不理智的行动。

这是米开朗琪罗第一次为迷信而大发神经病，他一生，这类事情不知发生了多少次，虽然他自己也觉得可羞，但他竟无法克制。

他一直逃到威尼斯。

他一逃出翡冷翠，他的骚乱静了下来。——回到博洛尼亚，过了冬天，他把预言者和预言全都忘掉了。世界的美丽重新使他奋激。他读彼特拉克、薄伽丘和但丁的作品。

这是米开朗琪罗年轻时的状态，虽然神经质，迷信，但他仍然保有部分理智，还对世界有着美好的向往。此处可以和传记后半部分进行对比，他出逃过多次，精神状态不断凋敝，境况也越来越差。

1495年春，他重新路过翡冷翠，那是正当举行着狂欢节的宗教礼仪，各党派剧烈地争执的时候。但他此刻对于周围的热情变得那么淡漠，且为表示不再相信萨伏那洛拉派的绝对论起见，他雕成著名的《睡着的爱神》，在当时那被认为是古代风的作品。在翡冷翠只住了几个月，他到罗马去。直到萨伏那洛拉死为止，他是艺术家中最倾向于异教精神的一个。他雕《醉的酒神》《垂死的阿多尼斯》和巨大的《爱神》的那一年，萨伏那洛拉正在焚毁他认为"虚妄和邪道"的书籍、饰物和艺术品。他的哥哥利奥那多为了他信仰预言之故被告发了。一切的危险集中于萨伏

《哀悼基督》

不声不响，并非不感到悲伤，米开朗琪罗雕刻了《哀悼基督》，从中寄托了无限的悲哀。从中可以感知，早期的米开朗琪罗对于自己的情绪，并不喜欢外露，他用自己的方式哀悼，而这些沉寂在心里的悲哀也在一步步摧毁这个孤僻的天才。

那洛拉的头上：米开朗琪罗却并不回到翡冷翠去营救他。萨伏那洛拉被焚死了：米开朗琪罗一声也不响。在他的信中，找不出这些事变的任何痕迹。

米开朗琪罗一声也不响；但他雕成了《哀悼基督》。

永生了一般的年轻，死了的基督躺在圣母的膝上，似乎睡熟了。他们的线条饶有希腊风的严肃。但其中已混杂着一种不可言状的哀愁情调；这些美丽的躯体已沉浸在凄凉的氛围中。悲哀已占据了米开朗琪罗的心魂。①

① 据米开朗琪罗与孔迪维的谈话，可见他所雕的圣母所以那么年轻，所以和多那太罗、波提切利辈的圣母截然不同，是另有一种骑士式的神秘主义为背景的。

使他变得阴沉的，还不单是当时的忧患和罪恶的境象。一种专暴的力进入他的内心再也不放松他了。他为天才的狂乱所扼制，至死不使他呼一口气，并无什么胜利的幻梦，他却赌咒要战胜，为了他的光荣和为他家属的光荣。他的家庭的全部负担压在他一个人肩上。他们向他要钱。他没有钱，但那么骄傲，从不肯拒绝他们：他可以把自己卖掉，只为供应家庭向他要求的金钱。他的健康已经受了影响。营养不佳、时时受寒、居处潮湿、工作过度等开始把他磨蚀。他患着头痛，一面的肋腹发肿。他的父亲责备他的生活方式。他却不以为是他自己的过错："我所受的一切痛苦，是为你们受的"，米开朗琪罗以后在写给父亲的信中说。

"……我一切的忧虑，只因为爱护你们而有的。"

1501年春，他回到翡冷翠。

四十年前，翡冷翠大寺维持会曾委托阿戈斯蒂诺雕一个先知者像，那作品动工了没有多少便中止了。一向没有人敢上手的这块巨大的白石，这次交托给米开朗琪罗了；硕大无朋的《大卫》，便是源于此。

相传，翡冷翠的行政长官皮耶尔·索德里尼（即是决定交托米氏雕塑的人）去看这座像时，为表示他的高见，加以若干批评：他认为鼻子太厚了。米开朗琪罗拿了剪刀和一些石粉爬上台架，轻轻地把剪刀动了几下，手中慢慢地撒下若干粉屑；但他一点也没有改动鼻子，还是照它老样。于是，他转身向着长官问道：

"现在请看。"

——"现在，"索德里尼说，"它使我更欢喜了些。你把它改得有生气了。"

于是，米开朗琪罗走下台架，暗暗地好笑。

在这件作品中，我们似乎便可看到幽默的轻蔑。这是

从这里可以看到，虽然米开朗琪罗有些阴郁和孤僻，但他有着很宽广的视野和对国家的关切，他的目光不仅仅停留在个人，而是由家庭到民族宗教，不断升华，这也是体现他"英雄"的一面。

在艺术上，米开朗琪罗是个勇士，他虽偏执怪异，却对艺术有着执着的一腔孤勇，令人钦佩。而四十年无人敢上手的巨石，更是反衬出他不与常人为类。

"相传"表示接下来的内容并不是有确切事实依据的，表现出人物传记的严谨性，而这种逸事也增加了传记的趣味性。

在休止期间的一种骚动的力。它充满着轻蔑与悲哀。在美术馆的阴沉的墙下，它会感到闷塞。它需要大自然中的空气，如米开朗琪罗所说的一般，它应当“直接感受到阳光”。

1504年1月25日，艺术委员会（其中的委员有菲利比诺·利比、波提切利、佩鲁吉诺与莱奥纳多·达·芬奇等）讨论安置这座巨像的地方。依了米开朗琪罗的请求，人们决定把它立在“诸侯官邸”的前面。搬运的工程交托大寺的建筑家们去办理。5月14日傍晚，人们把《大卫》从临时廊棚下移出来。晚上，市民向巨像投石，要击破它，当局不得不加以严密的保护。巨像慢慢地移动，系得挺直，高处又把它微微吊起，免得在移转时要抵住泥土。从大教堂广场搬到老宫殿前面一共费了四天光阴。5月18日正午，终于到达了指定的场所。夜间防护的工作仍未稍懈。可是虽然那么周密，某个晚上群众的石子终于投中了《大卫》。

这便是人家往往认为值得我们作为模范的翡冷翠民族。[①]

1504年，翡冷翠的诸侯把米开朗琪罗和莱奥纳多·达·芬奇放在敌对的立场上。

两人原不相契。他们都是孤独的，在这一点上，他们应该互相接近了。但他们觉得离开一般的人群固然很远，他们两人却离得更远。两人中更孤独的是莱奥纳多。他那时是五十二岁，长米开朗琪罗二十岁。从三十岁起，他离开了翡冷翠，那里的狂乱与热情使他不耐；他的天性是细腻精密的，微微有些胆怯，他的清明宁静与带着怀疑色彩的智慧，和翡冷翠人的性格都是不相投契的。这享乐主义者，这绝对自由绝对孤独的人，对于他的乡土、宗教、全世界，都极淡漠，他只有在一般思想自由的君主旁边才感到舒服。1499年，他的保护人卢多维克·勒·莫雷下台了，他不得不离别米兰。1502年，他投效于切萨尔·博尔吉亚幕下；1503年，这位亲王在政治上失势了，他又不得不回到翡冷翠。在此，他的讥讽的微笑正和阴沉狂热的米开朗琪罗相遇，而他正激怒他。米开朗琪罗，整个地投入他的

① 大卫的圣洁的裸体使翡冷翠人大感局促。1545年，人们指责《最后之审判》中的猥亵（因为其中全是裸体的人物）时，写信给米开朗琪罗道：“仿效翡冷翠人的谦恭吧，把他们身体上可羞的部分用金叶遮掩起来。”

热情与信仰之中的人，痛恨他的热情与信仰的一切敌人，而他尤其痛恨毫无热情毫无信仰的人。莱奥纳多愈伟大，米开朗琪罗对他愈怀着敌意；他亦绝不放过表示敌意的机会。

莱奥纳多面貌生得非常秀美，举止温文尔雅。有一天他和一个朋友在翡冷翠街上闲步；他穿着一件玫瑰红的外衣，一直垂到膝盖；修剪得很美观的拳曲的长须在胸前飘荡。在圣三一寺旁，几个中产者在谈话，他们辩论着但丁的一段诗。他们招呼莱奥纳多，请他替他们辨明其中的意义。这时候米开朗琪罗在旁走过。莱奥纳多说："米开朗琪罗会解释你们所说的那段诗。"米开朗琪罗以为是有意嘲弄他，冷酷地答道："你自己解释吧，你这曾做过一座铜马的模塑[①]却不会铸成铜马，而你居然不觉羞耻地就此中止了的人！"——说完，他旋转身走了。莱奥纳多站着，脸红了。米开朗琪罗还以为未足，满怀着要中伤他的念头，喊道："而那些混账的米兰人竟会相信你做得了这样的工作！"

用事例来说明米开朗琪罗和达·芬奇性格上的冲突，更具有说明力度。这也体现出米开朗琪罗的性格极端敏感又张扬。

是这样的两个人，行政长官索德里尼竟把他们安置在一件共同的作品上：即诸侯官邸中会议厅的装饰画。这是文艺复兴两股最伟大的力的奇特的争斗。1504年5月，莱奥纳多开始他的《安吉亚里之战》[②]的图稿。1504年8月，米开朗琪罗受命制作那《卡希纳之战》。整个翡冷翠为了他们分成两派。——但是时间把一切都平等了。两件作品全都消灭了。[③]

"竟"字包含了作者的不可置信的态度，以及对唯恐天下不乱的官员的嘲讽。

① 这是隐指莱奥纳多没有完成的弗朗切斯科·斯福尔扎大公的雕像。

② 这战役是翡冷翠人打败米兰人的一仗。这个题目是故意使莱奥纳多难堪的，因为他在米兰有那么多的朋友与保护人。

③ 米开朗琪罗的图稿于1505年画到壁上，到了1512年梅迪西卷土重来时的暴乱中便毁掉了。

1505年3月，米开朗琪罗被教皇尤利乌斯二世召赴罗马。从此便开始了他生涯中的英雄的时代。

两个都是强项、伟大的人，当他们不是凶狠地冲突的时候，教皇与艺术家生来便是相契的。他们的脑海中涌现着巨大的计划。尤利乌斯二世要让人替他造一个陵墓，和古罗马城相称的。米开朗琪罗为这个骄傲的思念激动得厉害。他怀抱着一个巴比伦式的计划，要造成一座山一般的建筑，上面放着硕大无朋的四十余座雕像。教皇兴奋非凡，派他到卡拉雷去，在石厂中斫就挑选一切必需的白石。在山中，米开朗琪罗住了八个多月。他完全被一种狂热笼罩住了。“一天他骑马在山中闲逛，他看见一座威临全景的山头：他突然想把它整个地雕起来，成为一个巨大无比的石像，使海中远处的航海家们也能望到……如果他有时间，如果人家答应他，他定会那么做。”

1505年12月，他回到罗马，他所选择的大块白石亦已开始运到，安放在圣彼得广场上，米开朗琪罗所住的桑塔—卡泰里纳的后面。“石块堆得那么高大，群众为之惊愕，教皇为之狂喜。”米开朗琪罗埋首工作了。教皇不厌其烦地常来看他，“和他谈话，好似父子那般亲热”。为更便于往来起见，他命人在梵蒂冈宫的走廊与米开朗琪罗的寓所中间造了一顶浮桥，这样他就可以随意在秘密中去看他。

但这种优遇并不如何持久。尤利乌斯二世的性格和米开朗琪罗的同样无恒。他一会儿热心某个计划，一会儿又热心另一个绝然不同的计划。另一个计划于他显得更能使他的荣名垂久：他要重建圣彼得大教堂。是米开朗琪罗的敌人们怂恿他倾向于这新事业的，那些敌人不在少数，而且都是强有力的。他们中间的首领是一个天才，与米开朗琪罗相仿而意志更坚强的人物：布拉曼特，他是教皇的建筑家，拉斐尔的朋友。在两个理智坚强的翁布里亚伟人与一个天才狂野的翡冷翠人中间，毫无同情心可言。但他们所以决心要打倒他，无疑是因为他曾向他们挑战之故。米开朗琪罗毫无顾忌地指责布拉曼特，说他在工程中舞弊。那时布拉曼特便决意要剪除他。

他使他在教皇那边失宠。他利用尤利乌斯二世的迷信，在他面前说，据普通的观念，生前建造陵墓是大不祥的。他居然使教皇对于米开朗琪罗的计划冷淡下来，而乘机献上他自己的计划。1506年1月，尤利乌斯二世决定重建圣彼得大教堂。陵墓的事情搁置了，米开朗琪罗不但被压倒了，而且为了他在作品方面所花的钱负了不少债务。他悲苦地怨艾。教皇不再见他了；他为了工程的事情去求见时，尤利乌斯二世让他的马弁把他逐出梵蒂冈宫。

目击这幕情景的卢克奎主教，和马弁说：

“你难道不认识他吗?”

马弁向米开朗琪罗说：

“请原谅我，先生，但我奉命而行，不得不如此。”

米开朗琪罗回去上书教皇：

“圣父，今天早上我由你圣下的意旨被逐出宫。我通知你自今日起，如果你有何役使，你可以叫人到罗马以外的任何区处找我。”

他把信寄发了，喊着住在他家里的一个石商和一个石匠，和他们说：

“去觅一个犹太人，把我家里的一切全卖给他，以后再到翡冷翠来。”

于是他上马出发。教皇接到了信，派了五个骑兵去追他，晚上十一点时在波吉邦西地方追上了，交给他一道命令：“接到此令，立刻回转罗马，否则将有严厉处分。”米开朗琪罗回答，他可以回来，如果教皇履行他的诺言：否则，尤利乌斯二世永远别想再看到他。

他把一首十四行诗寄给教皇：

> 吾主，如果俗谚是对的，那真所谓“非不能也，是不欲也”。你相信了那些谎话与谗言，对于真理的敌人，你却给他酬报。至于我，我是，我曾是你的忠实的老仆，我的皈依你好比光芒之于太阳；而我所费掉的时间并不使你感动！我越劳苦，你越不爱我。我曾希望靠了你的伟大而伟大，曾希望你的公正的度量与威严的宝剑将是我唯一的裁判人，而非听从了谎骗的回声。但上天把德行降到世上之后，老是把它作弄，仿佛德行只在一棵枯索的树[①]上企待果实。

尤利乌斯二世的侮慢，还不只是促成米开朗琪罗的逃亡的唯一的原因。在一封给朱利阿诺·达·桑迦罗的信中，他透露出布拉曼特要暗杀

① “枯索的树”，隐喻尤利乌斯二世系族的旗号上的图案。

他的消息。[①]

米开朗琪罗走了，布拉曼特成为唯一的主宰。在他的敌手逃亡的翌日，他举行圣彼得大教堂的奠基礼。他的深切的仇恨集中于米开朗琪罗的作品上，他要安排得使米氏的事业永远不能恢复。他令群众把圣彼得广场上的工场，堆着建造尤利乌斯二世陵墓的石块的区处，抢劫一空。

从中可以看到，米开朗琪罗的固执并不是主要因为他受到了无理对待和戏弄，而是由于他想要完成陵墓这一项工程，这是他对建筑的热情和执念。

可是，教皇因为他的雕塑家的反抗大为震怒，接连着下敕令到翡冷翠的诸侯那里，因为米开朗琪罗躲避在翡冷翠。诸侯叫米开朗琪罗去，和他说："你和教皇捣蛋，即是法兰西王也不敢那么做。我们不愿为了你而和他轻启争端：因此你当回罗马去；我们将给你必要的信札，说一切对于你的无理将无异是对于我们的无理。"

米开朗琪罗固执着。他提出条件。他要尤利乌斯二世让他建造他的陵寝，并且不在罗马而在翡冷翠工作。当尤利乌斯二世出征佩鲁贾与博洛尼亚的时候，他的敕令愈来愈严厉了，米开朗琪罗想起到土耳其，那边的苏丹曾托方济各派教士转请他去造一座佩拉地方的桥。

"委屈"这个词用得很妙，一下子将米开朗琪罗内心的不情愿和无可奈何写了出来，同时也体现出他懦弱的性格。

终于他不得不让步了。1506年11月末，他委屈地往博洛尼亚去，那时尤利乌斯二世正攻陷了城，以征服者姿态进入博洛尼亚城。

> 一个早上，米开朗琪罗到桑佩特罗尼奥寺去参与弥撒礼。教皇的马弁瞥见他，给认识了，把他引到尤利乌斯二世前面，他正在斯埃伊泽宫内用餐。教皇发怒着和他说："是你应当到罗马去晋谒我们的；而你竟等我们到博洛尼亚来访问你！"——米开朗琪罗跪下，高声请求宽赦，说他的行动并非由于恶意而是因

① "这还不是使我动身的唯一的原因；还有别的事情，为我不愿讲述的。此刻只需说我想如果我留在罗马，这城将成为我的坟墓，而不是教皇的坟墓了。这是我突然离开的主因。"

为被逐之后愤怒之故。教皇坐着，头微俯着，脸上满布着怒气：一个翡冷翠诸侯府派来为米开朗琪罗说情的主教上前说道："务望圣下不要把他的蠢事放在心上；他为了愚昧而犯罪。所有的画家除了艺术之外，在一切事情上都是一样的。"教皇暴怒起来，大声呼喝道："你竟和他说即使是我们也不敢和他说的侮辱的话。你才是愚昧的……滚开，见你的鬼吧！"——他留着不走，教皇的侍役上前一阵拳头把他撵走。于是，教皇的怒气在主教身上发泄完了，令米开朗琪罗近前去，宽赦了他。

不幸的是，为与尤利乌斯二世言和起见，米开朗琪罗还得依从他任性的脾气；而这专横的意志已重新转变了方向。此刻他已不复提及陵墓问题，却要在博洛尼亚建立一个自己的铜像了。米开朗琪罗虽然竭力声明"他一点也不懂得铸铜的事"，也是无用。他必得学习起来，又是艰苦的工作。他住在一间很坏的屋子里，他、两个助手拉波与洛多维科和一个铸铜匠贝尔纳尔迪诺，三个人只有一张床。十五个月在种种烦恼中度过了。拉波与洛多维科偷盗他，他和他们闹开了。

"拉波这坏蛋，"他写信给他的父亲说，"告诉大家说是他和洛多维科两人做了全部的作品或至少是他们和我合作的。在我没有把他们撵出门外之前，他们脑筋中不知道他们并非是主人；直到我把他们逐出时，他们才明白是为我雇用的。如畜生一般，我把他们赶走了。"

拉波与洛多维科大为怨望；他们在翡冷翠散布谣言，攻击米开朗琪罗，甚至到他父亲那里强索金钱，说是米开朗琪罗偷他们的。

接着是那铸铜匠显得是一个无用的家伙。

"我本信贝尔纳尔迪诺师傅会铸铜的，即使不用火也会铸，我真是多么信任他。"

1507年6月，铸铜的工作失败了。铜像只铸到腰带部分。一切得重新开始。米开朗琪罗到1508年2月为止，一直在干这件作品。他的健康为之损害了。

"我几乎没有用餐的时间，"他写信给他的兄弟说，"……我在极不舒服极痛苦的情景中生活：除了夜以继日地工作之外，我什么也不想；我曾经受过那样的痛苦，现在又受着这样的磨难，竟使我相信如果再要我塑一尊像，我的生命将不够了：这是巨人的工作。”

这样的劳作却获得了可悲的结果。1508年2月在桑佩特罗尼奥寺前建立的尤利乌斯二世像，只有四年的寿命。1511年12月，它被尤利乌斯二世的敌人本蒂沃利党人毁灭了；残余的古铜被阿方斯·特·埃斯特收买去铸大炮。

米开朗琪罗回到罗马。尤利乌斯二世命他做另一件同样意想不到同样艰难的工程。对于这个全不懂得壁画技术的画家，教皇命他去作西斯廷教堂的天顶画。人们可以说他简直在发不可能的命令，而米开朗琪罗居然会执行。

似乎又是布拉曼特，看见米开朗琪罗回来重新得宠了，故用这件事情来作难他，使他的荣名扫地。[①]即在这1508年，米氏的敌手拉斐尔在梵蒂冈宫开始*Stanza*那组壁画，获得极大的成功，故米开朗琪罗的使命尤其来得危险，因为他的敌人已经有了杰作摆在那里和他挑战。[②]他用尽方法辞谢这可怕的差事，他甚至提议请拉斐尔代替他：他说这不是他的艺术，他绝对不会成功的。但教皇尽是固执着，他不得不让步。

布拉曼特为米开朗琪罗在西斯廷教堂内造好了一个台架，并且从翡冷翠召来好几个有壁画经验的画家来帮他忙。但上面已经说过，米开朗琪罗不能有任何助手。他开始便说布拉曼特的台架不能用，另外造了一个。至于从翡冷翠招来的画家，他看见便头痛，什么理由也不说，把他们送出门外。“一个早上，他把他们所画的东西尽行毁掉；他自己关在教堂里，他不愿再开门让他们进来，即在他自己家里也躲着不令人见。当这场玩笑似乎持续到够久时，他们沮丧万分，决意回翡冷翠去了。”

米开朗琪罗只留着几个工人在身旁；[③]但困难不但没有减煞他的胆量，

① 这至少是孔迪维的意见。但我们应该注意在米开朗琪罗没有逃到博洛尼亚之前，要他作西斯廷壁画的问题已经提起过了，那时节布拉曼特对于这计划并未见得欢欣，因为他正设法要他离开罗马（1506年5月，皮耶特罗·洛塞利致米开朗琪罗书）。

② 在1508年4月至9月中间，拉斐尔画成了所谓“诸侯厅”中的壁画。其中有《雅典学派》《圣体争辩》等诸名作。

③ 在米开朗琪罗1510年致父亲书中，他曾提及他的助手什么也不能做的话，“只要人家去服侍他……当然，我不能管这些！我自己已感到帮助的人不够！他使我受苦如一头畜牲”。

反而使他把计划扩大了，他决意在原定的天顶之外，更要画四周的墙壁。

1508年5月10日，巨大的工程开始了。暗淡的岁月，——这整个生涯中最暗淡最崇高的岁月！这是传说上的米开朗琪罗，西斯廷的英雄，他的伟大的面目应当永远镂刻在人类的记忆之中。

他大感痛苦。那时代的信札证明他的狂乱的失望，决非他神明般的思想能够解救的了：

> 我的精神处在极度的苦恼中。一年以来，我从教皇那里没有拿到一文钱；我什么也不向他要求，因为我的工作进行的程度似乎还不配要求酬报。工作迟缓之故，因为技术上发生困难，因为这不是我的内行。因此我的时间是枉费了的。神佑我！

他才画完《洪水》一部，作品已开始发霉：人物的面貌辨认不清。他拒绝继续下去。但教皇一点也不原谅。他不得不重新工作。

在他一切疲劳与烦恼之外，更加上他的家族的纠缠。全家都靠了他生活，滥用他的钱，拼命地压榨他。他的父亲不停地为了钱的事情烦闷、呻吟。他不得不费了许多时间去鼓励他，当他自己已是病苦不堪的时候。

> 你不要烦躁吧，这并非是人生遭受侮弄的事情……只要我自己还有些东西，我决不令你短少什么……即使你在世界上所有的东西全都丧失了，只要我存在，你必不致有何缺乏……我宁愿自己贫穷而你活着，决不愿具有全世界的金银财富而你不在人世。……如你不能和其余的人一样在世界上争得荣誉，你当以有你的面包自足，不论贫与富，当和基督一起生活，如我在此地所做的那样，因为我是不幸

这一段文字极尽赞叹，作者给予了极高的评价，西斯廷大教堂的天顶画不仅是现在，而且在当时也有巨大的影响。

即使是在生活极其困顿艰难的情况下，米开朗琪罗关心的仍然是作品本身的技术和完成，他对作品极其苛刻。

是什么导致米开朗琪罗尽管明白他的亲戚们都在利用他，却不拒绝，但在父亲被虐待之后暴跳如雷？应该是他内心根深蒂固的贵族观念，他对自己的身份地位自视甚高，相应地也相信自己能解决很多问题，而拒绝兄弟们的要求，无疑是显示自己的无能，也影响作为长子的威严。

> 的，我可既不为生活发愁亦不为荣誉——即为了世界——苦恼；然而我确在极大的痛苦，与无穷的猜忌中度日。十五年以来，我不曾有过一天好日子，我竭力支撑你；而你从未识得，也从未相信。神宽恕你们众人！我准备在未来，在我存在的时候，永远同样地做人，只要我能够！

他的三个弟弟都依赖他。他们等他的钱，等他为他们觅一个地位；他们毫无顾忌地浪费他在翡冷翠所积聚的小资产；他们更到罗马来依附他；博纳罗托与乔凡·西莫内要他替他们购买一份商业的资产，西吉斯蒙多要他买翡冷翠附近的田产。而他们绝不感激他：似乎这是他欠他们的债。米开朗琪罗知道他们在剥削他；但他太骄傲了，不愿拒绝他们而显出自己的无能。那些坏蛋还不安分守己呢。他们行动乖张，在米开朗琪罗不在家的时候虐待他们的父亲。于是米开朗琪罗暴跳起来。他把他的兄弟们当作顽童一般看待，鞭笞他们。必要时他也许会把他们杀死。

> 乔凡·西莫内：
>
> 常言道，与善人行善会使其更善，与恶人行善会使其更恶。几年以来，我努力以好言好语和温柔的行动使你改过自新，和父亲与我们好好地过活，而你却越来越坏了……我或能细细地和你说，但这不过是空言而已。现在不必多费口舌，只要你确切知道你在世界上什么也没有；因为是我为了上帝的缘故维持你的生活，因为我相信你是我的兄弟和其余的一样。但我此刻断定你不是我的兄弟；因为如果是的，那么你不会威胁我的父亲。你真可说是一头畜生，我将如对待畜生一般对待你。须知一个人眼见他的父亲被威胁或被虐待的时候，应当为了他而牺牲生命……这些事情做得够了！……我告诉你，世界上没有一件东西是你

所有的；如果我再听到关于你的什么话，我将籍没你的财产，把不是你所挣来的房屋田地放火烧掉；你不是你自己理想中的人物。如果我到你面前来，我将给你看些东西使你会痛哭流涕，使你明白你靠了什么才敢这么逞威风……如果你愿改过，你愿尊敬你的父亲，我将帮助你如对于别的兄弟一样，而且不久之后，我可以替你盘下一家商店。但你如不这样做，我将要清理你，使你明白你的本来面目，使你确确实实知道你在世上所有的东西……完了！言语有何欠缺的地方，我将由事实来补足。

米开朗琪罗　于罗马

还有两行。十二年以来，我为了全意大利过着悲惨的生活，我受着种种痛苦，我忍受种种耻辱，我的疲劳毁坏我的身体，我把生命经历着无数的危险，只为要帮扶我的家庭；——现在我才把我们的家业稍振，而你却把我多少年来受着多少痛苦建立起来的事业在一小时中毁掉！……像基督一般！这不算什么！因为我可以把你那样的人——不论是几千几万——分裂成块块，如果是必要的话。——因此，要乖些，不要把对你具有多少热情的人逼得无路可走！

以后是轮到给西吉斯蒙多写信了：

我在这里，过的是极度苦闷、极度疲劳的生活。任何朋友也没有，而且我也不愿有……极少时间我能舒舒服服地用餐。不要再和我说烦恼的事情了；因为我再不能忍受分毫烦恼了。

末了是第三个兄弟，博纳罗托，在斯特罗齐的商店中服务的，问米开朗琪罗要了大宗款项之后，尽情挥霍，而且以“用得比收到的更多”来自豪。

“我极欲知道你的忘恩负义，”米开朗琪罗写信给他道，“我要知道你的钱是从何而来的；我要知道：你在新圣马利亚银行里支用我的二百二十八金币与我寄回家里的另外好几百金币时，你是否明白在用我的钱，是否知道我历尽千辛万苦来支撑你们？我极欲知道你曾否想过这一切！——如果

西斯廷教堂天顶画

你还有相当的聪明来承认事实，你将决不会说：‘我用了我自己的许多钱’，也决不会再到此地来和我纠缠而一些也不回想起我以往对于你们的行为。你应当说：‘米开朗琪罗知道没有写信给我们，他是知道的；如果他现在没有信来，他定是被什么我们所不知道的事务耽搁着！我们且耐心吧。’当一匹马在尽力前奔的时候，不该再去蹴它，要它跑得不可能地那么快。然而你们从未认识我，而且现在也不认识我。神宽宥你们！是他赐我恩宠，曾使我能尽力帮助你们。但只有在我不复在世的时候，你们才会识得我。”

这便是薄情与妒羡的环境，使米开朗琪罗在剥削他的家庭和不息地中伤他的敌人中间挣扎苦斗。而他，在这个时期内，完成了西斯廷的英雄的作品。可是他花了何等可悲的代价！差一些他要放弃一切而重新逃跑。他自信快死了。他也许愿意这样。

教皇因为他工作迟缓和固执着不给他看到作品而发怒起来。他们傲慢的性格如两朵阵雨时的乌云一般时时冲撞。“一天，”孔迪维述说，“尤利乌斯二世问他何时可以画完，米开朗琪罗依着他的习惯，答道：‘当我能够的时候。’教皇怒极了，用他的杖打他，口里反复地说：‘当我能够的时候！当我能够的时候！’米开朗琪罗跑回家里准备行装要离开罗马了。尤利乌斯二世马上派了一个人去，送给他五百金币，竭力抚慰他，为教皇道歉。米开朗琪罗接受了道歉。”

此处的语言气势宏大，表达了对西斯廷天顶壁画的极高赞誉，这“力”也是米开朗琪罗的“力”，是从他的灵魂之中喷涌出来的，对艺术的激情和天才，他的忧心和痛苦，痛与爱的结合构成世上独一无二的艺术。

但翌日，他们又重演一番，一天，教皇终于愤怒地和他说：“你难道要我把你从台架上倒下地来吗？”米开朗琪罗只得退步；他把台架撤去了，揭出作品，那是1512年的诸圣节日。

那盛大而暗淡的礼节，这祭亡魂的仪式，与这件骇人的作品的开幕礼，正是十分适合，因为作品充满着生杀一切的神的精灵——这挟着疾风雷雨般的气势横扫天空的神，带来了一切生命的力。

力的崩裂

从这件巨人的作品中解放出来，米开朗琪罗变得光荣了，但又支离破灭了。成年累月地仰着头画西斯廷的天顶，“他把他的目光弄坏了，以至好久之后，读一封信或看一件东西时他必得把它们放在头顶上才能看清楚”。

他把自己的病态作为取笑的资料：

我的胡子向着天，
我的头颅弯向着肩，
胸部像头枭。
画笔上滴下的颜色，
在我脸上形成富丽的图案。
腰缩向腹部的位置，
臀部变作秤星，维持我全身重量的均衡。
我再也看不清楚了，
走路也徒然摸索几步。
我的皮肉，在前身拉长了，

在后背缩短了，

仿佛是一张叙利亚的弓。

我们不当为这开玩笑的口气蒙蔽。米开朗琪罗因为变得那样丑而深感痛苦。像他那样的人，比任何人都更爱慕肉体美的人，丑是一桩耻辱。[1]在他的一部分恋歌中，我们看出他的愧恧之情。他的悲苦之所以尤其深刻，是因为他一生被爱情煎熬着；而他似乎从未获得回报。于是他自己反省，在诗歌中发泄他的温情与痛苦。

自童年起他就作诗，这是他热烈的需求。他的素描、信札、散页上面满涂着他的反复推敲的思想的痕迹。不幸，在1518年时，他把他的青年时代的诗稿焚去大半；有些在他生前便毁掉了。可是他留下的少数诗歌已足唤引起人们对于他的热情的概念。

最早的诗似乎是于1504年左右在翡冷翠写的：

我生活得多么幸福，爱啊，只要我能胜利地抵拒你的疯癫！而今是可怜！我涕泪沾襟，我感到了你的力……

1504—1511年的，或即是写给同一个女子的两首情诗，含有多么悲痛的表白：

谁强迫我投向着你……噫！噫！噫！……紧紧相连着吗？可是我仍是自由的！……

我怎么会不复属于我自己呢？喔神！喔神！喔神！……谁把我与我自己分离？……谁能比我更深入我自己？喔神！喔神！喔神！……

1507年12月，自博洛尼亚发的一封信的背后，写着下列一首十四行诗，其中肉欲的表白，令人回想起波提切利的形象：

① 亨利·索德在他的《米开朗琪罗与文艺复兴的结束》（1902，柏林）中提出这一点，把米氏的性格看得很准确。

鲜艳的花冠戴在她的金发之上，它是何等幸福！谁能够，和鲜花轻抚她的前额一般，第一个亲吻她？终日紧束着她的胸部长袍真是幸运。金丝一般的细发永不厌倦地掠着她的双颊与蝤颈。金丝织成的带子温柔地压着她的乳房，它的幸运更是可贵。腰带似乎说："我愿永远束着她……"啊！……那么我的手臂又将怎样呢！

在一首含有自白性质的亲密的长诗中——在此很难完全引述的——米开朗琪罗在特别放纵的词藻中诉说他的爱情的悲苦：

一日不见你，我到处不得安宁。见了你时，仿佛是久饥的人逢到食物一般……当你向我微笑，或在街上对我行礼……我像火药一般燃烧起来……你和我说话，我脸红，我的声音也失态，我的欲念突然熄灭了。……

接着是哀呼痛苦的声音：

啊！无穷的痛苦，当我想起我多么爱恋的人绝不爱我时，我的心碎了！怎么生活呢？……

下面几行，是他写在梅迪西家庙中的圣母像画稿旁边的：

太阳的光芒耀射着世界，而我却独自在阴暗中煎熬。人皆欢乐，而我，倒在地下，浸在痛苦中，呻吟，号哭。

米开朗琪罗的强有力的雕塑与绘画中间，爱的表现是阙如的；在其中他只诉说他的最英雄的思想，似乎把心的弱点混入作品中间是一桩羞耻。他只把它付托给诗歌。是在这方面应当寻觅藏在狂野的外表之下的温柔与怯弱的心：

我爱：我为何生了出来？

西斯廷工程告成了，尤利乌斯二世死了，米开朗琪罗回到翡冷翠，回到他念念不忘的计划上去：尤利乌斯二世的坟墓。他签订了十七年年中完工的契约。[①]三年之中，他差不多完全致力于这件工作。[②]在这个相当平静的时期——悲哀而清明的成熟时期，西斯廷时代的狂热镇静了，好似波涛汹涌的大海重归平复一般——米开朗琪罗产生了最完美的作品，他的热情与意志的均衡实现得最完全的作品：《摩西》与现藏卢浮宫的《奴隶》[③]。

可是这不过是一刹那而已；生命的狂潮几乎立刻重复掀起：他重新坠入黑夜。

新任教皇利奥十世，竭力要把米开朗琪罗从宣扬前任教皇的事业上转换过来，为他自己的宗族歌颂胜利。这对于他只是骄傲的问题，无所谓同情与好感；因为他的伊壁鸠鲁派的精神不会了解米开朗琪罗的忧郁的天才：他全部的恩宠都加诸拉斐尔一人身上。但完成西斯廷的人物却是意大利的光荣；利奥十世要役使他。

他向米开朗琪罗提议建造翡冷翠的梅迪西家庙。米开朗琪罗因为要和拉斐尔争胜——拉斐尔利用他离开罗马的时期把自己推上了艺术上的君王的地位——不由自主地听让这新的锁链锁住自己了。实在，他要担任这一件工作而不放弃以前的计划是不可能的，他永远在这矛盾中挣扎着。他努力令自己相信他可以同时进行尤利乌斯二世的陵墓与圣洛伦佐教堂——即梅迪西家庙。他打算把大部分工作交给一个助手去做，自己只塑几个主要的像。但由着他的习惯，他慢慢地放弃这计划，他不肯和别人分享荣誉。更甚于此的是，他还担忧教皇会收回成命呢；他求利奥十世把他系在这新的锁链上。

当然，他不能继续尤利乌斯二世的纪念建筑了。但最可悲的是连圣洛伦佐教堂也不能建立起来。拒绝和任何人合作犹以为未足，由着他的可怕的脾气，要一切由他自己动手的愿欲，他不留在翡冷翠做他的工作，反而跑到卡拉雷地方去监督斫石工作。他遇着种种困难，梅迪西族人要用最近

① 契约订于1513年3月6日。——这新计划较原来的计划更可惊，共计巨像三十二座。

② 在这时期内，米开朗琪罗似乎只接受一件工作——《米涅瓦基督》。

③《奴隶》共有两座，米开朗琪罗1513年之作，1546年时他赠予罗伯托·斯特罗齐，那是一个翡冷翠的共和党人，那时正逃亡在法国，《奴隶》即由他转赠给法兰西王弗朗西斯一世，今存卢浮宫。

被翡冷翠收买的皮耶特拉桑塔石厂的出品。因为米开朗琪罗主张用卡拉雷的白石，故他被教皇诬指为得贿；为要服从教皇的意志，米开朗琪罗又受卡拉雷人的责难，他们和航海工人联络起来；以至他找不到一条船肯替他在日纳与比萨中间运输白石。他逼得在远亘的山中和荒确难行的平原上造起路来。当地的人又不肯拿出钱来帮助筑路费。工人一点也不会工作，这石厂是新的，工人亦是新的。米开朗琪罗呻吟着：

"我在要开掘山道把艺术带到此地的时候，简直在干和令死者复活同样为难的工作。"

然而他挣扎着：

> 我所应允的，我将冒着一切患难而实践；我将做一番全意大利从未做过的事业，如果神助我。

多少的力，多少的热情，多少的天才枉费了！1518年9月末，他在塞拉韦扎地方，因为劳作过度，烦虑太甚而病了。他知道在这苦工生活中他的健康衰退了，梦想枯竭了。他日夜为了热望终有一日可以开始工作而焦虑，又因为不能实现而悲痛。他受着他所不能令人满意的工作压榨。[①]

> 我不耐烦得要死，因为我的厄运不能使我为所欲为……我痛苦得要死，我做了骗子般的勾当，虽然不是由于我自己的过失……

回到翡冷翠，在等待白石运到的时期中，他万分自苦；但阿尔诺河干涸着，满载石块的船只不能进来。

终于，石块来了：这一次，他开始了吗？——不，他回到石厂去。他固执着在没有把所有的白石堆聚起来成一座山头——如以前尤利乌斯二世的陵墓那次一般——之前不动工。他把开始的日期一直挨延着；也许他怕开始。他不是在应允的时候太夸口了吗？在这巨大的建筑工程中，他不太冒险吗？这绝非他的内行；他将到哪里去学呢？此刻，他是进既不能，退亦不可了。

费了那么多的心思，还不能保障运输白石的安全。在运往翡冷翠的六

---

① 指《米涅瓦基督》与尤利乌斯二世的陵墓。

根巨柱式的白石中，四根在路上裂断了，一根即在翡冷翠当地。他受了他的工人们的欺骗。

末了，教皇与梅迪西大主教眼见多少宝贵的光阴白白费掉在石厂与泥泞的路上，感着不耐烦起来。1520年3月10日，教皇一道敕谕把1518年命米开朗琪罗建造圣洛伦佐教堂的契约取消了。米开朗琪罗只在派来代替他的许多工人到达皮耶特拉桑塔地方的时候才知道消息。他深深地受了一个残酷的打击。

“我不和大主教计算我在此费掉的三年光阴,”他说,“我不和他计算我为了这圣洛伦佐作品而破产。我不和他计算人家对我的侮辱：一下子委任我做，一下子又不要我做这件工作，我不懂什么缘故！我不和他计算我所损失的开支的一切……而现在，这件事情可以结束如下：教皇利奥把已经斫好石块的山头收回去，我手中是他给我的五百金币，还有是人家还我的自由!”

但米开朗琪罗所应指摘的不是他的保护人们而是他自己，他很明白这个。最大的痛苦即是为此。他和自己争斗。自1515至1520年中间，在他的力量的丰满时期，洋溢着天才的顶点，他做了些什么？——黯然无色的《米涅瓦基督》——一件没有米开朗琪罗的成分的米开朗琪罗作品！——而且他还没有把它完成。

自1515至1520年中间，在这伟大的文艺复兴的最后几年中，在一切灾祸尚未摧毁意大利的美丽的青春之时，拉斐尔画了Loges室、火室以及各式各样的杰作，建造Madame别墅，主持圣彼得教堂的建筑事宜，领导着古物发掘的工作，筹备庆祝节会，建立纪念物，统治艺术界，创办了一所极发达的学校；而后他在胜利的勋功伟业中逝世了。

他的幻灭的悲苦，枉费时日的绝望，意志的破裂，在他后来的作品中完全反映着：如梅迪西的坟墓，与尤利乌斯二世纪念碑上的新雕像。

自由的米开朗琪罗，终身只在从一个羁绊转换到另一个羁绊，从一个主人换到另一个主人中消磨过去。大主教尤利乌斯·特·梅迪西，不久成为教皇克雷芒七世，自1520至1534年间主宰着他。

人们对于克雷芒七世曾表示严厉的态度。当然，和所有的教皇一样，他要把艺术和艺术家作为夸扬他的宗族的工具。但米开朗琪罗不应该对他如何怨怼。没有一个教皇曾这样爱他。没有一个教皇曾对他的工作保有这么持久的热情。[1]没有一个教皇曾比他更了解他的意志的薄弱，和他那样时时鼓励米开朗琪罗振作，阻止他枉费精力。即在翡冷翠革命与米开朗琪罗反叛之后，克雷芒对他的态度也并没改变。[2]但要医治侵蚀这颗伟大的心的烦躁、狂乱、悲观与致命般的哀愁，却并非是他权力范围以内的事。一个主人慈祥有何用处？他毕竟是主人啊！……

"我服侍教皇，"米开朗琪罗说，"但这是不得已的。"

少许的荣名和一两件美丽的作品又算得什么？这和他所梦想的境界距离得那么远！……而衰老来了。在他周围，一切阴沉下来。文艺复兴快要死灭了。罗马将被野蛮民族来侵略蹂躏。一个悲哀的神的阴影慢慢地压住了意大利的思想。米开朗琪罗感到悲剧的时间的将临；他被悲怆的苦痛闷塞着。

把米开朗琪罗从他焦头烂额的艰难中拯拔出来之后，克雷芒七世决意把他的天才导入另一条路上去，为他自己所可以就近监督的。他委托他主持梅迪西家庙与坟墓的建筑。他要他专心服务。他甚至劝他加入教派，致送他一笔教会俸金。米开朗琪罗拒绝了；但克雷芒七世仍是按月致送他薪给，比他所要求的多出三倍，又赠予他一所邻近圣洛伦佐的屋子。

一切似乎很顺利，教堂的工程也积极进行，但忽然米开朗琪罗放弃了他的住所，拒绝克雷芒致送他的月俸。他又灰心了。尤利乌斯二世的承继人对他放弃已经承应的作品这件事不肯原谅；他们恐吓他要控告他，他们提出他的人格问题。诉讼的念头把米开朗琪罗吓倒了；他的良心承认他的敌人有理，责备他自己爽约：他觉得在尚未偿还他所花去的尤利乌斯二世的钱之前，他决不能接受克雷芒七世的金钱。

"我不复工作了，我不再生活了。"他写道。他恳求教皇替他向尤利乌斯二世的承继人们疏通，帮助他偿还他们的钱：

"我将卖掉一切，我将尽我一切的力量来偿还他们。"

或者，他求教皇允许他完全去干尤利乌斯二世的纪念建筑：

① 1526年，米开朗琪罗必得每星期写信给他。

② 皮翁博在致米开朗琪罗的信中写道："他崇拜你所做的一切；他把他所有的爱来爱你的作品。他讲起你时那么慈祥恺恻，一个父亲也不会对他的儿子有如此的好感。"（1531年4月29日）"如果你愿到罗马来，你要做什么便可做什么，大公或王……你在这教皇治下有你的名分，你可以做主人，你可以随心所欲。"（1531年12月5日）

我要解脱这义务的企望比之求生的企望更切。

一想起如果克雷芒七世崩逝，而他要被他的敌人控告时，他简直如一个孩子一般，他绝望地哭了：

如果教皇让我处在这个地位，我将不复能生存在这世界上……我不知我写些什么，我完全昏迷了……

克雷芒七世并不对这位艺术家的绝望如何认真，他坚持着不准他中止梅迪西家庙的工作。他的一些朋友们也不懂他这种烦虑，劝他不要闹笑话拒绝俸给。有的认为他是不假思索地胡闹，大大地警告他，嘱咐他将来不要再如此使性。有的写信给他：

人家告诉我，说你拒绝了你的俸给，放弃了你的住处，停止了工作；我觉得这纯粹是疯癫的行为。我的朋友，你不啻和你自己为敌……你不要去管尤利乌斯二世的陵墓，接受俸给吧；因为他们是以好心给你的。

米开朗琪罗固执着。——教皇宫的司库和他戏弄，把他的话作准了：他撤销了他的俸给。可怜的人，失望了，几个月之后，他不得不重新请求他所拒绝的钱。最初他很胆怯地，含着羞耻：

我亲爱的乔凡尼，既然笔杆较口舌更大胆，我把我近日来屡次要和你说而不敢说的话写信给你了：我还能获得月俸吗？……如果我知道我决不能再受到俸给，我也不会改变我的态度：我仍将尽力为教皇工作；但我将算清我的账。

以后，为生活所迫，他再写信：

仔细考虑一番之后，我看到教皇多么重视这件圣洛伦佐的作品；既然是圣下自己答应给我的月俸，为的要我加紧工作；那么我不收受它无异是延宕工作了：因此，我的意见改变了；迄今为止我不请求这月俸，此刻为了一言难尽的理由我请求了。……你愿不愿从答应我的那天算起把这笔月俸给我？……何时我能拿到？请你告诉我。

人家要给他一顿教训：只装作不听见。两个月之后，他还什么都没拿到，他不得不再三申请。

他在烦恼中工作；他怨叹这些烦虑把他的想象力窒塞了：

……烦恼使我受着极大的影响……人们不能用两只手做一件事，而头脑想着另一件事，尤其是雕塑。人家说这是要刺激我；但我说这是坏刺激，会令人后退的。我一年多没有收到月俸，我和穷困挣扎：我在我的忧患中是十分孤独；而且我的忧患是那么多，比艺术使我操心得更厉害！我无法获得一个服侍我的人。

克雷芒七世有时为他的痛苦所感动了。他托人向他致意，表示他深切的同情。他担保“在他生存的时候将永远优待他”①。但梅迪西族人们的无可救治的轻佻性又来纠缠着米开朗琪罗，他们非唯不把他的重负减轻一些，反又令他担任其他的工作：其中有一根无聊的巨柱，顶上放一座钟楼。米开朗琪罗为这件作品又费了若干时间的心思。——此外他时时被他的工人、泥水匠、车夫们麻烦，因为他们受着八小时工作制的先驱的宣传家的诱惑。

同时，他日常生活的烦恼有增无减。他的父亲年纪越大，脾气越坏；一天，他从翡冷翠的家中逃走了，说是他的儿子把他赶走的。米开朗琪罗写了一封美丽动人的信给他：

至爱的父亲，昨天回家没有看见你，我非常惊异；现在我知道你在怨我说我把你逐出的，我更惊异了。从我生来直到今日，我敢说从没有做任何足以使你不快的事——无论大小——的用意；我所受的一切痛苦，我是为爱你而受的……我一向保护你。……几天之前，我还

① 1525年12月23日，皮尔·保罗·马尔齐以克雷芒七世名义致米氏书。

> 和你说，只要我活着，我将竭我全力为你效命；我此刻再和你说一次，再答应你一次。你这么快地忘掉了这一切，真使我惊骇。三十年来，你知道我永远对你很好，尽我所能，在思想上在行动上。你怎么能到处去说我赶走你呢？你不知道这是为我出了怎样的名声吗？此刻，我烦恼得尽够了，再也用不到增添；而这一切烦恼我是为你而受的！你报答我真好！……可是万物都听天由命吧：我愿使我自己确信我从未使你蒙受耻辱与损害；而我现在求你宽恕，就好似我真的做了对你不起的事一般。原宥我吧，好似原宥一个素来过着放浪生活做尽世上所有恶事的儿子一样。我再求你一次，求你宽恕我这悲惨的人儿，只不要加给我这逐出你的名声；因为我的名誉对于我的重要是你所意想不到的：无论如何，我终是你的儿子！

如此的热爱，如此的卑顺，只能使这老人的易怒性平息一刻。若干时以后，他说他的儿子偷了他的钱。米开朗琪罗被逼到极端了，写信给他：

> 我不复明白你要我怎样。如果我活着使你讨厌，你已找到了摆脱我的好方法，你不久可以拿到你认为我掌握着的财宝的钥匙。而这个你将做得很对；因为在翡冷翠大家知道你是一个巨富，我永远在偷你的钱，我应当被罚：你将大大地被人称颂！……你要说我什么就尽你说，尽你喊吧，但不要再写信给我；因为你使我不能再工作下去。你逼得我向你索还二十五年来我所给你的一切。我不愿如此说；但我终于被逼得不得不说！……仔细留神……一个人只死一次的，他再不能回来补救他所做的错事。你是要等到死的前日才肯忏悔。神佑你！

这是他在家族方面所得的援助。

“忍耐啊！”他在给一个朋友的信中叹息着说，“只求神不要把并不使他不快的事情使我不快。”

在这些悲哀苦难中，工作不进步。当1527年全意大利发生大政变的时候，梅迪西家庙中的塑像一个也没有造好。这样，这个1520—1527年间的新时代只在他前一时代的幻灭与疲劳上加上了新的幻灭与疲劳，对于米开朗琪罗，十年以来，没有完成一件作品、实现一桩计划的欢乐。

绝　望

对于一切事物和对于他自己的憎厌，使他卷入1527年在翡冷翠爆发的革命漩涡中。

米开朗琪罗在政治方面的思想，素来亦是同样的犹豫不决，他的一生、他的艺术老是受这种精神状态的磨难。他永远不能使他个人的情操和他所受的梅迪西的恩德相妥协。而且这个强项的天才在行动上一向是胆怯的；他不敢冒险和人世的权威者在政治的与宗教的立场上斗争。他的书信即显出他老是为了自己与为了家族在担忧，怕会牵连什么，万一他对于任何专制的行为说出了什么冒昧的批评①，他立刻加以否认。他时时刻刻写信给他的家族，嘱咐他们留神，一遇警变马上要逃：

> 要像瘟疫盛行的时代那样，在最先逃的一群中逃……生命较财产更值钱……安分守己，不要树立敌人，除了上帝以外不要相信任何人，并且对于任何人不要说好也不要说坏，因为事情的结局是不可知的；只顾经营你的事业……什么事也不要参加。

他的弟兄和朋友都嘲笑他的不安，把他当作疯子看待。②

“你不要嘲笑我，”米开朗琪罗悲哀地答道，“一个人不应该嘲笑任何人。”

实在，他永远的心惊胆战并无可笑之处。我们应该可怜他的病态的神经，它们老是使他成为恐怖的玩具；他虽然一直在和恐怖战斗，但他从不能征服它。危险临到时，他的第一个动作是逃避，但经过一番磨难之后，他反而更要强制他的肉体与精神去忍受危险。况他比别人更有理由可以恐惧，因为他更聪明，而他的悲观成分亦只使他对于意大利的厄运预料得更明白。——但要他那种天性怯弱的人去参与翡冷翠的革命运动，真需要一种绝望的激动，揭穿他的灵魂底蕴的狂乱才会可能呢。

这颗灵魂，虽然那么富于反省，深自藏匿，却又充满着热烈的共和思想。这种境地，他在热情激动或信托友人的时候，会在激烈的言辞中流露

① 1512年9月书信中说及他批评梅迪西的联盟者、帝国军队劫掠普拉托事件。

② 1515年9月，米氏致弟博纳罗托书：“我并非是一个疯子，像你们所相信的那般……”

出来——特别是他以后和朋友卢伊吉·德尔·里乔、安东尼奥·佩特罗和多纳托·贾诺蒂诸人的谈话，为贾诺蒂在他的《关于但丁（神曲）对语》中所引述的。[①]朋友们觉得奇怪，为何但丁把布鲁图斯与卡修斯放在地狱中最后的一层，而把恺撒倒放在他们之上（意即受罪更重）。当友人问起米开朗琪罗时，他替刺杀暴君的武士辩护道：

> 如果你们仔细去读首段的诗篇，你们将看到但丁十分明白暴君的性质。他也知道暴君所犯的罪恶是神人共殛的罪恶。他把暴君们归入“凌虐同胞”的这一类，罚入第七层地狱，沉入鼎沸的腥血之中。……既然但丁承认这点，那么说他不承认恺撒是他母国的暴君而布鲁图斯与卡修斯是正当的诛戮自是不可能了；因为杀掉一个暴君不是杀了一个人而是杀了一头人面的野兽。一切暴君丧失了人所共有的同类之爱，他们已丧失了人性：故他们已非人类而是兽类了。他们的没有同类之爱是昭然若揭的：否则，他们绝不至掠人所有以为己有，绝不至蹂躏人民而为暴君。……因此，诛戮一暴君的人不是乱臣贼子亦是明显的事，既然他并不杀人，乃是杀了一头野兽。由是，杀掉恺撒的布鲁图斯与卡修斯并不犯罪。第一，因为他们杀掉一个为一切罗马人所欲依照法律而杀掉的人。第二，因为他们并不是杀了一个人，而是杀了一头野兽。

因此，罗马被西班牙王查理王世攻陷，梅迪西宗室被逐的消息传到翡冷翠，激起了当地人民的国家意识与共和观念以至揭竿起义的时候，米开朗琪罗便是翡冷翠革命党的前锋之一。就是那个平时叫他的家族避免政治如避免瘟疫一般的人，现在兴奋狂热到什么也不怕的程度。他便留在那革命与瘟疫的中心区翡冷翠。他的兄弟博纳罗托染疫而亡，死在他的臂抱中。1528年10月，他参加守城会议。1529年5月10日，他被任为防守工程的督造者。4月6日，他被任（任期一年）为翡冷翠卫戍总督。6月，他到比萨、阿雷佐、里窝那等处视察城堡。7月和8月两月中，他被派到费拉雷地方去考察

① 米开朗琪罗的《布鲁图斯胸像》便是为多纳托·贾诺蒂作的。1536年，在那部《关于但丁（神曲）对语》前数年，亚历山大·特·梅迪西被洛伦齐诺刺死，洛伦齐诺被人当作布鲁图斯般加以称颂。

那著名的防御，并和防御工程专家、当地的大公讨论一切。

米开朗琪罗认为翡冷翠防御工程中最重要的是圣米尼亚托山岗；他决定在上面建筑炮垒。但——不知何故——他和翡冷翠长官卡波尼发生冲突，以至后者要使米开朗琪罗离开翡冷翠。米开朗琪罗疑惑卡波尼与梅迪西党人有意要把他撵走使他不能守城，他便住在圣米尼亚托不挪动了。可是他的病态的猜疑更煽动了这被围之城中的流言，而这一次的流言却并非是没有根据的。站在嫌疑地位的卡波尼被撤职了，由弗朗切斯科·卡尔杜奇继任长官：同时又任命不稳妥的马拉泰斯塔·巴利翁为翡冷翠守军统领(以后把翡冷翠城向教皇乞降的便是他)。米开朗琪罗预感到灾祸将临，把他的惶虑告诉了执政官，“而长官卡尔杜奇非但不感谢他，反而辱骂了他一顿；责备他永远猜疑、胆怯”[①]。马拉泰斯塔呈请把米开朗琪罗解职时说：“具有这种性格的米开朗琪罗，为要摆脱一个危险的敌人起见，是什么都不顾虑的；而且他那时是翡冷翠的大元帅，在当地自是声势赫赫的了。”米开朗琪罗以为自己处在危险中了；他写道：

> 可是我早已准备毫不畏惧地等待战争的结局。但9月20日星期二清晨，一个人到我炮垒里来附着耳朵告诉我，说我如果要逃生，那么我不能再留在翡冷翠。他和我一同到了我的家里，和我一起用餐，他替我张罗马匹，直到目送我出了翡冷翠城他才离开我。

瓦尔基更补充这一段故事说：

> 米开朗琪罗在三件衬衣中缝了一万两千金币在内，而他逃出翡冷翠时并非没有困难，他和里纳多·

可以看出，虽然米开朗琪罗时时处于狂乱的状态之中，但他仍然是有准备的，不过更确切地说，他缺乏安全感，这让他经常性地逃跑，又努力为逃跑做好准备。

① 孔迪维又言：“实在，他应该接受这好意的忠告，因为当梅迪西重入翡冷翠时，他被处死了。”

科尔西尼和他的学生安东尼奥·米尼从防卫最松的正义门中逃出。

数日后，米开朗琪罗说：

究竟是神在指使我抑或是魔鬼在作弄我，我不明白。

他惯有的恐惧毕竟是虚妄的。可是他在路过卡斯泰尔诺沃时，对前长官卡波尼说了一番惊心动魄的话，把他的遭遇和预测叙述得那么骇人，以至这老人竟于数日之后惊悸致死。可见他那时正处在如何可怕的境地。

略写米开朗琪罗一路的行程，展现他的不安和仓皇恐惧。

9月23日，米开朗琪罗到费拉雷地方。在狂乱中，他拒绝了当地大公的邀请，不愿住到他的宫堡中去，他继续逃。9月25日，他到威尼斯。当地的诸侯得悉后，立刻派了两个使者去见他，招待他；但又是惭愧又是狂野的他拒绝了，远避在朱得卡。他还自以为躲避得不够远。他要逃亡到法国去。他到威尼斯的当天，就写了一封急切的信，给在意大利为法王弗朗西斯一世代办艺术品的朋友巴蒂斯塔·德拉·帕拉：

巴蒂斯塔，至亲爱的朋友，我离开了翡冷翠要到法国去；到了威尼斯，我询问路径：人家说必得要经过德国的境界，这于我是危险而艰难的路。你还有意到法国去吗？……请你告诉我，请你告诉我你要我在何处等你，我们可以同走……我请求你，收到此信后给我一个答复，越快越好，因为我去法之念甚急，万一你已无意去，那么也请告知，以便我以任何代价单独前往……

驻威尼斯法国大使拉扎雷·特·巴尔夫急急写信给弗朗西斯一世和蒙莫朗西元帅，请他们趁机把米开朗琪罗邀到法国宫廷中去留住他。法国国王立刻向米开朗琪罗致意，愿致送他一笔年俸一座房屋。但信札往还自然要费去若干时日，当弗朗西斯一世的复信到时，米开朗琪罗已回到翡冷翠去了。

疯狂的热度退尽了，在朱得卡静寂的居留中，他仅有闲暇为他的恐怖暗自惭愧。他的逃亡，在翡冷翠喧哗一时。9月30日，翡冷翠执政官下令一切逃亡的人如于10月7日前不回来，将处以叛逆罪。在固定的那天，一切逃亡者果被宣布为叛逆，财产亦概行籍没。然而米开朗琪罗的名字还没有被列入那张表；执政官给他一个最后的期限，驻费拉雷的翡冷翠大使加莱奥多·朱尼通知翡冷翠共和邦，说米开朗琪罗得悉命令的时候太晚了，如果人家能够宽赦他，他准备回来。执政官答应原宥米开朗琪罗；他又托斫石匠巴斯蒂阿诺·迪·弗朗切斯科把一张居留许可证带到威尼斯交给米开朗琪罗，同时转交给他十封朋友的信，都是要求他回去的。在这些信中，宽宏的巴蒂斯塔·德拉·帕拉尤其表示出爱国的热忱：

> 你一切的朋友，不分派别地、毫无犹豫地、异口同声地渴望你回来，为保留你的生命、你的母国、你的朋友、你的财产与你的荣誉，为享受这一个你曾热烈地希望的新时代。

他相信翡冷翠重新到了黄金时代，他满以为光明前途得胜了。——实际上，这可怜人在梅迪西宗族重新上台之后却是反动势力的第一批牺牲者中的一个。

他的一番说话把米开朗琪罗的意念决定了。幸他回来了——很慢地回来了；因为到卢克奎地方去迎接他的巴蒂斯塔·德拉·帕拉等了他好久，以至开始绝望了。[①]11月20日，米开朗琪罗终于回到了翡冷翠。[②]23日，他的判罪状由执政官撤销了，但予以三年不得出席大会议的处分。

从此，米开朗琪罗勇敢地尽他的职守，直至终局。他重新去任圣米尼亚托的原职，在那里，敌人已轰炸了一个月了；他把山岗重新筑固，发明新的武器，用棉花与被褥覆蔽着钟楼，这样，那著名的建筑物才得免于难。人们得知他在围城中的最后的活动，是1530年2月22日的消息，说他

① 巴蒂斯塔·德拉·帕拉又致书米开朗琪罗，敦促他回去。

② 数日前，米开朗琪罗的俸给被执政官下令取消了。

爬在大寺的圆顶上，窥测敌人的行动和视察穹隆的情状。

可是预料的灾祸毕竟临到了。1530年8月2日，马拉泰斯塔·巴利翁反叛了。12日，翡冷翠投降了，城市交给了教皇的使者巴乔·瓦洛里。于是杀戮开始了。最初几天，什么也阻不了战胜者的报复行为；米开朗琪罗的最好的友人——巴蒂斯塔·德拉·帕拉——最先被杀。据说，米开朗琪罗藏在阿尔诺河对岸圣尼科洛教堂的钟楼里。他确有恐惧的理由：谣言说他曾欲毁掉梅迪西官邸。但克雷芒七世一点没有丧失对于他的感情。据皮翁博[①]说，教皇知道了米开朗琪罗在围城时的情形后，表示非常不快；但他只耸耸肩说："米开朗琪罗不该如此；我从没伤害过他。"当最初的怒气消降的时候，克雷芒立刻写信到翡冷翠，他命人寻访米开朗琪罗，并言如果他仍愿继续为梅迪西墓工作，他将受到他应受的待遇。[②]

米开朗琪罗从隐避中出来，重新为他所抗拒的人们的光荣而工作。可怜的人所做的事情还不止此呢：他为巴乔·瓦洛里那个为教皇做坏事的工具，和杀掉米氏好友巴蒂斯塔·德拉·帕拉的那凶手，雕塑《抽箭的阿波罗》。不久，他更进一步，竟至否认那些流戍者曾经是他的朋友。一个伟大的人物的可哀的弱点，逼得他卑怯地在物质的暴力面前低首，为的要使他的艺术梦得以保全。他之所以把他的暮年整个地献在为使徒彼得建造一座超人的纪念物上面实非无故：因他和彼得一样，曾多少次听到鸡鸣而痛哭。

被逼着说谎，不得不去谄媚瓦洛里，颂赞洛伦佐和朱利阿诺，这使他的痛苦与羞愧同时迸发。他全身心投入工作中，他把一切虚无的狂乱发泄在工作中。他全非在雕塑梅迪西宗室像，而是在雕塑他的绝望的像。当人家和他提及他雕塑的洛伦佐与朱利阿诺的肖像并不肖似时，他美妙地答道："千年后谁还能看出肖似不肖似？"一个，他雕作"行动"；另一个，雕作"思想"：台座上的许多像仿佛是两座主像的注释——《日》与《夜》,《晨》与《暮》——说出一切生之苦恼与憎厌。这些人类痛苦的不朽的象征在1531年完成了。无上的讥讽啊！可没有一个人懂得。乔凡尼·斯特罗齐看到这可惊的《夜》时，写了下列一首诗：

① 皮翁博（Sebastian del Piombo，1485—1547），意大利画家。

② 孔迪维记载——1530年12月11日起，教皇把米开朗琪罗的月俸恢复了。

夜，为你所看到妩媚地睡着的夜，却是由一个天使在这块岩石中雕成的；她睡着，故她生存着。如你不信，使她醒来吧，她将与你说话。

米开朗琪罗答道：

睡眠是甜蜜的。成为顽石更是幸福，只要世上还有罪恶与耻辱的时候。不见不闻，无知无觉，于我是最大的欢乐：因此，不要惊醒我，啊！讲得轻些吧！

在另一首诗中，他又说："人们只能在天上睡眠，因为多少人的幸福只有一个人能体会到！"而屈服的翡冷翠来呼应他的呻吟了：

在你圣洁的思想中不要惶惑。相信把我从你那里剥夺了的人不会长久享受他的罪恶的，因为他心中惴惴，不能无惧。些许的欢乐，对于爱人们是一种丰满的享乐，会把他们的欲念熄灭，而苦难会因了希望而使欲愿增长。①

在此，我们应当想一想当罗马被掠与翡冷翠陷落时的心灵状态：理智的破产与崩溃。许多人的精神从此便堕入哀苦的深渊中，一蹶不振。

皮翁博变成一个享乐的怀疑主义者：

我到了这个地步：宇宙可以崩裂，我可以不注意，我笑一切……我已非罗马被掠前的我，我不复能恢复我的本来了。

米开朗琪罗想自杀。

如果可以自杀，那么，一个满怀信仰却过着奴隶般的悲惨生活的人，最应该被给予这种权利了。

① 《诗集》卷一〇九第四十八首。米开朗琪罗在此假想着翡冷翠的流亡者中间的对白。

他的精神正在发生动乱。1531年6月他病了。克雷芒七世竭力抚慰他，可是徒然。他令他的秘书和皮翁博转劝他不要劳作过度，勉力节制，不时出去散步，不要把自己压制得如罪人一般。1531年秋，人们担忧他的生命危险。他的一个友人写信给瓦洛里道："米开朗琪罗衰弱瘦瘠了。我最近和布贾尔迪尼与安东尼奥·米尼谈过：我们一致认为如果人家不认真看护他，他将活不了多久。他工作太过，吃得太少太坏，睡得更少。一年以来，他老是为头痛与心病侵蚀着。"——克雷芒七世认真地不安起来：1531年11月21日，他下令禁止米开朗琪罗在尤利乌斯二世陵墓与梅迪西墓之外再做其他的工作，否则将驱逐出教，他以为如此方能调养他的身体，"使他活得更长久，以发扬罗马、他的宗族与他自己的光荣"。

他保护他，不使他受瓦洛里和一班乞求艺术品的富丐们的纠缠，因为他们老是要求米开朗琪罗替他们做新的工作。他和他说："人家向你要求一张画时，你应当把你的笔系在脚下，在地上画四条痕迹，说：'画完成了。'"当尤利乌斯二世的继承人对米开朗琪罗实施恫吓时，他又出面调解。[①]1532年，米开朗琪罗和他们签了第四张关于尤利乌斯陵墓的契约：米开朗琪罗承应重新做一个极小的陵墓，于三年中完成，费用全归他个人负担，还须付出两千金币以偿还他以前收受尤利乌斯二世及其后人的钱。皮翁博写信给米开朗琪罗说："只要在作品中令人闻到你的一些气息就够。"——悲哀的条件，因为米开朗琪罗所签的约是证实他的大计划的破产，而他还须出这一笔钱！可是年复一年，米开朗琪罗在他每件绝望的作品中所证实的，确是他生命的破产，整个"人生"的破产。

在尤利乌斯二世的陵墓计划破产之后，梅迪西墓的计划亦接着解体了。1534年9月25日，克雷芒七世驾崩。那时，米开朗琪罗由于极大的幸运，竟不在翡冷翠城内。长久以来，他在翡冷翠度着惶虑不安的日子；因为亚历山大·特·梅迪西大公恨他。要不是因为他对于教皇的尊敬，他早已遣人杀害他了。[②]自从米开朗琪罗拒绝为翡冷翠建造一座威临全城的要塞之后，大公

① 1532年3月15日，皮翁博致米氏有言："如你没有教皇为你作后盾，他们会如毒蛇一般跳起来噬你了。"

② 屡次，克雷芒七世不得不在他的侄子，亚历山大·特·梅迪西前维护米开朗琪罗。皮翁博讲给米氏听，说"教皇和他侄儿的说话充满了激烈的愤怒、可怖的狂乱，语气是那么严厉，难以引述"。（1533年8月16日）

对他的怨恨更深了——可是对于米开朗琪罗这么胆怯的人，这举动确是一桩勇敢的举动，表示他对于母国的伟大的热爱；因为建造一座威临全城的要塞这件事，是证实翡冷翠对于梅迪西的屈服啊！——自那时起，米开朗琪罗已准备听受大公方面的任何处置，而在克雷芒七世薨后，他的生命，亦只是靠偶然的福，那时他竟住在翡冷翠城外。从此，他不复再回到翡冷翠去了。他永远和它诀别了。——梅迪西的家庙算是完了，它永没完成。我们今日所谓的梅迪西墓，和米开朗琪罗所幻想的，只有若干细微的关系而已。它仅仅遗下壁上装饰的轮廓。不独米开朗琪罗没有完成预算中的雕像和绘画的半数；且当他的学生们以后要重新觅得他的思想的痕迹而加以补充的时候，他连自己也不能说出它们当初的情况了：他是这样地放弃了一切的计划，他一切都遗忘了。

1534年9月23日，米开朗琪罗重回罗马，在那里一直逗留到死。[①]他离开罗马已二十一年了。在这二十一年中，他做了尤利乌斯二世墓上的三座未完成的雕像，梅迪西墓上的七座未完成的雕像，洛伦佐教堂的未完成的穿堂，圣·玛丽·德拉·米涅瓦寺的未完成的《基督》，为巴乔·瓦洛里作的未完成的《阿波罗》。他在他的艺术与故国中丧失了他的健康、他的精力和他的信心。他失掉了他最爱的一个兄弟。[②]他失掉了他极孝敬的父亲。他写了两首纪念两人的诗，和他其余的一样亦是未完之作，可是充满了痛苦与死的憧憬的热情：

> ……上天把你从我们的苦难中拯救出去了。可怜我吧，我这如死一般生存着的人！……你是死在死中，你变为神明了；你不复惧怕生存与欲愿的变化：（我写到此怎能不艳羡呢？……）运命与时间原只能赐予我们不可靠的欢乐与切实的忧患，但它们不敢跨入你们的国土。没有一些云翳会使你们的光明阴暗；以后的时间不再对你们有何强暴的行为了，“必须”与“偶然”不再役使你们了。黑夜不会熄灭你们的光华；白日不论它如何强烈也绝不会使光华增强……我亲爱的父亲，

① 1546年3月20日，米开朗琪罗享有罗马士绅阶级的名位。

② 指1528年在大疫中死亡的博纳罗托。

由于你的死，我学习了死……死，并不如人家所信的那般坏，因为这是人生的末日，亦是到另一世界去皈依神明的第一日，永恒的第一日。在那里，我希望，我相信我能靠了神的恩宠而重新见到你，如果我的理智把我冰冷的心从尘土的纠葛中解放出来，如果像一切德行般，我的理智能在天上增长父子间的至高的爱的话。

父亲和兄弟的死不仅仅是令米开朗琪罗悲伤，还让他产生了不知所措的茫然和对死亡的感悟希冀，从此开始，他以死亡为目标，为最终的甜美归宿。

人世间更无足以羁留他的东西了：艺术、雄心、温情，任何的希冀都不能使他依恋了。他六十岁，他的生命似乎已经完了。他孤独着，他不复相信他的作品了；他对于“死”患着相思病，他热望终于能逃避“生存与欲念的变化”“时间的暴行”和“必须与偶然的专制”。

可怜！可怜！我被已经消逝的日子欺罔了……我等待太久了……时间飞逝而我老了。我不复能在死者身旁忏悔与反省了……我哭泣也徒然……没有任何不幸可与失掉的时间相比的了……

可怜！可怜！当我回顾我的过往时，我找不到一天是属于我的！虚妄的希冀与欲念——我此刻是认识了——把我羁绊着，使我哭、爱、激动、叹息，（因为没有一件致命的情感为我所不识得）远离了真理……

可怜！可怜！我去，而不知去何处；我害怕……如我没有错误的话，（啊，请神使我错误了吧！）我看到，主啊，我看到，认识善而竟作了恶的我，是犯了如何永恒的罪啊！而我只知希望……

下编　舍弃

爱　情

如果说上编是按照时间顺序，从生命状态的角度对米开朗琪罗的生平做了梳理，那么下编就是从几个方面对他进行深度的剖析和介绍。这也是点和面的有机融合，使读者更加全面地了解米开朗琪罗。

在这颗残破的心中，当一切生机全被剥夺之后，一种新生命开始了，春天重又开了鲜艳的花朵，爱情的火焰燃烧得更鲜明。但这爱情几乎全没有自私与肉感的成分。这是对于卡瓦列里的美貌的神秘的崇拜。这是对于维多利亚·科隆娜的虔敬的友谊——两颗灵魂在神明的境域中的沟通。这是对于他的无父的侄儿们的慈爱，和对于孤苦茕独的人们的怜悯。

米开朗琪罗对于卡瓦列里的爱情确是为平庸的思想——不论是质直的或无耻的——所不能了解的。即在文艺复兴末期的意大利，它亦引起种种难堪的传说；讽刺家拉莱廷甚至把这件事作种种污辱的讽喻。[①]但是拉莱廷般的诽谤——这是永远有的——决不能加诸米开朗琪罗。“那些人把他们自己污浊的心地来造成一个他们的米开朗琪罗。”

没有一颗灵魂比米开朗琪罗的更纯洁。没有一个人对于爱情的观念比他更虔敬。

孔迪维曾说：

> 我时常听见米开朗琪罗谈起爱情：在场的人都说他的言论全然是柏拉图式的。对我来说，我不知道柏拉图的主张；但在我和他那么长久那么亲密的交谊中，我在他口中只听到最可尊敬的言语，可以抑灭青

① 米开朗琪罗的侄孙于1623年第一次刊行米氏的诗集时，不敢把他致卡瓦列里的诗照原文刊入。他要令人相信这些诗是给一个女子的。即在近人的研究中，尚有人以为卡瓦列里是维多利亚·科隆娜的假名。

年人的强烈的欲火的言语。

可是这柏拉图式的理想并无文学意味也无冷酷的气象：米开朗琪罗对于一切美的事物，总是狂热的沉溺的，他之于柏拉图式的爱的理想亦是如此。他自己知道这点，故他有一天在谢绝他的友人贾诺蒂的邀请时说：

> 当我看见一个具有若干才能或思想的人，或一个为人所不为、言人所不言的人时，我不禁要热恋他，我可以全身付托给他，以至我不再是属于我的了。……你们大家都是那么富有天禀，如果我接受你们的邀请，我将失掉我的自由；你们中每个人都将分割我的一部分。即是跳舞与弹琴的人，如果他们擅长他们的艺术，我亦可听凭他们把我摆布！你们的做伴，不但不能使我休息、振作、镇静，反将使我的灵魂随风飘零；以至几天之后，我可能不知道死在哪个世界上。

思想言语声音的美既然如此诱惑他，肉体的美丽将更如何使他依恋呢！

> 美貌的力量于我是怎样的刺激啊！
> 世间更无同等的欢乐了！

对于这个美妙的外形的大创造家——同时又是有信仰的人——一个美的躯体是神明般的，是蒙着肉的外衣的神的显示。好似摩西之于“热烈的丛树”一般[①]，他只颤抖着走近它。他所崇拜的对象于他真是一个偶像，如他自己所说的。他在他的足前匍匐膜拜；而一个伟人自愿的屈服即是高贵的卡瓦列里也受不了，更何况美貌的偶像往往具有极庸俗的灵魂，如波焦呢！但米开朗琪罗什么也看不见……他真正什么也看不见吗？——他是什么也不愿看见；他要在他的心中把已经勾就轮廓的偶像雕塑完成。

① 《旧约》记摩西于热烈的丛树中见到神的显灵。

他最早的理想的爱人，他最早的生动的美梦，是1522年的佩里尼。[①] 1533年，他又恋着波焦；1544年，恋着布拉奇。因此，他对于卡瓦列里的友谊并非是专一的；但确是持久而达到狂热的境界的，不独这位朋友的美姿值得他那么颠倒，即是他的德行的高尚也值得他如此尊重。

瓦萨里曾言：

> 他爱卡瓦列里甚于一切别的朋友。这是一个生在罗马的中产者，年纪很轻，热爱艺术；米开朗琪罗为他做过一个肖像，——是米氏一生唯一的画像；因为他痛恨描画生人，除非这人是美丽无比的时候。

瓦尔基又说：

> 我在罗马遇到卡瓦列里先生时，他不独是具有无与伦比的美貌，而且举止谈吐亦是温文尔雅，思想出众，行动高尚，的确值得人家的爱慕，尤其是当人们认识他更透彻的时候。

米开朗琪罗于1532年秋在罗马遇见他。他写给他的第一封信，充满了热情的诉白，卡瓦列里的复信亦是十分尊严：

> 我收到你的来信，使我十分快慰，尤其因为它是出我意外的缘故；我说：出我意料，因为我不相信值得像你这样的人写信给我。至于称赞我的话，和你对于我的工作表示极为钦佩的话，我可回答你：我的为人与工作，决不能令一个举世无双的天才如你一般的人——我说举世无双，因为我不信你之外更有第二个——对一个启蒙时代的青年说出那样的话。可是我亦不相信你对我说谎。我相信，是的，我确信你对于我的感情，确是像你那样一个艺术的化身者。对于一切献身艺术爱艺术的人们所必然地感到的。我是这些人中的一个，而在爱艺术这一点上，我确是不让任何人。我回报你的盛情，我应允你：我从未如爱你一般地爱过别人，我从没有如希冀你的友谊一般希冀别

① 佩里尼尤其被拉莱廷攻击得厉害。

人……我请你在我可以为你效劳的时候驱使我，我永远为你驰驱。

你忠诚的　托马索·卡瓦列里

卡瓦列里似乎永远保持着这感动的但是谨慎的语气。他直到米开朗琪罗临终的时候一直对他是忠诚的，并且他在场送终。米开朗琪罗也永远信任他；他是被认为唯一影响米开朗琪罗的人，他亦利用了这信心与影响为米氏的幸福与伟大服役。是他使米开朗琪罗决定完成圣彼得大教堂穹隆的木雕模型。是他为我们保留下米开朗琪罗为穹隆构造所装的图样，是他努力把它实现。而且亦是他，在米开朗琪罗死后，依着他亡友的意志监督工程的实施。

但米开朗琪罗对他的友谊无异是爱情的疯狂。他写给他无数的激动的信。他俯伏在泥尘里向偶像申诉。[①]他称他"一个有力的天才……一件灵迹……时代的光明"；他哀求他"不要轻蔑他，因为他不能和他相比，没有人可和他对等"。他把他的现在与未来一齐赠给他；他更说："这于我是无穷的痛苦：我不能把我的以往也赠予你以使我能服侍你更长久，因为未来是短促的：我太老了……""我相信没有东西可以毁坏我们的友谊，虽然我出言僭越；因为我还在你之下。""……我可以忘记你的名字如忘记我借以生存的食粮一般；是的，我比较更能忘记毫无乐趣地支持我肉体的食粮，而不能忘记支持我灵魂与肉体的你的名字……它使我感到那样甘美甜蜜，以至我在想起你的时间内，我不感到痛苦，也不畏惧死。""——我的灵魂完全处在我把它给予的人的手中……""如我必得要停止思念他，我信我立刻会死。"

他赠给卡瓦列里最精美的礼物：

可惊的素描，以红黑铅笔画的头像，他在教他学习素描的用意中绘成的。其次，他送给他一座《被宙斯的翅翼举起的甘尼米》，一座《提提厄斯》和其他不少最完美的作品。

---

① 卡瓦列里的第一封信，米开朗琪罗在当天（即1533年1月1日）即答复他。这封信一共留下三份草稿。在其中一份草稿的补白中，米开朗琪罗写着"在此的确可以用为一个人献给另一个人的事物的名词；但为了礼制，这封信里可不能用"。——在此显然是"爱情"这名词了。

他也寄赠他十四行诗，有时是极美的，但往往是暗晦的，其中的一部分，不久便在文学团体中有人背诵了，全意大利都吟咏着。人家说下面一首是“十六世纪意大利最美的抒情诗”：

由你的慧眼，我看到为我的盲目不能看到的光明。你的足助我担荷重负，为我疲痿的足所不能支撑的。由你的精神，我感到往天上飞升。我的意志全包括在你的意志中。我的思想在你的心中形成，我的言语在你喘息中吐露。孤独的时候，我如月亮一般，只有在太阳照射它时才能见到。

另外一首更著名的十四行诗，是颂赞完美的友谊的最美的歌辞：

如果两个爱人中间存在着贞洁的爱情，高超的虔敬，同等的命运，如果残酷的命运打击一个时也同时打击别个，如果一种精神一种意志统治着两颗心，如果两个肉体上的一颗灵魂成为永恒，把两个以同一翅翼挟带上天，如果爱神在一支箭上同时射中了两个人的心，如果大家相爱，如果大家不自爱，如果两人希冀他们的快乐与幸福得有同样的终局，如果千万的爱情不能及到他们的爱情的百分之一，那么一个怨恨的动作，会不会永远割裂了他们的关联?

这自我的遗忘，这把自己的全部生命融入爱人的全部生命的热情，并不永远清明宁静的。忧郁重又变成主宰；而被爱情控制着的灵魂，在呻吟着挣扎：

我哭，我燃烧，我磨难自己，我的心痛苦死了……

他又和卡瓦列里说：“你把我生的欢乐带走了。”

对于这些过于热烈的诗，“温和的被爱的主”卡瓦列里却报以冷静的安定的感情。这种友谊的夸张使他暗中难堪。米开朗琪罗求他宽恕：

我亲爱的主，你不要为我的爱情愤怒，这爱情完全是奉献给你最好的德行的；因为一个人的精神应当爱慕别个人的精神。我所愿望的，我在你美丽的姿容上所获得的，绝非常人所能了解。谁要懂得它应当先认识死。

当然，这爱美的热情只有诚实的份儿。可是这热烈的惶乱[①]而贞洁的爱情的对象，全然没有露出癫狂与不安的情态。

在这些心力交瘁的年月之后——绝望地努力否定他生命的虚无而重创出他渴求的爱——幸而有一个女人淡泊的感情来抚慰他，她了解这孤独地迷失在世界上的老孩子，在这苦闷欲死的心魂中，她重新灌注入若干平和、信心、理智和凄凉的心绪，接受生与死的准备。

1533与1534年间，米开朗琪罗与卡瓦列里的友谊达到了顶点。1535年，他开始认识维多利亚·科隆娜。

她生于1492年。她的父亲叫法布里齐奥·科隆纳，是帕利阿诺地方的诸侯，塔利亚科佐亲王。她的母亲，阿涅斯·特·蒙泰费尔特罗，便是乌尔比诺亲王的女儿。她所属的门第是意大利最高贵的门第之一，亦是受着文艺复兴精神的熏沐最深切的一族。十七岁时，她嫁给佩斯卡拉侯爵、大将军弗朗切斯科·特·阿瓦洛。她爱他；他却不爱她。她是不美的。人们在小型浮雕像上所看到的她的面貌是男性的，意志坚强的，严峻的：额角很高，鼻子很长很直，上唇较短，下唇微向前突，嘴巴紧闭。认识她而为她做传的菲洛尼科·阿利尔卡纳塞奥虽然措辞婉约，但口气中也露出她是丑陋的："当她嫁给佩斯卡拉侯爵的时候，她正努力在发展她的思想；因为她没有美貌，她修养文学，以获得这不朽的美，不像会消逝的其他的美一样。"——她是对于灵智的事物抱有热情的女子。在一首十四行诗中，她说："粗俗的感官，不能形成一种和谐以产生高贵心灵的纯洁的爱，它们决不能引起她的快乐与痛苦……鲜明的火焰，把我的心升华得那么崇高，以至卑下的思想会使它难堪。"——实在她在任何方面也不配受那豪放而纵欲

① 在一首十四行诗中，米开朗琪罗写道，要把他的皮蒙在他的爱人身上；他要成为他的鞋子，载着他的脚去踏雪。

的佩斯卡拉的爱的；然而，爱的盲目竟要她爱他，为他痛苦。

她的丈夫在他自己的家里就欺骗她，闹得整个那不勒斯都知道，她为此感到残酷的痛苦。可是，当他在1525年死去时，她亦并不觉得安慰。她遁入宗教，赋诗自遣。她在修道院生活，先在罗马，继在那不勒斯，但她早先并没完全脱离社会的意思：她寻求孤独只是要完全沉浸入她的爱的回忆中，为她在诗中歌咏的。她和意大利的一切大作家萨多莱特、贝姆博、卡斯蒂廖内等都有来往，卡斯蒂廖内把他的著作《侍臣论》付托给她，阿里奥斯托在他的《疯狂的奥兰多》中称颂她。1530年，她的十四行诗流传于整个意大利，在当时女作家中获得唯一一个的光荣的地位。隐在伊斯基亚荒岛上，她在和谐的海中不绝地歌唱她的蜕变的爱情。

但自1534年起，宗教把她完全征服了。基督旧教的改革问题，在避免教派分裂的范围内加以澄清的运动把她鼓动了。我们不知她是否曾在那不勒斯认识胡安·特·瓦尔德斯[①]；但她确被锡耶纳的奥基诺[②]的宣道所激动；她是皮耶特罗·卡尔内塞基[③]、吉贝尔蒂、萨多莱特、雷吉纳尔德·波莱和改革派中最伟大的嘎斯帕雷·孔塔里尼[④]主教们的朋友；这孔塔里尼主教曾想和新教徒们建立一种适当的妥协，曾经写出这些强有力的句子：

> 基督的法律是自由的法律……凡以一个人的意志为准绳的政府不能称之为政府；因为它在原则上便倾向于恶而且受着无数情欲的拨弄。不！一切主宰是理智的主宰。他的目的在于以正当的途径引领一切服从他的人到达他们正当的目的：幸福。教皇的权威也是一种理智的权威。一个教皇应该知道他的权威是施用于自由人的。他不应该依了他的意念而指挥，或禁止，或豁免，但应该只依了理智的规律、神

① 胡安·特·瓦尔德斯，西班牙王查理——昆特的亲信秘书的儿子，自1534年起住在那不勒斯，为宗教改革运动的领袖。

② 奥基诺，有名的宣道者，加波生教派的副司教，1539年成为瓦尔德斯的朋友，瓦氏受他的影响很大。

③ 皮耶特罗·卡尔内塞基，克雷芒七世的秘书官，亦是瓦尔德斯的朋友与信徒，1546年，第一次被列入异教判罪人名单，1567年在罗马被焚死。他和维多利亚·科隆娜来往甚密。

④ 嘎斯帕雷·孔塔里尼，威尼斯的世家子，初任威尼斯、荷兰、英国、西班牙及教皇等的大使。

明的命令、爱的原则而行事。

维多利亚是联合着全意大利最精纯的意识的这一组理想主义中的一员。她和勒内·特·费拉雷与玛格丽特·特·纳瓦雷们通信；以后变成新教徒的皮耶尔·保罗·韦尔杰廖称她为“一道真理的光”。——但当残忍的卡拉法所主持的反改革运动开始时，她堕入可怕的怀疑中去了。[①]如米开朗琪罗一样，她有一颗热烈而又怯弱的灵魂；她需要信仰，她不能抗拒教会的权威。“她持斋、绝食、苦修，以至她筋骨之外只包裹着一层皮。”[②]她的朋友，波莱主教叫她抑制她智慧的骄傲，因了神而忘掉她自己的存在：这样她才稍稍重新觅得平和。她用了牺牲的精神做这一切……然而她还不止牺牲她自己！她还牺牲和她一起的朋友，她牺牲奥基诺，把他的文字送到罗马的裁判异教徒机关中去；如米开朗琪罗一般，这伟大的心灵为恐惧所震破了。她把她良心的责备掩藏在一种绝望的神秘主义中：

> 你看到我处在愚昧的混沌中，迷失在错误的陷阵里，肉体永远劳动着要寻觅休息，灵魂永远骚乱着找求平和。神要我知道我是一个毫无价值的人，要我知道一切只在基督身上。

她要求死，如要求一种解放。——1547年2月25日，她死了。

在她受着瓦尔德斯与奥基诺的神秘主义熏染最深的时代，她认识米开朗琪罗。这女子，悲哀的、烦闷的，永远需要有人作她的依傍，同时也永远需要一个比她更弱更不幸的人，使她可以在他身上发泄她心中洋溢着的母爱。她在米开朗琪罗面前掩藏着她的惶乱。外表很宁静、拘谨，她把自己所要求之于他人的平和，传递给米开朗琪罗。他们的友谊，始于1535年，到了1538年，渐趋亲密，可完全建筑在神的领域内。维多利亚四十六岁；他六十三岁。她住在罗马圣西尔韦斯德罗修院中，在平乔山岗之下。

---

① 卡拉法是基耶蒂的主教，于1524年创造希阿廷教派；1528年，在威尼斯组织反宗教改革运动团体。他初时以大主教资格，继而在1555年起以教皇资格严厉执行新教徒的判罪事宜。

② 1566年，卡尔内塞基在异教徒裁判法庭供述语。

米开朗琪罗住在卡瓦洛岗附近。每逢星期日，他们在卡瓦洛岗的圣西尔韦斯德罗教堂中聚会。修士阿姆布罗焦·卡泰里诺·波利蒂诵读《圣保罗福音》，他们共同讨论着。葡萄牙画家弗朗西斯科·特·奥兰达在他的四部绘画随录中，曾把这些情景留下真切的回忆。在他的记载中，严肃而又温柔的友谊被描写得非常动人。

弗朗西斯科·特·奥兰达第一次到圣西尔韦斯德罗教堂中去时，他看见佩斯卡拉侯爵夫人和几个朋友在那里谛听诵读圣书。米开朗琪罗并不在场。当圣书读毕之后，可爱的夫人微笑着向外国画家说道：

> 弗朗西斯科·特·奥兰达一定更爱听米开朗琪罗的谈话。

弗朗西斯科被这句话中伤了，答道：

> 怎么，夫人，你以为我只有绘画方面的感觉吗?

“不要这样多心，弗朗西斯科先生，”拉塔齐奥·托洛梅伊说，“侯爵夫人的意思正是深信画家对于一切都感觉灵敏。我们意大利人多么敬重绘画！但她说这句话也许是要使你听米开朗琪罗谈话时格外觉得快乐。”

弗朗西斯科道歉了。侯爵夫人和一个仆人说：

“到米开朗琪罗那边去，告诉他说我和托洛梅伊先生在宗教仪式完毕后留在这教堂里，非常凉快；如果他愿耗费若干时间，将使我们十分快慰……但，”她又说，因为她熟知米开朗琪罗的野性，“不要和他说葡萄牙人弗朗西斯科·特·奥兰达也在这里。”

在等待仆人回来的时候，他们谈着用何种方法把米开朗琪罗不知不觉中引上绘画的谈话；因为如果他发觉了他们的用意，他会立刻拒绝继续谈话。

> 那时静默了一会。有人叩门了。我们大家都恐怕大师不来，既然仆人回来得那么快。但米开朗琪罗那天正在往圣西尔韦斯德罗的路上来，一面和他的学生乌尔比诺在谈哲学。我们的仆人在路上遇到了他，把他引来了，这时候便是他站在门口。侯爵夫人站起来和他立谈了长久，以后才请他坐在她和托洛梅伊之间。

弗朗西斯科·特·奥兰达坐在他旁边；但米开朗琪罗一点也不注意他——这使他大为不快；弗朗西斯科愤愤地说：

真是，不被人看见的最可靠的方法，便是直站在这个人的面前。

米开朗琪罗惊讶起来，望着他，立刻向他道歉，用着谦恭的态度：

宽恕我，弗朗西斯科先生，我没有注意到你，因为我一直望着侯爵夫人。

将谈话比作围城十分有趣，米开朗琪罗的内心是封闭坚固的，唯有用心经营且不露痕迹才能让他主动提及他们所想要讨论的问题。侯爵夫人无疑是具有智慧和耐心的，这也是她能够与米开朗琪罗成为挚友的一大要素。

侯爵夫人稍稍停了一下，用一种美妙的艺术，开始和他谈着种种事情；谈话非常婉转幽密，一点也不涉及绘画。竟可说一个人围攻一座防守严固的城，围攻的时候颇为艰难，同时又是用了巧妙的艺术手腕；米开朗琪罗似一个被围的人，孔武有力，提防得很周密，到处设了守垒、吊桥、陷坑。但是侯爵夫人终于把他战败了。实在，没有人能够抵抗她。

“那么，”她说，“应该承认当我们用同样的武器，即策略，去攻袭米开朗琪罗时，我们永远是失败的。托洛梅伊先生，假若要他开不得口，而让我们来说最后一句话，那么，我们应当和他谈讼案，教皇的敕令，或者……绘画。”

这巧妙的转纽把谈锋转到艺术的领域中去了。维多利亚用虔诚的态度去激动米开朗琪罗，谈及他计划建造的宗教建筑物，他居然自告奋勇地去察看场地，草拟图样。

“我不大敢向你提这么大的要求，”侯爵夫人答道，“虽然我知道你在一切方面都听从抑强扶弱的救主的教导……因此，认识你的人尊重米开朗琪罗的为人更甚于他的作品，不比那般不认识你的人称颂你的最弱的部分，即你双手做出的作品。但我亦称誉你屡次置身场外，避免我们的无聊的谈话，你并不专画那些向你请求的王公卿相达官贵人，而是几乎把你的一生全献给一件伟大的作品。”

米开朗琪罗对于这些恭维的话，谦虚地逊谢，乘机表示他厌恶那些多言的人与有闲的人——诸侯或教皇——自以为可用他们的地位压倒一个艺术家，却不知尽他的一生还不及完成他的功业。

接着，谈话又转到艺术的最崇高的题材方面去了，侯爵夫人以含有宗教严肃性的态度讨论着。于她，和于米开朗琪罗一样，一件艺术品无异是信心的表现。

“好的画，”米开朗琪罗说，“迫近神而和神结合……它只是神的完美的抄本，神的画笔的阴影，神的音乐，神的旋律……因此，一个画家成为伟大与巧妙的大师还是不够。我想他的生活应当是纯洁的、神圣的，使神明的精神得以统治他的思想……”

这样，他们在圣西尔韦斯德罗教堂里，在庄严宁静的会话中消磨日子，有时候，朋友们更爱到花园里去，如弗朗西斯科·特·奥兰达所描写的：“坐在石凳上，旁边是喷泉，上面是桂树的荫蔽，墙上都是碧绿的蔓藤。”在那里，他们凭眺罗马，全城在他们的脚下展开。[①]

可惜这些美妙的谈话并不能继续长久。佩斯卡拉侯爵夫人所经受的宗教苦闷把这些谈话突然中止了。1541年，她离开罗马，去奥尔维耶托幽闭，继而是去维泰尔贝地方的修院。

> 但她时常离开维泰尔贝回到罗马来，只是为访问米开朗琪罗。他为她的神明的心地所感动了，她使他的精神获得安慰。他收到她的许多信，都充满着一种圣洁的温柔的爱情，确实像这样一个高贵的心魂所能写的。

① 见《罗马城绘画录》第三卷。他们谈话的那天，教皇保罗三世的侄子奥克塔韦·法尔内塞娶亚历山大·特·梅迪西的寡妇为妻。那次有盛大的仪仗——十二驾古式车——在纳沃内广场上经过，全城的民众都去观光。米开朗琪罗和几个朋友躲在平和的圣西尔韦斯德罗教堂中。

> 依了她的意念，他做了一个裸体的基督像，离开了十字架，如果没有两个天使扶掖，他就会倒下地去的样子。圣母坐在十字架下面哭泣着，张开着手臂，举向着天。[①]——出于对维多利亚的爱情，米开朗琪罗也画了一个十字架上的基督像，不是死的，而是活着的，面向他的在天之父喊着“哎呀！哎呀”。肉体并不显得瘫痪；它痉挛着在最后的痛苦中挣扎。

现藏于法国卢浮宫与英国不列颠博物馆的两张《复活》，也许亦是受着维多利亚影响的作品。——在卢浮宫的那张，力士式的基督奋激地推开墓穴的石板；他的双腿还在泥土中，仰着首，举着臂，他在热情的激动中迫向着天，这情景令人回想起《奴隶》。回到神座旁边去！离开这世界，这为他不屑一顾的惶乱的人群！终于，终于，摆脱了这无味的人生！……——不列颠博物馆中的那张素描更为宁静，基督已经出了坟墓：他的坚实的躯干在天空翱翔；手臂交叉着，头往后仰着，眼睛紧闭如在出神，他如日光般上升到光明中去。

这样地，维多利亚在艺术上为米开朗琪罗重新打开信仰的门户。更进一步，她鼓励起米开朗琪罗的天才，那曾被卡瓦列里的爱情所激醒的才华。她不独使米开朗琪罗在他对于宗教的晦暗的感觉中获得不少指示；她尤其给他一个榜样，在诗歌中唱出宗教的热情。维多利亚的《灵智的十四行诗》便是他们初期友谊中的作品。她一面写，一面寄给她的朋友。

他在这些诗中感到一种安慰、一种温柔、一种新生命。他在给她唱和的一首十四行诗中表示他对她的感激：

> 幸福的精灵，以热烈的爱情，把我垂死衰老的心保留着生命，而在你的财富与欢乐之中，在那么多的高贵的灵魂中，只抬举我一个——以前你是那样地显现在我眼前，此刻你又这样地显现在我心底，为了要安慰我。……因此，受到了你慈悲的思念，你想起在忧患

---

① 这幅画是米开朗琪罗以后所作的许多《哀悼基督》的第一幅像，也是感应这些作品的像：1550—1555年间的翡冷翠的《基督下十字架》；1563年的《龙丹尼尼的哀悼基督》；1555—1560年间的《帕莱斯特里纳的哀悼基督》。

中挣扎的我，我为你写这几行来感谢你。如果说我给你的可怜的绘画已足为你赐予我美丽与生动的创造的答报，那将是僭越与羞耻了。[①]

1544年夏，维多利亚重新回到罗马，居住在圣安娜修道院中，一直到死。米开朗琪罗去看她。她热情地想念他，她想使他的生活变得舒服些有趣味些，她暗地里送他若干小礼物。但这猜疑的老人，“不愿收受任何人的礼物”[②]，甚至他最爱的人亦不能使他破例，他拒绝了她的馈赠。

她死了，他看着她死了。他说下面的几句，足以表明他们贞洁的爱情保守拘谨到如何程度：

我看着她死，而我没有吻她的额与脸如我吻她的手一样，言念及此，真是哀痛欲绝！

“维多利亚之死，”据孔迪维说，“使他痴呆了很久；他仿佛失去了一切知觉。”

“她为我实在是一件极大的财宝，”以后他悲哀地说，“死夺去了我的一个好友。”

他为她的死写了两首十四行诗。一首是完全感染柏拉图式思想的，表示他的狂乱的理想主义，宛如一个给闪电照耀着的黑夜。米开朗琪罗把维多利亚比作一个神明的雕塑家的锤子，从物质上斫炼出崇高的思想：

米开朗琪罗一生都没有得到多少爱和理解，所以知己一般的侯爵夫人更是难能可贵，令他无比珍惜，并将自己摆到非常谦卑的地步。

① 1551年3月7日，米开朗琪罗写给法图奇的信中有言：“十余年前，她送给我一本羊皮小册，其中包含着一百零三首十四行诗，她在维泰尔贝寄给我的四十首还不在内。我把它们一起装订成册……我也保有她的许多信，为她自奥尔维耶托与维泰尔贝两地写给我的。”

② 瓦萨里记载。——有一时，他和他最好的一个朋友卢伊吉·德尔·里乔龃龉，因为他送了他礼物之故。米氏写信给他说：“你的极端的好意，比你偷盗我更使我难堪。朋友之中应该要平等，如果一个给得多些，一个给得少些，那么两人便要争执起来了。”

我的粗笨的锤子，把坚硬的岩石有时研成一个形象，有时研成另一个形象，这是由手执握着、指挥着的，锤子从手那里受到动作，它被一种不相干的力驱使着。但神明的锤子，却是以它唯一的力量，在天国中创造它自己的美和别的一切的美。没有一柄别的锤子能够不用锤子而自行创造的；只有这一柄使其他的一切赋有生气。因为锤子举得越高，故锤击的力量越强。所以，如果神明的锤手能够助我，他定能引我的作品到达美满的结果。迄今为止，在地上，只有她一个。

另一首十四行诗更温柔，宣示爱情对于死的胜利：

当那个曾使我屡屡愁叹的她离弃了世界，离弃了她自己，在我眼中消灭了的时候，“自然”觉得羞耻，而一切见过她的人哭泣！——但死啊，你今日且慢得意，以为你把太阳熄灭了！因为爱情是战胜了，爱情使她在地下、在天上、在圣者旁边再生了。可恶的死以为把她德行的回声掩蔽了，以为把她灵魂的美抑灭了。她的诗文的表示正是相反：它们把她照耀得更光明；死后，她竟征服了天国。

在这严肃而宁静的友谊中，米开朗琪罗完成了他最后的绘画与雕塑的大作：《最后之审判》，保利内教堂壁画，与尤利乌斯二世陵墓。

当米开朗琪罗于1534年离开翡冷翠前往罗马的时候，他想，因了克雷芒七世之死摆脱了一切工作，他终于能安安静静完成尤利乌斯二世的陵墓了，以后，他良心上的重负卸掉之后，可以安静地终了他的残生。但他才到罗马，就又被他的新主人牵系住了。

保罗三世召唤他，要他供奉他。……米开朗琪罗拒绝了，说他不能这样做；因为他以契约的关系，受着乌尔比诺大公的拘束，除非他把尤利乌斯二世的陵墓完成之后。于是教皇怒道：“三十年以来我怀有这个愿望；而我现在成了教皇，反不能满足我的愿望吗？我将撕掉那契约，无论如何，我要你侍奉我。”

米开朗琪罗又想逃亡了。

> 他想隐遁到杰内附近的一所修道院中去，那里的阿莱里亚主教是他的朋友，也是尤利乌斯二世的朋友。他或能在那边方便地做完他的作品。他亦想起避到乌尔比诺地方，那是一个安静的居处，亦是尤利乌斯二世的故乡；他想当地的人或能因怀念尤利乌斯之故而善视他。他已派了一个人去，到那里买一所房子。

但，正当决定的时候，意志又没有了；他顾虑他的行动的后果，他以永远的幻梦，永远破灭的幻梦来欺骗自己：他妥协了。他重新被人牵系着，继续担负着繁重的工作，直到终局。

1535年9月1日，保罗三世的一道敕令，任命他为圣彼得的建筑绘画雕塑总监。自4月起，米开朗琪罗已接受《最后之审判》的工作。自1536年4月至1541年11月止，即在维多利亚逗留罗马的时期内，他完全经营着这件事业。即在这件工作的过程中，在1539年，老人从台架上坠下，腿部受了重伤，“又是痛楚又是愤怒，他不愿给任何医生诊治”。他瞧不起医生，当他知道他的家族冒昧为他延医的时候，他在信札中表示一种可笑的惶虑。

> 幸而他坠下之后，他的朋友、翡冷翠的巴乔·隆蒂尼是一个极有头脑的医生，又是对于米开朗琪罗十分忠诚的，他哀怜他，有一天去叩他的屋门。没有人接应，他上楼，挨着房间去寻，一直到了米开朗琪罗睡着的那间。米氏看见他来，大为失望。但巴乔再也不愿走了，直到把他医愈之后才离开他。

像从前尤利乌斯二世一样，保罗三世来看他作画，并发表意见。他的司礼长切塞纳伴随着他，教皇征询他对于作品的意见。据瓦萨里说，这是一个非常迂执的人，宣称在这样庄严的一个场所，表现那么多的猥亵的裸体是大不敬；他说这是配装饰浴室或旅店的绘画。米开朗琪罗愤慨之余，待切塞纳走后，凭了记忆把他的肖像画在图中；他把他放在地狱中，画成判官米诺斯的形象，在恶魔群中给毒蛇缠住了腿。切塞纳到教皇面前去诉说。保罗三世和他开玩笑地说：“如果米开朗琪罗把你放在监狱中，我还可设法救你出来；但他把你放在地狱里，那我无能为力了；在地狱里是毫无挽救的余地了。”

可是认为米开朗琪罗的绘画猥亵的不止切塞纳一人。意大利正在提倡贞洁运动，且那时距韦罗内塞因为作了*Gène chez Simon*（《西门家的盛宴》）一画而被人向异教法庭控告的时节也不远了。不少人士大声疾呼说有碍风化。叫嚣最厉害的要算是拉莱廷了。这个淫书作家想给贞洁的米开朗琪罗以一顿整饬端方的教训。他写给他一封无耻的信。他责备他“表现使一个娼家也要害羞的东西”，他又向异教法庭控告他大不敬的罪名。“因为，”他说，“破坏别人的信心较之自己的不信仰犯罪尤重。”他请求教皇毁灭这幅壁画。他在控诉状中说他是路德派的异教徒；末了更说他偷盗尤利乌斯二世的钱。这封信把米开朗琪罗灵魂中最深刻的部分——他的虔敬、他的友谊、他的爱惜荣誉的情操——都污辱了，对于这一封信，米开朗琪罗读的时候不禁报以轻蔑的微笑，可也不禁愤懑地痛哭。他置之不答。无疑地，他仿佛想起自己提及某些敌人时，以不屑一顾的神情说：“不值得去打击他们；因为对于他们的胜利是无足轻重的。”——而当拉莱廷与切塞纳两个人对于《最后之审判》的见解渐渐占得地位时，他毫不设法答复，也不设法阻止他们。他什么也不说，当他的作品被视为“路德派的秽物”的时候，他什么也不说，当保罗四世要把他的壁画除下的时候。他什么也不说，当达涅尔·特·沃尔泰雷受了教皇之命来把他的英雄们“穿上裤子”的时候。[①]——人家询问他的意见。他怒气全无地回答，讥讽与怜悯的情绪交混着：“告诉教皇，说这是一件小事情，容易整顿的。只要圣下也愿意把世界整顿一下：整顿一幅画是不必费多大心力的。”——他知道他是在一种怎样热烈的信仰中完成这件作品的，在和维多利亚·科隆娜的宗教谈话的感应，在这颗洁白无瑕的灵魂的掩护下。要去向那些污浊的猜度与下流的心灵辩白他在裸体人物上所寄托的英雄思想，他会感到耻辱。

当西斯廷的壁画完成时，米开朗琪罗以为他终于能够完成尤利乌斯二

① 1559年事。——达涅尔·特·沃尔泰雷把他的修改工作称作“穿上裤子”。他是米开朗琪罗的一个朋友。另一个朋友，雕塑家阿马纳蒂，批斥这些裸体表现为猥亵。因此，在这件事情上，米氏的信徒们也没有拥护他。

世的纪念物了。[1]但不知足的教皇还逼着七十岁的老人作保利内教堂的壁画。他还能动手做预定的尤利乌斯二世墓上的几个雕像已是侥幸的事了。他和尤利乌斯二世的继承人，签订第五张亦是最后一张契约。根据这张契约，他交付出已经完工的雕像，出资雇用两个雕塑家了结陵墓：这样，他永远卸掉了他的一切责任了。

他的苦难还没有完呢，尤利乌斯二世的后人不断地要求他偿还以前他收受他们的钱。教皇令人告诉他不要去想这些事情，专心干保利内教堂的壁画。他答道：

> 但是我们是用脑子不是用手作画的啊！不想到自身的人是不知荣辱的；所以只要我心上有何事故，我便做不出好东西……我一生被这陵墓联系着；我为了要在利奥十世与克雷芒七世之前争得了结此事以至把我的青春葬送了；我的太认真的良心把我毁灭无余。我的命运要我如此！我看到不少的人每年进款达二三千金币之巨；而我，受尽了艰苦，终于是穷困。人家还当我是窃贼！……在人前——我不说在神前——我自以为是一个诚实之士；我从未欺骗过他人……我不是一个窃贼，我是一个翡冷翠的绅士，出身高贵……当我必得要在那些混蛋前面自卫时，我变成疯子了！……

为应付他的敌人起见，他把《行动生活》与《冥想生活》二像亲手完工了，虽然契约上并不要他这么做。

1545年1月，尤利乌斯二世的陵墓终于在温科利的圣彼得教堂落成了。原定的美妙的计划在此存留了什么？——《摩西》原定只是一座陪衬的像，在此却成为中

米开朗琪罗一生的噩梦不是债务和被追责，而是自己付出巨大心血和精力的作品无法完成，他不是在向尤里乌斯二世的后人交代，他是在向自己的艺术生命交代。

---

① 《最后之审判》的开幕礼于1541年12月25日举行。意大利、法国、德国、佛兰德各处都有人来参加。

心的雕像。一个伟大计划的速写！

至少，这是完了。米开朗琪罗从他一生的噩梦中解放了出来。

信　心

维多利亚死后，米开朗琪罗想回到翡冷翠，把“他的疲劳的筋骨睡在他的老父旁边”。当他一生侍奉了几代的教皇之后，他要把他的残年奉献给神。也许他是受着女友的鼓励，要完成他最后的意愿。1547年1月1日，维多利亚·科隆娜逝世前一月，他接到保罗三世的敕令，被任为圣彼得大教堂的建筑师兼总监。他接受这委任并非毫无困难；且亦不是教皇的坚持才使他决心承允在七十余岁的高年去负担他一生从未负担过的重任。他认为这是神的使命，是他应尽的义务：

“许多人以为——而我亦相信——我是由神安放在这职位上的，”他写道，“不论我是如何衰老，我不愿放弃它；因为我是为了爱戴神而服务，我把一切希望都寄托在他身上。”

对于这件神圣的事业，任何薪给他都不愿收受。

在这桩事情上，他又遇到了不少敌人：第一是桑迦罗一派，如瓦萨里所说的，此外还有一切办事员、供奉人、工程承造人，被他揭发出许多营私舞弊的劣迹，而桑迦罗对于这些却假作痴聋不加闻问。“米开朗琪罗，”瓦萨里说，“把圣彼得从贼与强盗的手中解放了出来。”

反对他的人都联络起来。这些人的首领是无耻的建筑师南尼·迪·巴乔·比焦，为瓦萨里认为盗窃米开朗琪罗而此刻又想排挤他的人。人们散布谎言，说米开朗琪罗对于建筑是全然不懂的，只是浪费金钱，弄坏前人的作品。圣彼得大教堂的行政委员会也加入攻击建筑师，于1551年发起组织一个庄严的查办委员会；监察人员与工人都来控告米开朗琪罗，萨尔维亚蒂与切尔维尼①两个主教又袒护着那些控诉者。米开朗琪罗简直不愿申辩：他拒绝和他们辩论。——他和切尔维尼主教说：“我并没有把我所要做的计划通知你，或通知其他任何人的义务。你的事情是监察经费的支出，其他的事情与你无关。”——他的不改性的骄傲从来不答应把他的计划告诉任何人。他回答那些怨望的工人道：“你们的事情是泥水工，斫工，木工，

① 切尔维尼主教即未来的教皇马尔塞鲁斯二世。

做你们的事，执行我的命令。至于要知道我思想些什么，你们永不会知道；因为这是有损我的尊严的。”

他这种办法自然引起许多仇恨，而他如果没有教皇们的维护，将一刻也抵挡不住那些怨毒的攻击。[①]因此，当尤利乌斯三世崩后，切尔维尼主教登极承继皇位的时候，他差不多要离开罗马了。[②]但新任教皇马尔赛鲁斯二世登位不久即崩，保罗四世承继了他。最高的保护重新确定之后，米开朗琪罗继续奋斗下去。他以为如果放弃了作品，他的名誉会破产，他的灵魂会堕落。他说：

> 我是不由自主地被任做这件事情的。八年以来，在烦恼与疲劳中间，我徒然挣扎。此刻，建筑工程已有相当的进展，可以开始造穹隆的时候，若我离开罗马，定将使作品功亏一篑：这将是我的大耻辱，亦将是我灵魂的大罪孽。

他的敌人们丝毫不退让；而这种斗争，有时竟是悲剧的。1563年，在圣彼得工程中，对米开朗琪罗最忠诚的一个助手，加埃塔被抓去下狱，并被诬告窃盗；他的工程总管切萨雷又被人刺死了。米开朗琪罗为报复起见，便任命加埃塔代替了切萨雷的职位。行政委员会把加埃塔赶走，任命了米开朗琪罗的敌人南尼·迪·巴乔·比焦。米开朗琪罗大怒，不到圣彼得视事了。于是人家散布流言，说他辞职了；而委员会迅又委任南尼去代替他，南尼亦居然立刻做起主人来。他想以种种方法使这八十八岁的病危的老人灰心。可是他不识得他的敌人。米开朗琪罗立刻去见教皇；他威吓说，如果不替他主张公道，他将离开罗马。他坚持要作一个新的侦查，证明南尼的无能与谎言，把他驱逐。[③]这是1563年9月，他逝世前四个月的事

① 1551年调查委员会末次会议中，米开朗琪罗向着委员会主席尤利乌斯三世说：“圣父，你看，我挣得了什么！如果我所受的烦恼无裨我的灵魂，我便白费了我的时间与痛苦。”——爱他的教皇，举手放在他的肩上，说道：“灵魂与肉体你都挣得了。不要害怕！”（据瓦萨里记载）

② 教皇保罗三世死于1549年11月10日；和他一样爱米开朗琪罗的尤利乌斯三世在位的时间是1550年2月8日至1555年3月23日。1555年5月9日，切尔维尼大主教被选为教皇，名号为马尔赛鲁斯二世。他登极只有几天；1555年5月23日，保罗四世承继了他的皇位。

③ 米开朗琪罗逝世后翌日，南尼马上去请求科斯梅大公，要他任命让他继任米氏的职位。

情。——这样，直到他一生的最后阶段，他还须与嫉妒和怨恨争斗。

可是我们不必为他抱憾。他知道自卫；即在临死的时光，他还能够，如他往昔和他的兄弟所说的，独个儿“把这些兽类碾成齑粉”。

在圣彼得那件大作之外，还有别的建筑工程占据了他的暮年，如卡比托利欧教堂、圣玛里亚·德利·安吉利教堂、翡冷翠的圣洛伦佐教堂、皮亚门，尤其是翡冷翠人的圣乔凡尼教堂，如其他作品一样是流产的。

翡冷翠人曾请求他在罗马建造一座本邦的教堂；即是科斯梅大公自己亦为此事写了一封很恭维的信给他；而米开朗琪罗受着爱乡情操的激励，也以青年般的热情去从事这件工作。他和他的同乡们说：“如果他们把他的图样实现，那么即使是罗马人、希腊人也将黯然失色了。”——据瓦萨里说，这是他以前没有说过以后亦从未说过的言语；因为他是极谦虚的。翡冷翠人接受了图样，丝毫不加改动。米开朗琪罗的一个友人，蒂贝廖·卡尔卡尼在他的指导之下，做了一个教堂的木型——“这是一件稀世之珍的艺术品，人们从未见过同样的教堂，无论在美，在富丽，在多变方面。人们开始建筑，花了五千金币。以后，钱没有了，便那么中止了，米开朗琪罗感受着极度强烈的悲痛。”教堂永远没有造成，连那木型也遗失了。

这是米开朗琪罗在艺术方面的最后的失望。他垂死之时怎么能有这种幻想，说刚刚开始的圣彼得教堂会有一天实现，而他的作品中居然会有一件永垂千古？他自己，如果是可能的话，他就要把它们毁灭。他的最后一件雕塑翡冷翠大教堂的《基督下十字架》，表示他对于艺术已到了那么不关心的地步。他之所以继续雕塑，已不是为了艺术的信心，而是为了基督的信心，是因为“他的力与精神不能不创造”①。但当他完成了他的作品时，他把它毁坏了。“他将完全把它毁坏，假若他的仆人安东尼奥不请求赐给他的话。”②

这是米开朗琪罗在垂死之年对于艺术的淡漠的表示。

---

① 1553年，他开始这件作品，他的一切作品中最动人的；因为它是最亲切的：人们感到他在其中只谈到他自己，他痛苦着，把自己整个地沉入痛苦之中。此外，似乎那个扶持基督的老人，脸容痛苦的老人，即是他自己的肖像。

② 蒂贝廖·卡尔卡尼从安东尼奥那里转买了去，又请求米开朗琪罗把它加以修补。米开朗琪罗答应了，但他没有修好便死了。

自维多利亚死后，再没有任何壮阔的热情烛照他的生命了。爱情已经远去：

> 爱的火焰没有遗留在我的心头，最重的病（衰老）永远压倒最轻微的：我把灵魂的翅翼折断了。①

他丧失了他的兄弟和他最好的朋友。卢伊吉·德尔·里乔死于1546年，皮翁博死于1547年，他的兄弟乔凡·西莫内死于1548年。他和他的最小的兄弟西吉斯蒙多一向没有什么来往，而他亦于1555年死了。他把他的家庭之爱和暴烈的情绪一齐发泄在他的孤侄们身上，他的最爱的兄弟博纳罗托的孩子们身上。他们是一男一女，男的即利奥那多，女的叫切卡。米开朗琪罗把切卡送入修道院，供给她衣食及一切费用，他亦去看她；而当她出嫁时，他给了她一部分财产作为奁资。——他亲自关切利奥那多的教育，他的父亲逝世时他只有九岁，冗长的通信，令人想起贝多芬与其侄儿的通信，表示他如何严肃地尽了他父辈的责任。这也并非没有时时发生的暴怒。利奥那多常常试练他的伯父的耐性；而这耐性是极易消耗的。青年的恶劣的字迹已足使米开朗琪罗暴跳。他认为这是对他的失敬：

> 收到你的信时，没有一次是在开读之前不使我愤怒的。我不知你在哪里学得的书法！毫无恭敬的情操！……我相信你如果要写信给世界上最大的一头驴子，你必将写得更小心些……我把你最近的来信丢在火里了，因为我无法阅读：所以我亦不能答复你。我

米开朗琪罗有着完美主义的性格，不仅仅对他自己，也对其他人。

① 《诗集》卷八十一。他暮年时代（约于1550年）的几首诗，似乎表现火焰并不如他自己所信般的完全熄灭，而他自称的“燃过的老木”有时仍有火焰显现。

已和你说过而且再和你说一遍，每次我收到你的信在没有能够诵读它之前，我总是要发怒的。将来你永远不要写信给我了。如果你有什么事情告诉我，你去找一个会写字的人代你写吧；因为我的脑力需要去思虑别的事情，不能耗费精力来猜度你涂鸦般的字迹。

他的天性是猜疑的，和兄弟们的纠葛使他更为多心，故他对于他的侄儿的阿谀与卑恭的情感并无什么幻想：他觉得这种情感完全是小孩子的乖巧，因为他知道他将来是他的遗产继承人。米开朗琪罗老实和他说了出来。有一次，米开朗琪罗病危，将要死去的时候，他知道利奥那多到了罗马，做了几件不当做的事情；他怒极了，写信给他：

利奥那多！我病时，你跑到弗朗切斯科先生那里去探听我留下些什么。你在翡冷翠所花的我的钱还不够吗？你不能向你的家族说谎，你也不能不肖似你的父亲——他把我从翡冷翠家里赶走！须知我已做好了一个遗嘱，那遗嘱上已没有你的名分。去吧，和神一起去吧，不要再到我前面来，永远不要再写信给我！

米开朗琪罗渴望着情感的温暖，但他同时也惧怕着，因为他的一生受到了太多的打击和伤害，因此在晚年，他变得极度敏感脆弱，甚至用易怒和暴躁来掩饰自己的敏感。

这些愤怒并不使利奥那多有何感触，因为在发怒的信后往往又是继以温言善语的信和礼物。[①]一年之后，他重新赶到罗马，被赠予三千金币的诺言吸引着。米开朗琪罗为他这种急促的情态激怒了，写信给他道：

你那么急匆匆地到罗马来。我不知道，如果当我在忧患中，没有面包的时候，你会不会同样迅速地赶到。……你说你来是为爱我，是你的责任。——是

① 1549年，米开朗琪罗在病中第一个通知他的侄儿，说已把他写入遗嘱。

啊，这是蛀虫之爱！如果你真的爱我，你将写信给我说：“米开朗琪罗，留着三千金币，你自己用吧：因为你已给了那么多钱，很够了；你的生命对于我们比财产更宝贵……”——但四十年来，你们靠着我活命；而我从没有获得你们一句好话……[①]

利奥那多的婚姻又是一件严重的问题。它占据了叔侄俩六年的时间。利奥那多，温良地，只觑着遗产；他接受一切劝告，让他的叔父挑选、讨论，拒绝一切可能的机会：他似乎毫不在意。反之，米开朗琪罗却十分关切，仿佛是他自己要结婚一样。他把婚姻看作一件严重的事情，爱情倒是无关重要的条件；财产也不在计算之中，他所认为重要的，是健康与清白。他发表他的严格的意见，毫无诗意的、极端的、肯定的：

这是一件大事情：你要牢记在男人与女人中间必须有十岁的差别；注意你将选择的女子不独要温良，而且要健康……人家和我谈起好几个：有的我觉得合意，有的不。假若你考虑之后，在这几个中合意哪个，你当来信通知我，我再表示我的意见……你尽有选择这一个或那一个的自由，只要她是出身高贵，家教很好；而且与其有奁产，宁可没有为妙——这是为使你们可以安静地生活……一个翡冷翠人告诉我，说有人和你提起吉诺里家的女郎，你亦合意。我却不愿你娶那一个女子，因为假如有钱能备奁资，他的父亲不会把她嫁给你的。我愿选那种为了中意你的人（而非中意你的资产）而把女儿嫁给你的人……你所得唯一考虑的只是肉体与精神的健康、血统与习气的品质，此外，还须知道她的父母是何种人物：因为这极关重要。……去找一个在必要时不怕洗涤碗盏、管理家务的妻子。……至于美貌，既然你并非翡冷翠最美的男子，那么你可不必着急，只要她不是残废的或丑得不堪的就好。……”[②]

① 1546年2月6日书。米氏又附加道：“不错，去年，因为我屡次责备你，你寄了一小桶特雷比亚诺酒给我。啊，这已使你破费得够了！”

② 1547—1552年间书信。米开朗琪罗另外又写道：“你不必追求金钱，只要好的德行与好的声名……你需要一个和你留在一起的妻子，为你可以支使的、不讨厌的、不是每天去出席宴会的女人；因为在那里人们可以诱惑她使她堕落。”（1549年2月1日书）

搜寻了好久之后，似乎终于觅得了稀世之珍。但，到了最后一刻，又发现了足以借为解约理由的缺点：

> 我得悉她是近视眼：我认为这不是什么小毛病。因此我还什么也没有应允。既然你也毫未应允，那么我劝你还是作罢，如果你所得的消息是确切的话。

利奥那多灰心了。他反而觉得他的叔叔坚持要他结婚为可怪了：

“这是真的，”米开朗琪罗答道，“我愿你结婚：我们的一家不应当就此中断。我很知道即使我们的一族断绝了，世界也不会受何影响；但每种动物都要绵延种族。因此我愿你成家。”①

终于，米开朗琪罗自己也厌倦了；他开始觉得老是由他去关切利奥那多的婚姻，而他本人反似淡漠是可笑的事情。他宣称他不复顾问了：

> 六十年来，我关切着你们的事情；现在，我老了，我应得想着我自己的了。

这时候，他得悉他的侄儿和卡桑德拉·丽多尔菲订婚了。他很高兴，他祝贺他，答应送给他一千五百金币。利奥那多结婚了。米开朗琪罗写信去道贺新夫妇，许赠一条珍珠项链给卡桑德拉。可是欢乐也不能阻止他不通知他的侄儿，说“虽然他不大明白这些事情，但他觉得利奥那多似乎应在伴他的女人到他家里去之前，把金钱问题准确地弄好了：因为在这些问题中时常潜伏着决裂的种子”。信末，他又附上这段不利的劝告：

> 啊……现在，努力生活吧：仔细想一想，因为寡妇的数目永远超过鳏夫的数目。

① 可是他又说：“但如果你自己觉得不十分健康，那么还是克制自己，不要在世界上多造出其他的不幸者为妙。”

两个月之后，他寄给卡桑德拉的，不复是许诺的珍珠项链，而是两只戒指——一只是镶有金刚钻的，一只是镶有红宝玉的。卡桑德拉深深地谢了他，同时寄给他八件内衣。米开朗琪罗写信去说：

> 它们真好，尤其是布料我非常惬意。但你们为此耗费金钱，使我很不快；因为我什么也不缺少。为我深深致谢卡桑德拉，告诉她说我可以寄给她我在这里可以找到的一切东西，不论是罗马的出品或其他。这一次，我只寄了一件小东西；下一次，我寄一些更好的，使她高兴的物件吧。

不久，孩子诞生了。第一个名字叫博纳罗托，这是依着米氏的意思；——第二个名字叫米开朗琪罗，但这个生下不久便夭亡了。而那个年老的叔父，于1556年邀请年轻夫妇到罗马去，他一直参与着家庭中的欢乐与忧苦，但从不答应他的家族去顾问他的事情，也不许他们关切他的健康。

在他和家庭的关系之外，米开朗琪罗亦有不少著名的、高贵的朋友。虽然他性情很粗野，但要把他认作一个如贝多芬般的粗犷的乡人却是完全错误的。他是意大利的一个贵族，学问渊博，阀阅世家。从他青年时在圣马可花园中和洛伦佐·特梅迪西等厮混在一起的时节起，他和意大利可以算作最高贵的诸侯、亲王、主教、文人、艺术家都有交往。他和诗人弗朗切斯科·贝尔尼在思想上齐名；他和瓦尔基通信；和卢伊吉·德尔·里乔与多纳托·贾诺蒂们唱和。人们搜罗他关于艺术的谈话和深刻的见解，还没有人能和他相比，说出关于但丁的认识。一个罗马贵妇于文字中说，在他愿意的时候，他是“一个温文尔雅、婉转动人的君子，在欧洲罕见的人品”。在贾诺蒂与弗朗西斯科·特·奥兰达的笔记中，可以看出他的周到的礼貌与交际的习惯。在他若干致亲王们的信中，更可证明他很易做成一个纯粹的宫臣。社会从未逃避他：却是他常常躲避社会；要过一种胜利的生活完全在他自己。他之于意大利，无异是整个民族天才的化身。在他生涯的终局，已是文艺复兴期遗下的最后的巨星，他是文艺复兴的代表，整个世纪的光荣都是属于他的。不独是艺术家们认他是一个超自然的人。即使王公大臣亦在他的威望之前低首。弗朗西斯一世与卡特琳纳·特·梅迪西向他致敬。科斯梅·特·梅迪西要任命他为贵族院议员；而当他到罗马的时候，又以贵族的礼款待他，请他坐在他旁边，和他亲密地谈话。科斯梅的儿子，弗朗切斯科·特·梅迪西，帽子握在手中，“向这一个旷世的伟人表示无限的敬意”。人家对于“他崇高的道德”和对他的天才一般尊敬。他的老年所受的光荣和歌德与雨果相仿。但他是另一种人物。他既没有歌德般成为妇孺皆知的人物的渴望，亦没有雨果般对于已成法统的尊重。他蔑视光荣，蔑视社会；他的侍奉教皇，只是“被迫的”。而且他还公然说即是教皇，在谈话时，有时也使他厌恶，“虽然我们命令他，他不高兴时也不大会去”。

> 当一个人这样地由天性与教育变得憎恨礼仪、蔑视矫伪时，更无适合他的生活方式了。如果他不向你要求任何事物，不追求你的集团，为何要去追求他的呢？为何要把这些无聊的事情去和他的远离世界的性格纠缠不清呢？不想满足自己的天才而只求取悦于俗物的人，决不是一个高卓之士。

因此他和社会只有必不可免的交结，或是灵智的关系。他不使人家参透他的亲切生活；那些教皇、权贵、文人、艺术家，在他的生活中占据极小的地位。但和他们之中的一小部分却具有真实的好感，只是他的友谊难得持久。他爱他的朋友，对他们很宽宏；但他的强项、他的傲慢、他的猜忌，时常把他最忠诚的朋友变作最凶狠的仇敌。他有一天写了这一封美丽而悲痛的信：

> 可怜的负心人在天性上是这样的：如果你在他患难中救助他，他说你给予他的，他早已先行给予你了。假若你给他工作表示你对他的关心，他说你不得不委托他做这件工作，因为你自己不会做。他所受到的恩德，他说是施恩的人不得不如此。而如果他所受到的恩惠是那么明显为他无法否认时，他将一直等到那个施恩者做了一件显然的错事；那时，负心人找到了借口可以说他坏话，而且把他一切感恩的义务卸掉了。——人家对我老是如此；可是没有一个艺术家来要求我而我不给他若干好处的；并且出于我的真心。以后，他们把我古怪的脾

气或是癫狂作为借口，说我是疯了，是错了；于是他们诬蔑我，毁谤我；——这是一切善人所得的酬报。

在他自己家里，他有相当忠诚的助手，但大半是庸碌的。人家猜疑他是故意选择庸碌的，为的是只要他们成为柔顺的工具，而不是合作的艺术家——这也是合理的。但据孔迪维说："许多人说他不愿教练他的助手们，这是不确的：相反，他正极愿教导他们。不幸，他的助手不是低能的便是无恒的，后者在经过了几个月的训练之后，往往夜郎自大，以为是大师了。"

无疑地，他所要求于助手们的第一种品性是绝对的服从。对于一般桀骜不驯的人，他是毫不顾惜的；对于那些谦恭忠实的信徒，他却表示十二分的宽容与大量。懒惰的乌尔巴诺，"不愿工作的"①——而且他的不愿工作正有充分的理由；因为，当他工作的时候，往往是笨拙得把作品弄坏，以至无可挽救的地步，如米涅瓦寺的《基督》——在一场疾病中，曾受米开朗琪罗的仁慈的照拂看护；他称米开朗琪罗为"亲爱的如最好的父亲"②。皮耶罗·迪·贾诺托被"他如爱儿子一般地爱"。西尔维奥·迪·乔凡尼·切帕雷洛从他那里出去转到安德烈·多里亚那里去服务时，悲哀地要求他重新收留他。安东尼奥·米尼的动人的历史，可算是米开朗琪罗对待助手们宽容大度的一个例子。据瓦萨里说，米尼在他的学徒中是有坚强的意志但不大聪明的一个。他爱着翡冷翠一个穷寡妇的女儿。米开朗琪罗依了他的家长之意要他离开翡冷翠。安东尼奥愿到法国去。③米开朗琪罗送了他大批的作品："一切素描，一切稿图，《鹅狎戏着的丽达》④画。"他带了这些财富，动身了。但打击米开朗琪罗的厄运对于他的卑微的朋友打击得更厉害。他到巴黎去，想把《鹅狎戏着的丽达》画送呈法王。弗朗西

① 瓦萨里描写米开朗琪罗的助手："皮耶特罗·乌尔巴诺·特·皮斯托耶是聪明的，但从不肯用功。安东尼奥·米尼很努力，但不聪明。阿斯卡尼奥·德拉·里帕·特兰索尼也肯用功，但他从无成就。"

② 米开朗琪罗对他最轻微的痛楚也要担心。有一次他看见他手指割破了，他监视他要他去做宗教的忏悔。

③ 1529年翡冷翠陷落之后，米开朗琪罗曾想和安东尼奥·米尼同往法国去。

④《鹅狎戏着的丽达》画是米开朗琪罗在翡冷翠被围时替费拉雷大公作的，但并没有给大公，因为费拉雷大公的大使对他失敬。

斯一世不在京中；安东尼奥把《鹅狎戏着的丽达》寄存在他的一个朋友——意大利人朱利阿诺·博纳科尔西那里，他回到里昂住下了。数月之后，他回到巴黎，《鹅狎戏着的丽达》不见了，博纳科尔西把它卖给弗朗西斯一世，钱给他拿去了。安东尼奥又是气愤又是惶急，经济的来源断绝了，他流落在这巨大的首都中，于1533年终忧愤死了。

但在一切助手中，米开朗琪罗最爱而且由了他的爱成为不朽的却是弗朗切斯科·特·阿马多雷，诨名乌尔比诺。他是从1530年起入米开朗琪罗的工作室服务的，在他指导之下，他做尤利乌斯二世的陵墓。米开朗琪罗关心他的前程。

> 他和他说："如我死了，你怎么办？"
>
> 乌尔比诺答道："我将服侍另外一个。"
>
> "——喔，可怜虫！"米开朗琪罗说，"我要挽救你的灾难。"
>
> 于是他一下子给了他二千金币：这种馈赠即是教皇与帝皇也没有如此慷慨。

然而倒是乌尔比诺比他先死。他死后翌日，米开朗琪罗写信给自己的侄儿：

> 乌尔比诺死了，昨日下午四时。他使我那么悲伤，那么惶乱，如果我和他同死了，反倒舒适；这是因为我深切地爱他之故；而他确也值得我爱；这是一个尊严的、光明的、忠实的人。他的死令我感到仿佛我已不复生存了，我也不能重新觅得我的宁静。

他的痛苦真是那么深切，以至三个月之后在写给瓦萨里的信中还是非常难堪：

> 焦尔焦先生，我亲爱的朋友，我心绪恶劣不能作书，但为答复你的来信，我胡乱写几句吧。你知道乌尔比诺是死了——这对我是残酷的痛苦，可也是神赐给我的极大的恩宠。这是说，他活着的时候，他鼓励我亦生存着，死了，他教我懂得死，并非不快地而是乐意地愿死。

他在我身旁二十六年，我永远觉得他是可靠的、忠实的。我为他挣了些财产；而现在我想把他作为老年的依傍，他却去了；除了在天国中重见他之外，我更无别的希望，在那里，神赐了他甘美的死的幸福，一定亦使他留在他身旁。对于他，比死更苦恼的却是留我生存在这骗人的世界上，在这无穷的烦恼中。我的最精纯的部分和他一起去了，只留着无尽的灾难。

在极度的悲痛中，他请他的侄儿到罗马来看他。利奥那多与卡桑德拉，担忧着，来了，看见他非常衰弱。乌尔比诺托孤给他的责任鼓励他生起新的精力，乌尔比诺儿子中的一个是他的义子，题着他的名字。[①]

他还有别的奇特的朋友。因了强硬的天性对于社会的约束的反抗，他爱和一群头脑简单不拘形式的人厮混。——一个卡拉雷地方的斫石匠，托波利诺，“自以为是出众的雕塑家，每次开往罗马去的运石的船上，必寄有他做的几个小小的人像，使米开朗琪罗为之捧腹大笑的”；——一个瓦尔达尔诺地方的画家，梅尼盖拉，不时到米开朗琪罗那里去要求他画一个圣洛克像或圣安东尼像，随后他着了颜色卖给乡人。而为帝王们都所难于获得他的作品的，米开朗琪罗却尽肯依着梅尼盖拉指示，作那些素描；——一个理发匠，亦有绘画的嗜好，米开朗琪罗为他作了一幅圣弗朗西斯的图稿；——一个罗马工人，为尤利乌斯二世的陵墓工作的，自以为在不知不觉中成为一个大雕塑家，因为柔顺地依从了米开朗琪罗的指导，

从乌尔比诺、朱利阿诺、维多利亚和卡瓦列里等人身上可以看出，米开朗琪罗择友的标准最重要的一个因素是高尚的德行，这也许与他一生中遭遇了太多德行恶劣的人有关。

① 米开朗琪罗写信给乌尔比诺的寡妇科尔内莉娅，充满着热情，答应她把小米开朗琪罗收受去由他教养，“要向他表示甚至比对他的侄儿更亲切的爱，把乌尔比诺要他学的一切都教授他”。（1557年3月28日书）——科尔内莉娅于1559年再嫁了，米开朗琪罗永远不原谅她。

他居然在白石中雕出一座美丽的巨像，把他自己也呆住了；——一个滑稽的镂金匠，皮洛托，外号拉斯卡；——一个懒惰的奇怪的画家因达科，“他爱谈天的程度正和他厌恶作画的程度相等”，他常说：“永远工作，不寻娱乐，是不配做基督徒的。”——尤其是那个可笑而无邪的朱利阿诺·布贾尔蒂尼，米开朗琪罗对他有特别的好感。

> 朱利阿诺有一种天然的温良之德，一种质朴的生活方式，无恶念亦无欲念，这使米开朗琪罗非常惬意。他唯一的缺点即太爱他自己的作品。但米开朗琪罗往往认为这足以使他幸福；因为米氏明白他自己不能完全有何满足是极苦恼的……有一次，奥塔维亚诺·特·梅迪西要求朱利阿诺为他绘一幅米开朗琪罗的肖像。朱氏着手工作了；他叫米开朗琪罗一句不响地坐了两小时之后，他喊道：“米开朗琪罗，来瞧，起来吧：面上的主要部分，我已抓住了。”米开朗琪罗站起，一见肖像便笑问朱利阿诺道：“你在捣什么鬼？你把我的一只眼睛陷入太阳穴里去了；瞧瞧仔细吧。”朱利阿诺听了这几句话，弄得莫名其妙了。他把肖像与人轮流看了好几遍；大胆地答道：“我不觉得这样；但你仍旧去坐着吧，如果是这样，我将修改。”米开朗琪罗知道他坠入何种情景，微笑着坐在朱利阿诺的对面，朱利阿诺对他、对着肖像再三地看，于是站起来说：“你的眼睛正如我所画的那样，是自然显得如此。”“那么，”米开朗琪罗笑道，“这是自然的过失。继续下去吧。”

这种宽容，为米开朗琪罗对待别人所没有的习惯，但他却能施之于那些渺小的、微贱的人。这亦是他对于这些自信为大艺术家的可怜虫的怜悯，也许那些疯子们的情景引起他对于自己的疯狂的回想。在此，的确有一种悲哀的滑稽的幽默。[①]

孤　独

这样，他只和那些卑微的朋友们生活着：他的助手和他的疯痴的朋

① 如一切阴沉的心魂一般，米开朗琪罗有时颇有滑稽的情趣：他写过不少诙谐的诗，但他的滑稽总是严肃的、近于悲剧的，如对于他老年的速写等等。（见《诗集》卷八十一）

友，还有更微贱的伴侣——他的家畜：他的母鸡与他的猫。[①]

实在，他是孤独的，而且他愈来愈孤独了。“我永远是孤独的，”他于1548年写信给他的侄儿说，“我不和任何人谈话。”他不独渐渐地和社会分离，且对于人类的利害、需求、快乐、思想也都淡漠了。

把他和当代的人群联系着的最后的热情——共和思想——亦冷熄了。当他在1544与1546年两次大病中受着他的朋友里乔在斯特罗齐家中看护的时候，他算是发泄了最后一道阵雨般闪光的激情，米开朗琪罗病愈时，请求亡命在里昂的罗伯托·斯特罗齐向法王要求履行他的诺言：他说假若弗朗西斯一世愿恢复翡冷翠的自由，他将以自己的钱为他在翡冷翠诸府场上建造一座古铜的骑马像。1546年，为表示他感激斯特罗齐的东道之谊，他把两座《奴隶》赠予了他，他又把它们转献给弗朗西斯一世。

但这只是一种政治热的爆发——最后的爆发。在他1545年和贾诺蒂的谈话中，好几处他的表白类乎托尔斯泰的斗争无用论与不抵抗主义的思想：

> 敢杀掉某一个人是一种极大的僭妄，因为我们不能确知死是否能产生若干善，而那个人的生是否能阻止若干善。因此我不能容忍那些人，说如果不是从恶——即杀戮——开始决不能有善的效果。时代变了，新的事故在产生，欲念亦转换了，人类疲倦了……而末了，永远会有出乎预料的事情。

同一个米开朗琪罗，当初是激烈地抨击专制君主的，此刻也反对那些理想着以一种行为去改变世界的革命家了，他很明白他曾经是革命家之一；他悲苦地责备的即是他自己。如哈姆莱特一样，他此刻怀疑一切，怀疑他的思想、他的怨恨以及他所信的一切。他向行动告别了。他写道：

> 一个人答复人家说：“我不是一个政治家，我是一个诚实之士，一个以好意观照一切的人。”他是说的真话。只要我在罗马的工作能给我和政治同样轻微的顾虑便好！

① 1553年，安焦利尼在米开朗琪罗离家时写信给他道：“公鸡与母鸡很高兴；——但那些猫因为不看见你而非常忧愁，虽然它们并不缺少粮食。”

实际上，他不复怨恨了。他不能恨。因为已经太晚：

不幸的我，为了等待太久而疲倦了，不幸的我，达到我的愿望已太晚了！而现在，你不知道吗？一颗宽宏的、高傲的、善良的心，懂得宽恕，而向一切侮辱他的人以德报怨！

他住在Macel de'Corvi，在特拉扬古市场的高处。他在此有一座房子，一所小花园。他和一个男仆、一个女佣、许多家畜占据着这住宅。他和他的仆役们并不感到舒服。因为据瓦萨里说："他们老是大意的、不洁的。"他时常更调仆役，悲苦地怨叹。[①]他和仆人们的纠葛，与贝多芬的差不多。1560年，他赶走了一个女佣之后喊道："宁愿她永没来过此地！"

他的卧室幽暗如一座坟墓。"蜘蛛在内做它们种种工作，尽量纺织。"——在楼梯的中段，他画着背负着一口棺材的《死》像。[②]

他和穷人一般生活，吃得极少，"夜间不能成寐，他起来执着巨剪工作。他自己做了一顶纸帽，中间可以插上蜡烛，这使他在工作时双手可以完全自由，不必费心光亮的问题"。

他愈老，愈变得孤独。当罗马一切睡着的时候，他隐避在夜晚的工作中：这于他已是一种必需。静寂于他是一件好处，黑夜是一位朋友：

噢，夜，噢，温和的时间，虽然是黝暗，一切努力在此都能达到平和，称颂你的人仍能见到而且懂得；赞美你的人确有完美的判别力。你斩断一切疲乏的思念，为潮润的阴影与甘美的休息所深切地透入的；从尘世，你时常把我拥到天上，为我希冀去的地方。噢，死的影子，由了它，灵魂与心的敌害——灾难——都被挡住了，悲伤的人的至高无上的救药啊，你使我们病的肉体重新获得健康，你揩干我们

① 1550年8月16日，米氏写信给利奥那多说："我要一个善良的清洁的女仆但很困难：她们全是脏的，不守妇道的，我的生活很穷困，但我雇用仆役的价钱出得很贵。"

② 棺材上写着下面一首诗："我告诉你们，告诉给世界以肉体与精神的你们：在这具黑暗的箱中，你们可以抓握一切。"

的泪水，你卸掉我们的疲劳，你替好人洗掉仇恨与厌恶。

有一夜，瓦萨里去访问这独个儿在荒凉的屋里，面对着他的悲怆的《哀悼基督》的老人：

瓦萨里叩门，米开朗琪罗站起身来，执着烛台去接应。瓦萨里要观赏雕像；但米开朗琪罗故意把蜡烛坠在地上熄灭了，使他无法看见。而当乌尔比诺去找另一支蜡烛时，他转向瓦萨里说道："我是如此衰老，死神常在拽我的裤脚，要我和它同去。总有一天，我的躯体会崩坠，如这支火炬一般，也像它一样，我的生命的光明会熄灭。"

死的意念包围着他，一天一天地更阴沉起来。他和瓦萨里说：

"没有一个思念不在我的心中引起死的感触。"

死，于他似乎是生命中唯一的幸福：

当我的过去在我眼前重现的时候——这是我时时刻刻遇到的——喔，虚伪的世界，我才辨认出人类的谬妄与过错。相信你的谄谀，相信你的虚幻的幸福的人，便是在替他的灵魂准备痛苦与悲哀。经验过的人，很明白你时常许诺你所没有、你永远没有的平和与福利。因此最不幸的人是在尘世羁留最久的人；生命愈短，愈容易回归天国……

由长久的岁月才引起我生命的终点，喔，世界，我认识你的欢乐很晚了。你许诺你所没有的平和，你许诺在诞生之前早已死灭的休息……我是由经验知道的，以经验来说话：死紧随着生的人才是唯一为天国所优宠的幸运者。

他的侄儿利奥那多庆祝他的孩子的诞生，米开朗琪罗严厉地责备他：

这种铺张使我不悦。当全世界在哭泣的时候是不应当嬉笑的。为了一个人的诞生而举行庆祝是缺乏知觉的人的行为。应当保留你的欢乐，在一个充分地生活了的人死去的时候发泄。[①]

① 1554年4月致瓦萨里书，上面写道"1554年4月我不知何日"。

翌年，他的侄儿的第二个孩子生下不久便夭殇了，他倒写信去向他道贺。

大自然，为他的热情与灵智的天才所一向轻忽的，在他晚年成为一个安慰者了。1556年9月，当罗马被西班牙阿尔贝大公的军队威胁时，他逃出京城，途经斯波莱泰，在那里住了五星期。他在橡树与橄榄树林中，沉醉在秋日的高爽清朗的气色中。10月末他被召回罗马，离开时表示非常抱憾。——他写信给瓦萨里道："大半的我已留在那里；因为唯有在林中方能觅得真正的平和。"

回到罗马，这个八十二岁的老人作了一首歌咏田园，颂赞自然生活的美丽的诗，在其中他指责城市的谎骗；这是他最后的诗，而它充满了青春的朝气。

但在自然中，如在艺术与爱情中一样，他寻求的是神，他一天一天更迫近他。他永远是有信仰的。虽然他丝毫不受教士、僧侣、男女信徒们的欺骗，且有时还挖苦他们，但他似乎从未对信仰有过怀疑。在他的父亲与兄弟们患病或临终时，他第一件思虑老是要他们受圣餐。他对于祈祷的信心是无穷的；"他相信祈祷甚于一切药石"；他把他所遭受的一切幸运和他没有临到的一切灾祸尽归之于祈祷的功效。在孤独中，他曾有神秘的崇拜的狂热。"偶然"为我们保留着其中的一件事迹：同时代的记载描写他如西斯廷中的英雄般的热狂的脸相，独个儿，深夜，在罗马的他的花园中祈祷，痛苦的眼睛注视着布满星云的天空。

有人说他的信仰对于圣母与使徒的礼拜是淡漠的，这是不正确的。他在最后二十年中全心对付着建造使徒圣彼得大教堂的事情，而他的最后之作（因为他的死而没有完成的），又是一座圣彼得像，要说他是一个新教徒不啻是开玩笑的说法了。我们也不能忘记他屡次要去朝山进香：1545年他想去朝拜科姆波斯泰雷的圣雅克，1556年他要朝拜洛雷泰。——但也得说和一切伟大的基督在一样，他的生和死，永远和基督徒一起。1512年他在致父亲书中说："我和基督一同过着清贫的生活"；临终时，他请求人们使他念及基督的苦难。自从他和维多利亚结交之后——尤其当她死后——这信仰愈为坚固强烈。从此，他把艺术几乎完全奉献于颂赞基督的热情与光荣[①]，同时，他的诗也沉浸入一种神秘主义的情调中。他否认了艺术，投入十字架上殉道者的臂抱中去：

> 我的生命，在波涛险恶的海上，由一叶残破的小舟渡到了彼岸。在那里，大家都将对于虔敬的与冒渎的作品下一个判断。由是，我把艺术当作偶像，当作君主般的热烈的幻想，今日我承认它含有多少错误，而我显然看到一切的人都在为着他的苦难而欲求。爱情的思想，虚妄的快乐的思想，当我此刻已迫近两者之死的时光，它们究竟是什么呢？爱，我是肯定了，其他只是一种威胁。既非绘画，亦非雕塑能抚慰我的灵魂。它已转向着神明的爱，爱却在十字架上张开着臂抱等待我们！

但在这颗老耄的心中，由信仰与痛苦所激发的最精纯的花朵，尤其是神明般的恻隐之心。这个为仇敌称为贪婪的人一生从没停止过施惠于不幸的穷人，不论是认识的或不认识的。他不独对他的老仆与他父亲的仆人——对一个名叫莫娜·玛格丽塔的老仆，为他在兄弟死后所收留，而她的死使他非常悲伤，“仿佛死掉了他自己的姊妹那样”；对一个为西斯廷教堂造台架的木匠，他帮助他的女儿酬嫁费……——表露他的动人的真挚之情，而且他时时在布施穷人，尤其是怕羞的穷人。他爱让他侄子与侄女参与他的施舍，使他们为之感动，他亦令他们代他去做，但不把他说出来：因为他要他的慈惠保守秘密。“他爱实地去行善，而非貌为行善。”由于一种极细腻的情感，他尤其念及贫苦的女郎：他设法暗中赠予她们少数的奁资，使她们能够结婚或进入修道院。他写信给他的侄儿说：

> 设法去认识一个有何急需的人，有女儿要出嫁或送入修道院的。（我说的是那些没有钱而无颜向人启齿的人。）把我寄给你的钱给人，但要秘密地；而且你不要被人欺骗……

此外，他又写：

① 后期的雕塑，如十字架，如殉难，如受难像等都是。

以米开朗琪罗的话开头，直接阐明了他对死亡的态度。

米开朗琪罗自己描写自己的声音、牙齿、脸和耳朵，非常地生动和夸张，表现出他对自己这副垂老无用身躯的憎恶和靠近死亡的强烈愿望，死亡于他是解脱，是升华。

告诉我，你还认识有别的高贵的而经济拮据的人吗？尤其是家中有年长的女儿的人家。我很高兴为他们尽力。为着我的灵魂得救。

尾 声

死

“多么想望而来得多么迟缓的死——”①

终于来了。

他的僧侣般的生活虽然支持了他坚实的身体，可没有使他摆脱病魔的侵蚀。自1544与1546年的两场恶性发热后，他的健康从未恢复；膀胱结石、痛风症以及各种的疾苦把他磨蚀完了。在他暮年的一首悲惨的滑稽诗中，他描写他残疾的身体：

> 我孤独着悲惨地生活着，好似包裹在树皮中的核心……我的声音仿佛是幽闭在臭皮囊中的胡蜂……我的牙齿动摇了，有如乐器上的键盘……我的脸不啻是吓退鸟类的丑面具……我的耳朵不息地嗡嗡作响：一只耳朵中，蜘蛛在结网；另一只中，蟋蟀终夜地叫个不停……我的感冒使我不能睡眠……予我光荣的艺术引我到这种结局。可怜的老朽，如果死不快快来救我，我将绝灭了……疲劳把我支离了，分解了，唯一的栖宿便是死……

1555年6月，他写信给瓦萨里说道：

① “因为，对于不幸的人，死是懒惰的……”（《诗集》卷七十三第三十首）

亲爱的焦尔焦先生，从我的字迹上，你可以认出我已到了第二十四小时了……[1]

1560年春，瓦萨里去看他，见他极端疲弱。他几乎不出门，晚上几乎不睡觉；一切令人感到他不久于人世。愈衰老，他愈温柔，很易哭泣。

“我去看米开朗琪罗，”瓦萨里写道，“他没想到我会去，因此在见我时仿佛一个父亲找到了他失掉的儿子般地欢喜。他把手臂围着我的颈项，再三地亲吻我，快活得哭起来。”

可是他毫未丧失他清明的神志与精力。即在这次会晤中，他和瓦萨里长谈，关于艺术问题，关于指点瓦萨里的工作，随后他骑马陪他到圣彼得。

1561年8月，他患着感冒。他赤足工作了三小时，突然倒地，全身痉挛着。他的仆人安东尼奥发现他晕了。卡瓦列里、班迪尼、卡尔卡尼立刻跑来。那时，米开朗琪罗已经醒来。几天之后，他又开始乘马外出，继续作皮亚门的图稿。

古怪的老人，无论如何也不答应别人照拂他。他的朋友们费尽心思才得悉他又患着一场感冒，只有大意的仆人们陪伴着他。

他的继承人利奥那多，从前因为到罗马来受过他一顿严厉的训责，此刻即是为他叔父的健康问题也不敢贸然奔来了。1563年7月，他托达涅尔·特·沃尔泰雷问米开朗琪罗，愿不愿他来看他；而且，为了预料到米氏要猜疑他的来有何作用，故又附带声明，说他的商业颇有起色，他很富有，什么也不需求。狡黠的老人令人回答他说，既然如此，他很高兴，他将把他存留的少数款子分赠穷人。

一个月之后，利奥那多对于那种答复感着不满，重复托人告诉他，说他很担心他的健康和他的仆役。这一次，米开朗琪罗回了他一封怒气勃勃的信，表示这八十八岁——离开他的死只有六个月——的老人还有那么强的生命力：

由你的来信，我看出你听信了那些不能偷盗我，亦不能将我随意

① 1555年6月22日致瓦萨里书。1549年他在写给瓦尔基信中已说：“我不独是老了，我已把自己计算在死人中间。”

摆布的坏蛋的谎言。这是些无赖之徒，而你居然傻得会相信他们。请他们走路吧：这些人只会给你烦恼，只知道嫉羡别人，而自己度着浪人般的生活。你信中说你为我的仆役担忧；而我，我告诉你关于仆役，他们都很忠实地服侍我、尊敬我。至于你信中隐隐说起的偷盗问题，那么我和你说，在我家里的人都能使我放怀，我可完全信任他们。所以，你只须关切你自己；我在必要时是懂得自卫的，我不是一个孩子。你自己多保重吧！

关切遗产的人不止利奥那多一个呢。整个意大利是米开朗琪罗的遗产继承人——尤其是托斯卡纳大公与教皇，他们操心着不只是关于圣洛伦佐与圣彼得的建筑图稿及素描有何遗失。1563年6月，听从了瓦萨里的劝告，科斯梅大公责令他的驻罗马大使阿韦拉尔多·塞里斯托里秘密地禀奏教皇，为了米开朗琪罗日渐衰老之故，要暗中监护他的起居与一切在他家里出入的人。在突然逝世的情景中，应当立刻把他所有的财产登记入册；素描、版稿、文件、金钱，等等，并当监视着使人不致乘死后的紊乱中偷盗什么东西。当然，这些是完全不让米开朗琪罗本人知道的。

这些预防并非是无益的。时间已经临到。

米开朗琪罗的最后一信是1563年12月28日的那封信。一年以后，他差不多自己不动笔了；他读出来，他只签名；达涅尔·特·沃尔泰雷为他主持着信件往还的事情。

他老是工作。1564年2月12日，他站了一整天，做《哀悼基督》。14日，他发热。卡尔卡尼得悉了，立刻跑来，但在他家里找不到他。虽然下雨，他还是到近郊散步去了。他回来时，卡尔卡尼说他在这种天气中外出是不应该的。

“你要我怎样？”米开朗琪罗答道，“我病了，无论哪里我不得休息。”

他的言语的不确切，他的目光，他的脸色，使卡尔卡尼大为不安。他马上写信给利奥那多说：“终局虽未必即在目前，但亦不远了。”

同日，米开朗琪罗请达涅尔·特·沃尔泰雷来留在他旁边。达涅尔请了医生来；25日，他依着米开朗琪罗的吩咐，写信给利奥那多，说他可以来看他，“但要十分小心，因为道路不靖。”沃尔泰雷附加着下列数行：

> 八点过一些，我离开他，那时他神志清明，颇为安静，但被麻痹所苦。他为此感到不适，以至在今日下午三时至四时间他想乘马出外，好似他每逢晴天必须履行的习惯。但天气的寒冷与他头脑及腿的疲弱把他阻止了：他回来坐在炉架旁边的安乐椅中，这是他比卧床更欢喜的坐处。

他身边还有忠实的卡瓦列里。

直到他逝世的大前日，他才答应卧在床上，他在朋友与仆人环绕之中读出他的遗嘱，神志非常清楚。他把“他的灵魂赠予上帝，他的肉体遗给尘土”。他要求“至少死后要回到”他亲爱的翡冷翠。——接着，他“从骇人的暴风雨中转入甘美平和的静寂”。

这是2月中的一个星期五，下午五时。正是日落时分……“他生命的末日，和平的天国的首日！……”

终于，他休息了。他达到了他愿望的目标：他从时间中超脱了。

> 幸福的灵魂，对于他，时间不复流逝了！

这便是神圣的痛苦的生涯

在这悲剧的历史的终了，我为一项思虑所苦。我自问，在想给予一般痛苦的人以若干支撑他们的痛苦的同伴时，我会不会只把这些人的痛苦加给那些人。因此，我是否应当，如多少别人所做的那样，只显露英雄的英雄成分，而把他们的悲苦的深渊蒙上一层帷幕？

——然而不！这是真理啊！我并不许诺我的朋友们以谎骗换得的幸福，以一切代价去挣得的幸福。我许诺他们的是真理——不管它须以幸福去换来，是雕成永恒的灵魂的壮美的真理。它的气息是苦涩的，可是纯洁的：把我们贫血的心在其中熏沐一会吧。

伟大的心魂有如崇山峻岭，风雨吹荡它，云翳包围它，但人们在那里呼吸时，比别处更自由更有力。纯洁的大气可以洗涤心灵的秽浊；而当云翳破散的时候，他威临着人类了。

这座崇高的山峰，矗立在文艺复兴期的意大利，从远处，我们望见它的峻险的侧影，在无垠的青天中消失。

我不说普通的人类都能在高峰上生存。但一年一度他们应上去顶礼。在那里，他可以变换一下肺中的呼吸，与脉管中的血流；在那里，他们将感到更迫近永恒。以后，他们再回到人生的广原，心中充满了日常战斗的勇气。

罗曼·罗兰

托尔斯泰传

Лев Толстой.

1928年版序[①]

第十一版的印行适逢托尔斯泰百年诞辰的时节，因此，本书的内容稍有修改。其中增入自1910年起刊布的托氏通信。作者又加入整整的一章，述及托尔斯泰和亚洲各国——中国、日本、印度，回教国——的思想家的关系，他和甘地的关系，尤为重要。我们又录入托尔斯泰在逝死前一个月所写的一信的全文，他在其中发表无抵抗斗争的整个计划，这一计划为甘地在以后获得一种力量发挥了作用。

罗曼·罗兰

1928年8月

① 1928年版序中提到的增篇未被收入到该版次译著中。

托尔斯泰传

“最近消失的光明”

俄罗斯的伟大的心魂，百年前在大地上发着光焰的，对于我的一代来说，他曾经是照耀我们青春时代的最精纯的光彩。在十九世纪终了时阴霾重重的黄昏，它是一颗抚慰人间的巨星，它的目光足以吸引并抚慰我们青年的心魂。在法兰西，多少人认为托尔斯泰不只是一个受人爱戴的艺术家，而是一个朋友，最好的朋友，在全部欧罗巴艺术中唯一的真正的友人。既然我亦是其中的一员，我愿对于这神圣的回忆，表示我的感激与敬爱。

托尔斯泰肖像

我懂得认识托尔斯泰的日子在我的精神上将永不会磨灭。这是1886年，在幽密中胚胎萌发了若干年之后，俄罗斯艺术的美妙的花朵突然于法兰西土地上出现了。托尔斯泰与陀思妥耶夫斯基的译本在一切书店中同时发刊，而且是争先恐后般的速度与狂热。1885至1887年间，《战争与和平》《安娜小史》《童年与少年》《波利库什卡》《伊万·伊里奇之死》，高加索短篇小说和通俗短篇小说在巴黎印行了。在几个月中，儿星期中，我们眼前发现了含有整个伟大人生的作品，反映着一个民族，一个簇新的世界的作品。

那时我初入高师。我和我的同伴们，在意见上是极不相同的。在我们的小团体中，有讥讽的现实主义思想者，如哲学家乔治·杜马，有热烈的追怀意大利文艺复兴的诗人，如苏亚雷斯，有古典传统的忠实信徒，有司汤达派与瓦格纳派，有无神论者与神秘主义者，掀起多少辩论，发生多少龃龉；但在几个月之中，爱慕托尔斯泰的情操使我们完全一致了。各人以各不相同的理由爱他：因为各人在其中找到自己；而对于我们全体，又是人生的一个启示，开向广大的宇宙的一扇门。在我们周围，在我们的家庭中，在我们的外省，从欧罗巴边陲传来的巨声，唤起同样的同情，有时是意想不到的。有一次，在我故乡尼韦奈，我听见一个素来不注意艺术，对于什么也不关心的中产者，居然非常感动地谈着《伊万·伊里奇之死》。

我们的著名批评家曾有一种论见，说托尔斯泰思想中的精华都是汲取于我们的浪漫派作家：乔治·桑，维克多·雨果。不必说乔治·桑对于托尔斯泰的影响说之不伦，托尔斯泰是决不能忍受乔治·桑的思想的，也不必否认卢梭与司汤达对于托尔斯泰的实在的影响，总之，不把他的伟大与魅力认为是由于他的思想而加以怀疑，是不应当的。艺术所赖以活跃的思想圈子是最狭隘的。他的力强并不在于思想本身，而是在于他所给予思想的表情，在于个人的调子，在于艺术家的特征，在于他的生命的气息。

不论托尔斯泰的思想是否受过影响——这我们在以后可以看到——欧罗巴可从没听到像他那种声音。除了这种说法之外，我们又怎么能解释听到这心魂的音乐时所感到的怀疑的激动呢？——而这声音我们已期待得那么长久，我们的需要已那么急切。流行的风尚在我们的情操上并无什么作用。我们之中，大半都像我一样，只在读过了托尔斯泰的作品之后才认识特·沃居埃著的《俄国小说论》；他的赞美比起我们的钦佩来已经逊色多了。因为特·沃居埃特别以文学家的态度批判。但为我们，单是赞赏作品是不够的：我们生活在作品中间，他的作品已成为我们的作品了。我们的，由于他热烈的生命，由于他的心的青春。我们的，由于他苦笑的幻灭，由于他毫无怜惜的明察，由于他们与死的纠缠。我们的，由于他对于博爱与和平的梦想。我们的，由于他对于文明的谎骗，加以剧烈的攻击。且也由于他的现实主义，由于他的神秘主义。由于他具有大自然的气息，由于他对于无形的力的感觉，由于他对于无穷的眩惑。

这些作品之于今日，不啻《少年维特之烦恼》之于当时：是我们的力强、弱点、希望与恐怖的明镜。我们从未顾及要把这一切矛盾加以调和，把这颗反映着全宇宙的复杂心魂纳入狭隘的宗教的与政治的范畴；我们不愿效法人们，学着布尔热于托尔斯泰逝世之后，以个人的党派观念去批评他。仿佛我们的朋党有朝一日竟能成为天才的度衡那样！……托尔斯泰是否和我同一党派，于我又有何干？在呼吸他们的气息与沐浴他们的光华之时，我会顾忌到但丁与莎士比亚是属于何党何派的吗？

我们绝对不像今日的批评家般说："有两个托尔斯泰，一是转变以前的，一是转变以后的；一是好的，一是不好的。"对于我们，只有一个托尔斯泰，我们爱他整个。因为我们本能地感到在这样的心魂中，一切都有立场，一切都有关连。

我的童年、《高加索纪事》《哥萨克》

我们往昔不加解释而由本能来感到的，今日当由我们的理智来证实了。现在，当这长久的生命达到了终点，展露在大家眼前，没有隐蔽，在思想的国土上成为光明的太阳之时，我们能够这样做了。首先使我们惊异的，是这长久的生命自始至终没有变更，虽然人家曾想运用藩篱把它随处分隔——虽然托尔斯泰自己因为富于热情之故，往往在他相信，在他爱的时候，以为是他第一次相信，第一次爱，而认为这才是他的生命的开始。开始。重新开始。同样的转变，同样的争斗，曾在他心中发生过多少次！他的思想的统一性是无从讨论的——他的思想从来不统一的——但可注意到他种种不同的因素，在他思想上具有时而妥协时而敌对的永续性。在一个如托尔斯泰那样的人的心灵与思想上，统一性是绝对不存在的，它只存在于他的热情的斗争中，存在于他的艺术与他的生命的悲剧中。

艺术与生命是一致的。作品与生命从没比托尔斯泰的联络得更密切了：他的作品差不多时常带着自传性；自二十五岁起，它使我们一步一步紧随着他的冒险生涯的矛盾的经历。自二十岁前开始直到他逝世为止①的他

① 除了若干时期曾经中断过——尤其有一次最长的，自1865—1878年止。

的日记，和他供给比鲁科夫的记录[①]，更补充我们对于他的认识，使我们不独能一天一天地明了他的意识的演化，而且能把他的天才所胚胎，他的心灵所借以滋养的世界再现出来。

丰富的遗产，双重的世家（托尔斯泰与沃尔康斯基族），高贵的，古旧的，世裔一直可推到留里克，家谱上有承侍亚历山大大帝的人物，有七年战争中的将军，有拿破仑诸役中的英雄，有十二月党人，有政治犯。家庭的回忆中，好几个为托尔斯泰采作他的《战争与和平》中的最特殊的典型人物：如他的外祖父，老亲王沃尔康斯基，叶卡捷琳娜二世时代的伏尔泰式的专制的贵族代表；他的母亲的堂兄弟，尼古拉·格雷戈里维奇·沃尔康斯基亲王，在奥斯特利茨一役中受伤而在战场上救回来的；他的父亲，有些像尼古拉·罗斯托夫的；他的母亲，玛丽亚公主，这温婉的丑妇人，生着美丽的眼睛，丑的脸相，她的仁慈的光辉，照耀着《战争与和平》。

对于他的父母，他是不大熟知的。大家知道《童年时代》与《少年时代》中的可爱的叙述极少真实性。他的母亲逝世时，他还未满两岁。故他只在小尼古拉·伊尔捷涅耶夫的含泪的诉述中稍能回想到可爱的脸庞，老是显着光辉四射的微笑，使她的周围充满了欢乐……

“啊，如果我能在艰苦的时间窥见这微笑，我将不知悲愁为何物了……”

但她的完满的坦率，她的对于舆论的不顾忌，和她讲述她自己造出来的故事的美妙的天才，一定是传给他了。

他至少还能保有若干关于父亲的回忆。这是一个和蔼的诙谐的人，眼睛显得忧郁，在他的食邑中度过独立不羁、毫无野心的生活。托尔斯泰失怙的时候正是九岁。这死使他“第一次懂得悲苦的现实，心魂中充满了绝望”。——这是儿童和恐怖的幽灵的第一次相遇，他的一生，一部分是要战败它，一部分是在把它变形之后而赞扬它。……这种悲痛的痕迹，在《童年时代》的最后几章中有深刻的表露，在那里，回忆已变成追写他的母亲

① 托尔斯泰供给这些记录，因为比鲁科夫为托尔斯泰做了不少传记，如《生活与作品》《回忆录》《回想录》《书信》《日记选录》《传记资料汇集》等；这些作品都曾经过托尔斯泰亲自校阅，是关于托氏生涯与著作的最重要之作，亦是我参考最多的书。

的死与下葬的叙述了。

在亚斯纳亚·波利亚纳的古老的宅邸中，他们一共是五个孩子。列夫·尼古拉耶维奇即于1828年8月28日诞生于这所屋里，直到八十二年之后逝世的时光才离开。五个孩子中最幼的一个是女孩，名字叫玛丽亚，后来做了女修士。（托尔斯泰在临死时逃出了他自己的家，离别了家人，便是避到她那里去。）——四个儿子：谢尔盖，自私的，可爱的一个，“他的真诚的程度为我从未见过的”；——德米特里热情的，深藏的，在大学生时代，热烈奉行宗教，什么也不顾，持斋减食，寻访穷人，救济残废，后来突然变成放浪不羁，和他的虔诚一样暴烈，以后充满着悔恨，在娼家为一个妓女脱了籍并和她同居，二十九岁时患肺痨死了；[①]——长子尼古拉是弟兄中最被钟爱的一个，从他母亲那里承受了讲述故事的幻想，幽默的，胆怯的，细腻的性情，以后在高加索当军官，养成了喝酒的习惯，充满着基督徒的温情。他亦把他所有的财产尽行分赠穷人。屠格涅夫说他“在人生中实行谦卑，不似他的兄弟列夫徒在理论上探讨便自满了”。

在那些孩儿周围，有两个具有仁慈的心地的妇人：塔佳娜姑母，托尔斯泰说：“她有两项德行：镇静与爱。”[②]她的一生只是爱。她永远为他人舍身……

“她使我认识爱的精神上的快乐……”

另外一个是亚历山德拉姑母，她永远服侍他人而避免被他人服侍，她不用仆役，唯一的嗜好是读圣徒行传，和朝山的人与无邪的人谈话。好几个无邪的男女在他们家中寄食。其中有一个朝山进香的老妇，会背诵赞美诗的，是托尔斯泰妹妹的寄母。另外一个叫格里莎的，只知道祈祷与哭泣……

“噢，伟大的基督徒格里莎！你的信仰是那么坚强，以至你感到和神迫近，你的爱是那么热烈，以至你的言语从口中流露出来，为你的理智无法驾驭。你颂赞神的庄严，而当你找不到言辞的时候，你泪流满面着匍匐在地下！……”

---

① 托尔斯泰在《安娜·卡列尼娜》中描写他，那个人物是列文的兄弟。

② 实际上，塔佳娜已是一个远戚。她曾与托尔斯泰的父亲相爱，但如《战争与和平》中的索尼娅一般，她退让了。

这一切卑微的心灵对于托尔斯泰的成长上的影响当然是昭然若揭的事。暮年的托尔斯泰似乎已在这些灵魂上萌蘖，试练了。他们的祈祷与爱，在儿童的精神上散播了信仰的种子，到老年时便看到这种子的收获。

除了无邪的格里莎之外，托尔斯泰在他的《童年时代》中，并没提及助长他心魂的发展的这些卑微人物。但在另一方面，书中却透露着这颗儿童的灵魂，“这颗精纯的、慈爱的灵魂，如一道鲜明的光华，永远懂得发现别人的最优的品性”，和这种极端的温柔！幸福的他，只想念着他所知道的不幸者，他哭泣，他愿对他表现她的忠诚。他亲吻一匹老马，他请求原谅他使它受苦。他在爱的时候便感到幸福，即使他不被人爱亦无妨。人们已经窥到他未来的天才的萌芽：使他痛哭身世的幻想；他的工作不息的头脑——永远努力要想着一般人所想的问题；他的早熟的观察与回忆的官能；他的锐利的目光——懂得在人家的脸容上，探寻他的苦恼与哀愁。他自言在五岁时，第一次感到，“人生不是一种享乐，而是一桩十分沉重的工作”。

幸而，他忘记了这种思念。这时节，他在通俗的故事，俄罗斯的bulines神话与传说，《圣经》的史略中组织出他的幻梦来，尤其是《圣经》中约瑟的历史——在他暮年时还把他当作艺术的模范——和《天方夜谭》，这是他在祖母家里每晚听一个盲目的讲故事人坐在窗口上讲述的。

他在卡赞地方读书。成绩平庸。人家说这兄弟三人：“谢尔盖想干什么且干得成。德米特里想干却干不成。列夫不想干也干不成。”

他所经过的时期，真如他所说的“荒漠的青年时期”。荒凉的沙漠，给一阵阵狂热的疾风扫荡着。关于这个时期，《少年》，尤其是《青年》的叙述中，含有极丰富的亲切的忏悔材料。他是孤独的。他的头脑处于永远的狂热境界中。在一年内，他重新觅得并试练种种与他适当的学说。①斯多葛主义者，他从事于磨折他的肉体。伊壁鸠鲁主义者，他又纵欲无度。以后，他又相信轮回之说。终于他堕入一种错乱的虚无主义中：他似乎觉得如果他迅速地转变，他将发现虚无即在他的面前。他把自己分析，分

① 托尔斯泰爱作关于形而上的谈话，他说：“尤其因为这种谈话是那么抽象，那么暗晦，令人相信他说的话确是所想的，其实是完全说了别种事情。”（《少年时代》第二十七章）

析……

> 我只想着一样，我想我想着一样……

这永无休止的自我剖析，这推理的机能，自然容易陷于空虚，而且对于他成为一种危险的习惯，“在生活中时常妨害他”，据他自己说，但同时却是他的艺术的最珍贵的泉源。

在这精神活动中，他失了一切信念：至少，他是这样想。十六岁，他停止祈祷，不到教堂去了。[①]但信仰并未死灭，它只是潜匿着。

> 可是我究竟相信某种东西。什么？我不能说。我还相信神，或至少我没有否认它。但何种神？我不知道。我也不否认基督和他的教义；但建立这教义的立场，我却不能说。

有时，他沉迷于慈悲的幻梦中。他曾想卖掉他的坐车，把卖得的钱分给穷人，也想把他的十分之一的家财为他们牺牲，他自己可以不用仆役……“因为他们是和我一样的人”。在某次病中，他写了一部《人生的规则》。他在其中天真地指出人生的责任，“须研究一切，一切都要加以深刻的探讨：法律、医学、语言、农学、历史、地理、数学，在音乐与绘画中达到最高的顶点……”他“相信人类的使命在于他的自强不息地追求完美”。

然而不知不觉地，他为少年的热情、强烈的性感与夸大的自尊心所驱使，以至这种追求完美的信念丧失了无功利观念的性质，变成了实用的与物质的了。他之所以要求他的意志、肉体与精神达到完美，无非是因为要征服世界，获得全人类的爱戴。他要取悦于人。

这却不是一件容易的事。他如猿猴一般地丑陋：粗犷的脸，又是长又是笨重，短发覆在前额，小小的眼睛深藏在阴沉的眼眶里，瞩视时非常严峻，宽大的鼻子，往前突出的大唇，宽阔的耳朵。[②]因为无法改变这丑相，

① 这是托尔斯泰读伏尔泰的作品极感乐趣的时期。（《忏悔录》第一章）

② 根据1848年，托尔斯泰二十岁时的一幅肖像。

在童年时，他已屡次感到绝望的痛苦[①]，他自命要实现成为“一个体面人”[②]。这种理想，因为要做得像别个“体面人”一样，引导他去赌博，借债，彻底地放荡。[③]

一件东西永远救了他：他的绝对的真诚。

“你知道我为何爱你甚于他人，”涅赫留多夫和他说，“你具有一种可惊的少有的品性：坦白。”

“是的，我老是说出我自己也要害羞的事情。”

在他最放荡的时候，他亦以犀利的明察的目光批判。

“我完全如畜类一般地生活，”他在《日记》中写道，“我是堕落了。”

用分析法，他仔仔细细记出他的错误的原因：

> 一、犹疑不定或缺乏魄力；——二、自欺；——三、操切；——四、无谓的羞惭；——五、心绪恶劣；——六、迷惘；——七、模仿性；——八、浮躁；——九、不加考虑。

就是这种独立不羁的判断，在大学生时代，他已应用于批评社会法统与知识的迷信。他瞧不起大学教育，不愿做正当的历史研究，为了思想的狂妄被学校处罚。这时代，他发现了卢梭，《忏悔录》《爱弥儿》。对于他，这是一个晴天霹雳。

> 我向他顶礼。我把他的肖像悬在颈下如圣像一般。

他最初的几篇哲学论文便是关于卢梭的诠释（1846—1847）。

然而，对于大学和“体面人”都厌倦了，他重新回来住在他的田园

① “我自己想，像我这样一个鼻子那么宽，口唇那么大，眼睛那么小的人，世界上是没有他的快乐的。”（《童年时代》第十七章）此外，托尔斯泰悲哀地说起“这副没有表情的脸相，这些软弱的，不定的，不高贵的线条，只令人想起那些乡人，还有这双太大的手与足”。（《童年时代》第一章）

② “我把人类分作三类：体面的人，唯一值得尊敬的；不体面的人，该受轻蔑与憎恨的；贱民，现在是没有了。”（《青年时代》第三十一章）

③ 尤其当托尔斯泰逗留圣彼得堡的时代（1547—1548年）。

中，在亚斯纳亚·波利亚纳故乡（1847—1851）；他和民众重新有了接触，他借口要帮助他们，成为他们的慈善家和教育家。他在这时期的经验在他最初几部作品中便有叙述，如《一个绅士的早晨》（1852），一篇优异的小说，其中的主人翁便是他最爱用的托名：涅赫留多夫亲王。[①]

涅赫留多夫二十岁。他放弃了大学去为农民服务。一年以来他干着为农民谋福利的工作；其次，去访问一个乡村，他遭受了似嘲似讽的淡漠，牢不可破的猜疑，因袭，浑噩，下流，无良……他一切的努力都是枉费。回去时他心灰意懒，他想起他一年以前的幻梦，想起他的宽宏的热情，想起他当年的理想，“爱与善是幸福，亦是真理，世界上唯一可能的幸福与真理”。他觉得自己是战败了。他羞愧而且厌倦了。

> 坐在钢琴前面，他的手无意识地按着键盘。奏出一个和音，接着第二个，第三个……他开始弹奏。和音并不完全是正则的；往往它们平凡到庸俗的程度，丝毫表现不出音乐天才；但他在其中感到一种不能确定的、悲哀的乐趣。每当和音变化时，他的心跳动着，等待着新的音符来临，他以幻想来补足一切缺陷。他听到合唱，听到乐队……而他的主要乐趣便是由于幻想的被迫的活动，这些活动显示给他最多变的关于过去与未来的形象与情景，无关联的，但是十分明晰……

他重复看到刚才和他谈话的农人，下流的，猜疑的，说谎的，懒的，顽固的；但此刻他所看到的他们，只是他们的好的地方而不是坏处了；他以爱的直觉透入他们的心；在此，他窥到他们对于压迫他们的运命所取的忍耐与退让的态度，他们对于一切褊枉的宽恕，他们对于家庭的热情，和他们对于过去所以具有因袭的与虔敬的忠诚之原因。他唤起他们劳作的日子，疲乏的，可是健全的……

“这真美，”他喃喃地说……“我为何不成为他们中的一员呢？”

---

① 在《少年时代》与《青年时代》中，在《支队中的相遇》中，在《琉森》中，在《复活》中，都有涅赫留多夫这个人物。——但当注意这个名字是代表各种不同的人物。托尔斯泰也并不使他保留着同样的生理上的容貌，涅赫留多夫在《射击手日记》的终了是自杀的。这是托尔斯泰的各种化身，有时是最好的，有时是最坏的。

整个的托尔斯泰已包藏在第一篇短篇小说的主人翁中：在他的明确而持久的视觉中，他用一种毫无缺陷的现实主义来观察人物；但他闭上眼睛时，他重又沉入他的幻梦，沉入他对于人类中的爱情中去了。

但1850年左右的托尔斯泰并没如涅赫留多夫那般忍耐。亚斯纳亚令他失望，他对于民众亦如对于优秀阶级一样地厌倦了；他的职分使他觉得沉重，他不复能维持下去。此外，他的债权人紧逼着他。1851年，他避往高加索，遁入军队中，藏在已经当了军官的哥哥尼古拉那里。

一到群山环绕的清明的境域，他就立刻恢复了，他重新觅得了上帝：

> 昨夜，我差不多没有睡觉……我向神祈祷。我无法描写在祈祷时所感到的情操的甘美。我先背诵惯例的祷文，以后我又祈祷了长久。我愿欲什么十分伟大的，十分美丽的东西……什么？我不能说。我欲把我和“神”融合为一，我请求他原谅我的过失……可是不，我不请求这个，我感到，既然他赐予我这最幸福的时间，他必已原谅我了。我请求，而同时我觉得我无所请求，亦不能且不知请求。我感谢了他，不是用言语，亦不是在思想上……仅仅一小时之后，我又听到罪恶的声音。我在梦着光荣与女人的时候睡着了，这比我更强力。不打紧！我感谢神使我有这一刻看到我的渺小与伟大的时间。我欲祈祷，但我不知祈祷；我欲彻悟，但我不敢。我完全奉献给你的意志！

肉体并未战败（它从没有被战败），情欲与神的争斗秘密地在心中进展。在《日记》中，托尔斯泰记述三个侵蚀他的魔鬼：

> 一、赌博欲　可能战胜的。
> 二、肉欲　极难战胜的。
> 三、虚荣欲　一切中最可怕的。

在他梦想着要献给别人而牺牲自己的时候，肉欲或轻浮的思想同时占据着他：某个高加索妇人的形象使他迷恋，或是“他的左面的胡须比右面的竖得高时会使他悲哀。”——“不妨！”神在这里，他再也不离开他了。

即使斗争的骚乱也含有繁荣之机，一切的生命力都受着激励了。

> 我想我当初要到高加索旅行的轻佻的思念，实在是至高的主宰给我的感应。神灵的手指点着我，我不息地感谢他。我觉得在此我变得好了一些，而我确信我一切可能的遭遇对于我只会是福利，既然是神自己的意志要如此……

这是大地向春天唱它感谢神恩的歌。它布满了花朵。一切都好，一切都美。1852年，托尔斯泰的天才吐出它初期的花苞：《童年时代》《一个绅士的早晨》《侵略》《少年时代》；他感谢使他繁荣的上帝。

《我的童年的历史》于1851年秋在蒂弗里斯地方开始，1852年7月2日在高加索皮亚季戈尔斯克地方完成。这是很奇怪的：在使他陶醉的自然界中，在簇新的生活里，在战争的惊心动魄的危险中，在一心要发现为他所从未认识的热情的世界时，托尔斯泰居然会在这第一部作品中追寻他过去生活的回忆。但当他写《童年时代》时，他正病着，军队中的服务中止了；在长期休养的闲暇中，又是孤独又是痛苦，正有感伤的倾向，过去的回忆便在他温柔的眼前展现了。最近几年的颓废生活，使他感到筋疲力尽般的紧张之后，去重温“无邪的，诗意的，快乐的，美妙的时期”的幼年生活，追寻“温良的，善感的，富于情爱的童心”，于他自另有一番甜蜜的滋味。而且充满了青春的热情，怀着无穷尽的计划，他的循环式的诗情与幻想，难得采用一个孤独的题材，他的长篇小说，实在不过是他从不能实现的巨大的历史的一小系罢了；这时节，托尔斯泰把他的《童年时代》只当作《一生四部曲》的首章，它原应将他的高加索生活也包括在内，以由自然而获得神的启示一节为终结的。

以后，托尔斯泰对于这部助他成名的著作《童年时代》，表示十分严酷的态度。

——“这真糟透了，”他和比鲁科夫说，“这部书缺少文学的诚实！……其中简直没有什么可取。”

但只有他一个人抱有这种见解。本书的原稿，不写作者的名字，寄给俄罗斯的有名的大杂志《现代人》，立刻被发表了（1852年9月6日），而且获得普遍的成功，为欧罗巴全部的读者所一致确认的。然而，虽然其中含有魅人的诗意，细腻的笔致，精微的情感，我们可以懂得以后它会使托尔斯泰憎厌。

它使他憎厌的理由正是使别人爱好的理由。我们的确应当说：除了若干地方人物的记载与极少数的篇幅中含有宗教情操，与感情的现实意味[①]足以动人之外，托尔斯泰的个性在此表露得极少。书中笼罩着一种温柔的感伤情调，为以后的托尔斯泰所表示反感，也是他在别的小说中所摒除的。这感伤情调，我们是熟识的，我们熟识这些幽默和热泪；它们是从狄更斯那里来的。在他八十一年的最爱的读物中，托尔斯泰在日记中说过："狄更斯的《大卫·科波菲尔》产生了巨大的影响。"他在高加索时还在重新浏览这部小说。

他自己所说的还有两种影响：斯特恩[②]与特普费尔。"我那时，"他说，"受着他们的感应。"

谁会想到《日内瓦短篇》竟是《战争与和平》的作者的第一个模型呢？可是一经知道，便不难在《童年时代》中找到它们热情而狡黠的纯朴移植在一个更为贵族的天性中的痕迹。

因此，托尔斯泰在初期，对于群众已是一个曾经相识的面目。但他的个性不久便开始肯定了。不及《童年时代》那么纯粹那么完美的《少年时代》(1853)，指示出一种更特殊的心理，对于自然的强烈的情操，一颗为狄更斯与特普费尔所没有的苦闷的心魂。《一个绅士的早晨》(1852年10月)中，托尔斯泰的性格，他观察的大胆真诚，对于爱的信心，都显得明白地形成了。这短篇小说中，他所描绘的若干农人的出色的肖像已是《民间故事》中最美的描写的发端；例如他的《养蜂老人》在此已可窥见它的轮廓：在桦树下的矮小的老人，张开着手，眼睛望着上面，光秃的头在太阳中发光，成群的蜜蜂在他周围飞舞，不刺他而在他头顶上环成一座冠冕……

但这时期的代表作却是直接灌注着他当时的情感之作，如《高加索纪事》。其第一篇《侵略》(完成于1852年12月24日)，其中壮丽的景色，尤足动人：在一条河流旁边，在万山丛中的日出；以强烈生动的笔致写出阴

① 朝山者格里莎，或母亲的死。

② 斯特恩，18世纪英国作家。

影与声音的夜景；而晚上，当积雪的山峰在紫色的雾氛中消失的时候，士兵的美丽的歌声在透明的空气中飘荡。《战争与和平》中的好几个典型人物在此已在尝试着生活了：如赫洛波夫大尉那个真正的英雄，他的打仗，绝非为了他个人的高兴而因为这是他的责任。他是“那些朴实的，镇静的，令人欢喜用眼睛直望着他的俄罗斯人物”中之一员。笨拙的，有些可笑的，从不理会他的周围的一切，在战事中，当大家都改变时，他一个人却不改变；“他，完全如人家一直所见的那样：同样镇静的动作，同样平稳的声调，在天真而阴郁的脸上亦是同样质朴的表情”。在他旁边，一个中尉，扮演着莱蒙托夫的主人翁，他的本性是善良的，却装作似乎粗野蛮横。还有那可怜的少尉，在第一仗上高兴得了不得，可爱又可笑的，准备抱着每个人的颈项亲吻的小家伙，愚蠢地死于非命，如彼佳·罗斯托夫。在这些景色中，显露出托尔斯泰的面目，冷静地观察着而不参与他的同伴们的思想；他已经发出反对战争的呼声：

> 在这如此美丽的世界上，在这广大无垠、星辰密布的天空之下，人们难道不能安适地生活吗？在此，他们怎能保留着恶毒、仇恨和毁灭同类的情操？人类心中一切恶的成分，一经和自然接触便应消灭，因为自然是美与善的最直接的表现。

在这时期观察所得的别的高加索纪事，到了1854至1855年间才写成，例如《伐木》，一种准确的写实手法，稍嫌冷峻，但充满了关于俄罗斯军人心理的奇特的记载——这是预示未来的记录；1856年又写成《在别动队中和一个莫斯科的熟人的相遇》，描写一个失意的上流人物，变成一个放浪的下级军官，懦怯、酗酒、说谎，他甚至不能如他所轻视的士兵一般，具有被杀的意念，他们中最渺小的也要胜过他百倍。

在这一切作品之上，矗立着这第一期山脉的最高峰，托尔斯泰最美的抒情小说之一，是他青春的歌曲，亦是高加索的颂诗：《哥萨克》。白雪连绵的群山，在光亮的天空映射着它们巍峨的线条，它们的诗意充满了全书。在天才的开展上，这部小说是独一无二之作，正如托尔斯泰所说的：“青春的强有力的神威，永远不能复得的天才的飞跃。”春泉的狂流！爱情的洋溢！

我爱，我那么爱！……勇士们！善人们！他反复地说，他要哭泣。为什么？谁是勇士？他爱谁？他不大知道。

这种心灵的陶醉，无限制地流溢着。书中的主人翁奥列宁和托尔斯泰一样，到高加索来寻求奇险的生活；他迷恋了一个高加索少女，沉浸入种种矛盾的希望中。有时他想，“幸福，是为别人生活，牺牲自己”，有时他想，“牺牲自己只是一种愚蠢”；于是他简直和高加索的一个老人叶罗什卡同样地想：“一切都是值得的。神造出一切都是为了人类的欢乐。没有一件是犯罪。和一个美丽的女子玩不是一桩罪恶而是灵魂得救。”可是又何用思想呢？只要生存便是。生存是整个的善，整个的幸福，至强的、万有的生命：“生”即是神。一种狂热的自然主义煽惑而且吞噬他的灵魂。他迷失在森林中，“周围尽是野生的草木，无数的虫鸟，结队的蚊蚋，黝暗的绿翳，温暖而芬芳的空气，在草叶下面到处潜流着浊水”，离开敌人的陷阱极近的地方，奥列宁“突然感到无名的幸福，依了他童时的习惯，他画着十字，感谢着什么人”。如一个印度的托钵僧一般，他满足地说，他独自迷失在吸引着他的人生的漩涡中，到处潜伏着的无数看不见的生物窥伺着他的死，成千成万的虫类在他周围嗡嗡地互相喊着：

——这里来，这里来，同伴们！瞧那我们可以刺一下的人！

显然，他在此不复是一个俄国士绅，莫斯科的社会中人，某人某人的朋友或亲戚，而只是一个生物，如蚊蚋，如雉鸟，如麋鹿，如在他周围生存着徘徊着一切生物一样。

——他将如它们一般生活，一般死亡。“青草在我上面生长。……”

而他的心是欢悦的。

在青春的这一个时间，托尔斯泰生活在对于力、对于人生之爱恋的狂热中。他抓扼自然而和自然融化，他对着自然发泄他的悲愁、他的欢乐和他的爱情。但这种罗曼蒂克的陶醉，从不能淆乱他的清晰的目光。更无别的足以和这首热烈的诗相比，更无别的能有本书中若干篇幅的强有力的描写，和真切的典型人物的刻画。自然与人间的对峙，是本书的中心思想，亦是托尔斯泰一生最爱用的主题之一，他的信条之一，而这种对峙已使他找到《克勒策奏鸣曲》的若干严酷的语调，以指责人间的喜剧。但对于一切他所爱的人，他亦同样地真实；自然界的生物，美丽的高加索女子和他朋友们都受着他明辨的目光烛照，他们的自私、贪婪、狡狯恶习，一一描画无遗。

高加索，尤其使托尔斯泰唤引起他自己生命中所蓄藏的深刻的宗教性。人们对于这真理精神的初次昭示往往不加相当的阐发。他自己亦是以保守秘密为条件才告诉他青春时代的心腹、他年轻的亚历山德拉·安德烈耶芙娜姑母。在1859年5月3日的一封信中，他向她“发表他的信仰”：

> 儿时，我不假思想，只以热情与感伤而信仰。十四岁时，我开始思虑着人生问题；而因为宗教不能和我的理论调和，我把毁灭宗教当作一件值得赞美的事……于我一切是明白的、论理的，一部一部分析得很好的，而宗教，却并没安插它的地位……以后，到了一个时期，人生于我已毫无秘密，但在那时起，人生亦开始丧失了它的意义。那时候——这是在高加索——我是孤独的，苦恼的。我竭尽我所有的精神力量，如一个人一生只能这样地做一次的那样。……这是殉道与幸福的时期。我从来（不论在此时之前或后）没有在思想上达到那样崇高的地位，我不曾有如这两年中的深刻的观察，而那时我所找到的一切便成为我的信念……在这两年的持久的灵智工作中，我发现一条简单的，古老的，但为我是现在才知道而一般人尚未知道的真理；我发现人类有一点不朽性，有一种爱情，为要永久幸福起见，人应当为了别人而生活。这些发现使我非常惊讶，因为它和基督教相似；于是我不复向前探寻而到《圣经》中去求索了。但我找不到什么东西。我既找不到神，亦找不到救主，更找不到圣典，什么都没有……但我竭尽我灵魂的力量寻找，我哭泣，我痛苦，我只是欲求真理……这样，我和我的宗教孤独地在一起了。

在信末，他又说：

> 明白了解我啊！……我认为，没有宗教，人是既不能善，亦不能幸福；我愿占有它较占有世界上任何东西都更牢固；我觉得没有它我的心会枯萎……但我不信仰。为我，是人生创造了宗教，而非宗教创造人

生……我此时感到心中那么枯索，需要一种宗教。神将助我。这将会实现……自然对于我是一个引路人，它能导引我们皈依宗教，每人有他不同而不认识的道路；这条路，只有在每人的深刻处才能找它……

《塞瓦斯托波尔纪事》《三个死者》

1853年11月，俄罗斯向土耳其宣战。托尔斯泰初时在罗马尼亚军队中服务，以后又转入克里米亚军队，1854年11月7日，他到塞瓦斯托波尔。他胸中燃烧着热情与爱国心。他勇于尽责，常常处于危险之境，尤其在1855年4月至5月间，他三天中轮到一天在第四棱堡的炮台中服务。

成年累月地生活于一种无穷尽的紧张与战栗中，和死正对着，他的宗教神秘主义又复活了。他和神交谈着。1855年4月，他在《日记》中记有一段祷文，感谢神在危险中保护他并请求他继续予以默佑，“以便达到我尚未认识的，生命的永恒的与光荣的目的……”他的这个生命的目的，并非是艺术，而已是宗教。1855年3月5日，他写道：

> 我已归结到一个伟大的思想，在实现这思想上，我感到可以把我整个的生涯奉献给它。这思想，是创立一种新宗教，基督的宗教，但其教义与神秘意味是经过澄清的……用极明白的意识来行动，以便把宗教来结合人类。

这将是他暮年时的问题。

可是，为了要忘掉眼前的情景起见，他重新开始写作。在枪林弹雨之下，他怎么能有必不可少的精神上的自由来写他的回忆录的第三部《青年时代》？那部书是极混沌的：它的紊乱，及其抽象分析的枯索，如司汤达式的层层推进的解剖，大抵是本书诞生时的环境造成的。[①]但一个青年的头脑

① 在同时代完成的《伐木》一著中，亦有此等方式。例如：“爱有三种：一、美学的爱；二、忠诚的爱；三、活跃的爱；等等。”（《青年时代》）——或如：“兵有三种：一、服从的；二、横暴的；三、伪善的；——他们更可分为：A.冷静的服从者；B.逢迎的服从者；C.酗酒的服从者；等等。”（见《伐木》）

中所展演的模糊的幻梦与思想，他竟对此有镇静深刻的探索，亦未始不令人惊叹。作品显得对于自己非常坦率。而在春日的城市写景，忏悔的故事，为了已经遗忘的罪恶而奔往修道院去的叙述中，又有多少清新的诗意！一种热烈的泛神论调，使他书中若干部分含有一种抒情的美，其语调令人回想起《高加索纪事》。例如这幅夏夜的写景：

> 新月发出它沉静的光芒。池塘在闪耀。老桦树的茂密的枝叶，一面在月光下显出银白色，另一面，它的黑影掩蔽着棘丛与大路。鹌鹑在塘后鸣噪。两棵老树互相轻触的声息，不可闻辨。蚊蝇嗡嗡，一只苹果坠在枯萎的落叶上，青蛙一直跳上阶石，绿色的背在月下发光……月渐渐上升悬在天空，普照宇宙；池塘的光彩显得更明亮，阴影变得更黝黑，光亦愈透明……而我，微贱的虫蛆，已经沾染着一切人间的热情，但因了爱情的巨力，这时候，自然，月，和我，似乎完全融成一片。

但当前的现实，在他心中较之过去的梦景更有力量；它迫使他注意。《青年时代》因此没有完成；而这位伯爵列夫·托尔斯泰中队副大尉，在棱堡的障蔽下，在隆隆的炮声中，在他的同伴间，观察着生人与垂死者，在他的不可磨灭的《塞瓦斯托波尔纪事》中写出他们的和他自己的凄怆。

这三部纪事——《1854年12月之塞瓦斯托波尔》《1855年5月之塞瓦斯托波尔》《1855年8月之塞瓦斯托波尔》——往常是被人笼统地加以同一地来批判的。但它们实在是十分歧异的。尤其是第二部，在情操上，在艺术上，与其他两部不同。第一、第三两部被爱国主义统治着；第二部则含有确切不移的真理。

据说俄国皇后读了第一部纪事之后，不禁为之下泪，以至沙皇在惊讶叹赏之中下令把原著译成法文，并下令把作者移调，离开危险区域。这是我们很能了解的。在此只有鼓吹爱国与战争的成分。托尔斯泰入伍不久；他的热情没有动摇；他沉溺在英雄主义中。他在卫护塞瓦斯托波尔的人中还未看出野心与自负心，还未窥见任何卑鄙的情操。对于他，这是崇高的史诗，其中的英雄“堪与希腊的媲美”。此外，在这些纪事中，毫无经过想象方面的努力的痕迹，毫无客观表现的试练；作者只是在城中闲步；他以清明的目光观看，但他讲述的方式，却太拘谨：“你看……你进入……你注意……”这是巨帙的新闻记录加入对于自然的美丽的印象作为穿插。

第二幕情景是全然不同的：《1855年5月之塞瓦斯托波尔》。篇首，我们即读到：

> 千万的人类自尊心在这里互相冲撞，或在死亡中寂灭……

后面又说：

> ……因为人是那么多，故虚荣亦是那么多……虚荣，虚荣，到处是虚荣，即是在墓门前面！这是我们这世纪的特殊病……为何荷马与莎士比亚时之辈谈着爱、光荣与痛苦，而我们这世纪的文学只是虚荣者和趋崇时尚之徒的无穷尽的故事呢？

纪事不复是作者的简单的叙述，而是直接使人类与情欲角逐，暴露英雄主义的背面。托尔斯泰犀利的目光在他同伴们的心底探索；在他们心中如在他自己心中一样，他看到骄傲，恐惧，死在临头尚在不断地演变的世间的喜剧。尤其是恐惧被他确切认明了，被他揭除了面幕，赤裸裸地发露了。这无穷的危惧，这畏死的情操，被他毫无顾忌、毫无怜惜地剖解了，他的真诚竟至可怕的地步。[①]在塞瓦斯托波尔，托尔斯泰的一切的感伤情调尽行丧失了，他轻蔑地指为“这种浮泛的，女性的，只知流泪的同情”。他的分析天才，在他少年时期已经觉醒，有时竟含有病态，[②]但这项天才，从没有比描写普拉斯胡辛之死达到更尖锐，更富幻想的强烈程度。当炸弹堕下而尚未爆烈的一秒钟内，不幸者的灵魂内所经过的情景，有整整两页的描写——另外一页是描写当炸弹爆烈之后，“都受着轰击马上死了”，这一刹那间的胸中的思念。

---

① 许多年以后，托尔斯泰重复提及这时代的恐惧。他向他的朋友捷涅罗莫述及他有一夜睡在壕沟掘成的卧室中恐怖到极点的情景。

② 稍后，德鲁日宁友谊地叮嘱托尔斯泰当心这危险：“你倾向于一种极度缜密的分析精神；它可以变成一个大缺点。有时，你竟会说出：某人的足踝指出他有往印度旅行的欲愿……你应当抑制这倾向，但不要无缘无故地把它完全阻塞了。”（1856年书）

仿如演剧时休息期间的乐队一般，战场的景色中展开了鲜明的大自然，阴云远去，豁然开朗，而在成千成万的人呻吟转侧的庄严的沙场上，发出白日的交响曲，于是基督徒托尔斯泰，忘记了他第一部叙述中的爱国情调，诅咒那违叛神道的战争：

而这些人，这些基督徒——在世上宣扬伟大的爱与牺牲的律令的人，看到了他们所做的事，在赐予每个人的心魂以畏死的本能与爱善爱美的情操的神前，竟不跪下忏悔！他们竟不流着欢乐与幸福的眼泪而互相拥抱，如同胞一般！

在结束这一短篇时——其中的惨痛的语调，为他任何别的作品所尚未表现过的——托尔斯泰怀疑起来。也许他不应该说话的？

一种可怕的怀疑把我压抑着。也许不应当说这一切。我所说的，或即是恶毒的真理之一，无意识地潜伏在每个人的心魂中，而不应当明言以致它成为有害，如不当搅动酒糟以免弄坏了酒一样。那里是应当避免去表白的罪恶？哪里是应当模仿的、美的表白？谁是恶人谁是英雄？一切都是善的，一切亦都是恶的……

但他高傲地镇定了：

我这短篇小说中的英雄，为我全个心魂所爱的，为我努力表现他全部的美的，他不论在过去，现在或将来，永远是美的，这即是真理本身。

读了这几页[①]，《现代人》杂志的主编涅克拉索夫写信给托尔斯泰说：

这正是今日俄国社会所需要的：真理，真理自果戈理死后俄国文学上所留存极少的……你在我们的艺术中所提出的真理对于我们完全是新的东西。我只怕一件：我怕时间，人生的懦怯，环绕我们的一切

① 这几页是被检查处禁止刊载的。

昏聩痴聋会把你收拾了，如收拾我们中大半的人一样——换言之，我怕它们会消灭你的精力。

可是不用怕这些。时间会消磨常人的精力，对于托尔斯泰，却更加增他的精力。但即在那时，严重的困难，塞瓦斯托波尔的失陷，使他在痛苦的虔敬的情操中悔恨他的过于严正的坦白。他在第三部叙述——《1855年8月之塞瓦斯托波尔》——中，讲着两个因赌博而争吵的军官时，他突然中止了叙述，说：

但在这幅景象之前赶快把幕放下吧。明日，也许今天，这些人们将快乐地去就义。在每个人的灵魂中，潜伏着高贵的火焰，有一天会使他成为一个英雄。

这种顾虑固然没有丝毫减弱故事的写实色彩，但人物的选择已可相当地表现作者的同情了。马拉科夫的英雄的事迹和它的悲壮的失陷，便象征在两个动人的高傲的人物中：这是弟兄俩，哥哥名叫科泽尔特佐夫大佐，和托尔斯泰颇有相似之处，另外一个是沃洛佳旗手，胆怯的、热情的、狂乱的独白，种种的幻梦，温柔的眼泪，无缘无故会淌出来的眼泪，怯弱的眼泪，初入棱堡时的恐怖，（可怜的小人儿还怕黑暗，睡眠时把头藏在帽子里）因为孤独和别人对他的冷淡而感到苦闷，以后，当时间来到时，他却在危险中感到快乐。这一个是属于一组富有诗意的面貌的少年群的，他们（如《战争与和平》中的彼佳和《侵略》中的少尉）心中充满了爱，高兴地笑着去打仗，却突然莫名其妙地在死神前折丧了。弟兄俩同日——守城的最后一天——受创死了。那篇小说便以怒吼着爱国主义的呼声的句子结束了：

军队离开了城。每个士兵，望着失守的塞瓦斯托波尔，心中怀着一种不可辨别的悲苦，叹着气把拳头向敌人遥指着。[①]

---

① 1889年，托尔斯泰为叶尔乔夫的《一个炮队军官的塞瓦斯托波尔回忆录》作序时重新在思想上追怀到这些情景。一切带有英雄色彩的往事都消失了。他只想起七日七夜的恐怖，——双重的恐怖：怕死又是怕羞——可怕的精神苦痛。一切守城的功勋，为他是“曾经做过炮铳上的皮肉”。

从这地狱中出来——在一年中，他触到了情欲、虚荣与人类痛苦的底蕴——1855年11月，托尔斯泰周旋于圣彼得堡的文人中间，他对于他们感着一种憎恶与轻蔑。他们的一切于他都显得是卑劣的、谎骗的。从远处看，这些人似乎是在艺术的光威中的人物——即如屠格涅夫，他所佩服而最近把他的《伐木》题赠给他的——近看却使他悲苦地失望了。1856年时代的一幅肖像，正是他处于这个团体中时的留影：屠格涅夫，冈察洛夫，奥斯特洛夫斯基，格里戈罗维奇，德鲁日宁。在别人那种一任自然的态度旁边，他的禁欲的、严峻的神情，瘦骨嶙峋的头，深凹的面颊，僵直地交叉着的手臂，显得非常显眼。穿着军服，立在这些文学家后面，正如苏亚雷斯所写："他不似参与这集团，更像是看守这些人物。竟可说他准备着把他们押送到监狱中去的样子。"

可是大家都恭维这初来的年轻的同道，他是拥有双重的光荣：作家兼塞瓦斯托波尔的英雄。屠格涅夫，在读着塞瓦斯托波尔的各幕时哭着喊Hourra①，此时亲密地向他伸着手，但两人不能谅解。他们固然具有同样清晰的目光，他们在视觉中却灌注入两个敌对的灵魂色彩：一个是幽默的，颤动的，多情的，幻灭的，迷恋美的；另一个是强项的，骄傲的，为着道德思想而苦闷的，孕育着一个尚在隐蔽之中的神道的。

托尔斯泰所尤其不能原谅这些文学家的，是他们自信为一种优秀阶级，自命为人类的首领。在对于他们的反感中，他仿佛如一个贵族、一个军官对于放浪的中产阶级与平庸文人那般骄傲。还有一项亦是他的天性的特征——他自己亦承认——便是"本能地反对大家所承认的一切判断"。②对于人群表示猜疑，对于人类理性含藏着幽密的轻蔑，这种性情使他到处发觉自己与他人的欺罔及谎骗。

他永远不相信别人的真诚。一切道德的跃动于他显得是虚伪的。他对于一个为他觉得没有说出实话的人，惯用他非常深入的目光逼视

① 音译词：乌拉。俄语用作表达强烈情感的语气词，无具体含义。——编注

② "我的一种性格，不论是好是坏，但为我永远具有的，是我不由自主地老是反对外界的带有传染性的影响：我对于一般的潮流感着厌恶。"（致比鲁科夫书）

着他……

他怎样地听着！他用深陷在眼眶里的灰色的眼睛怎样地直视着他的对手！他的口唇抿紧着，用着何等的讥讽的神气！

屠格涅夫说，他从没有感得比他这副尖锐的目光，加上两三个会令人暴跳起来的恶毒的词句，更难堪的了。

托尔斯泰与屠格涅夫第一次会见时即发生了剧烈的冲突。[①]远离之后，他们都镇静下来努力要互相表示公道。但时间只使托尔斯泰和他的文学团体分隔得更远。他不能宽恕这些艺术家一方面过着堕落的生活，一方面又宣扬什么道德。

我相信差不多所有的人，都是不道德的，恶的，没有品性的，比我在军队流浪生活中所遇到的人要低下得多。而他们竟对自己很肯定，快活，好似完全健全的人一样。他们使我憎厌。

他和他们分离了。但他在若干时期内还保存着如他们一样的对于艺术的功利观念。他的骄傲在其中获得了满足。这是一种酬报丰富的宗教；它能为你挣得“女人、金钱、荣誉……”。

我曾是这个宗教中的要人之一。我享有舒服而极有利益的地位……

为要完全献身给它，他辞去了军队中的职务（1856年11月）。

但像他那种性格的人不能长久闭上眼睛的。他相信，愿相信进步。他

① 1861年，两人发生最剧烈的冲突，以致终身不和。屠格涅夫表示他的泛爱人间的思想，谈着他的女儿所干的慈善事业。可是对于托尔斯泰，再没有比世俗的浮华的慈悲使他更愤怒的了——“我想，”他说，“一个穿装得很考究的女郎，在膝上拿着些龌龊的破衣服，不啻是扮演缺少真诚性的喜剧。”争辩如是发生。屠格涅夫大怒，威吓托尔斯泰要掴他的颊。托尔斯泰勒令当时便用手枪决斗以赔偿名誉。屠格涅夫就他的鲁莽后悔，写信向他道歉。但托尔斯泰绝不原谅。在二十年之后，在1878年，还是托尔斯泰忏悔着他过去的一切。在神前捐弃他的骄傲，请求屠格涅夫宽恕他。

觉得“这个名辞有些意义”。到外国旅行了一次——1857年1月29日起至7月30日止，法国，瑞士，德国——这个信念亦为之动摇了。1857年4月6日，在巴黎看到执行死刑的一幕，指示出他“对于进步的迷信亦是空虚的……”。

> 当我看到头从人身上分离了滚到篮中去的时候，在我生命的全力上，我懂得现有的维持公共治安的理论，没有一条足以证明这种行为的合理。如果全世界的人，依据着若干理论，认为这是必需的，我，我总认为这是不应该的，因为可以决定善或恶的，不是一般人所说的和所做的，而是我的心。

1857年7月7日，在卢塞恩看见寓居施魏策尔霍夫的英国富翁不愿对一个流浪的歌者施舍，这幕情景使他在《涅赫留多夫亲王日记》中写出他对于一切自由主义者的幻想，和那些“在善与恶的领域中唱着幻想的高调的人”的轻蔑。

> 为他们，文明是善，野蛮是恶；自由是善，奴隶是恶。这些幻想的认识却毁灭了本能的、原始的最好的需要。而谁将和我确言何谓自由，何谓奴隶，何谓文明，何谓野蛮？哪里善与恶才不互存并立呢？我们只有一个可靠的指引者，便是鼓励我们互相亲近的普在的神灵。

回到俄罗斯，到他的本乡亚斯纳亚，他重新留意农人运动。[①]这并非是他对于民众已没有什么幻想。他写道：

> 民众的宣道者徒然那么说，民众或许确是一般好人的集团；然而

① 从瑞士直接回到俄罗斯时，托尔斯泰发现“在俄国的生活是一桩永久的痛苦！……”“在艺术、诗歌与友谊的世界内有一个托庇之所是好的。在此，没有一个人感到惶乱……我孤独着，风在吹啸；外面天气严寒；一切都是脏的，我可怜地奏着贝多芬的一曲‘行板’；用我冻僵的手指，我感动地流泪；或者我读着《伊利亚特》，或者我幻想着男人、女人，我和他们一起生活；我在纸上乱涂，或如现在这样，我想着亲爱的人……”（致亚历山德拉·托尔斯泰娅女伯爵书，1857年8月18日）

他们，只在庸俗、可鄙的方面，互相团结，只表示出人类天性中的弱点与残忍。

因此，他所要启示的对象并非是群众，而是每人的个人意识，是民众的每个儿童的意识。因为这里才是光明之所在。他创办学校，可不知道教授什么。为学习起见，自1860年7月3日至1861年4月23日，他进行了第二次旅行欧洲。①

他研究各种不同的教育论。不必说他把这些学说一齐摒斥了。在马赛的两次逗留使他明白真正的民众教育是在学校以外完成的——学校于他显得可笑的——如报纸、博物院、图书馆、街道、生活，一切为他称为“无意识的”或“自然的”学校。强迫的学校在他看来是不祥的，愚蠢的；故当他回到亚斯纳亚·波利亚纳时，他要创立而试验的即是自然的学校。自由是他的原则。他不答应一般特殊阶级，“享有特权的自由社会”，把他的学问和错误，强使他所全不了解的民众学习。他没有这种权利。这种强迫教育的方法，在大学里，从来不能产生“人类所需要的人，而产生了堕落社会所需要的人：官吏，官吏式的教授，官吏式的文学家，还有若干毫无目的地从旧环境中驱逐出来的人——少年时代已经骄傲惯了，此刻在社会上亦找不到他的地位，只能变成病态的、骄纵的自由主义者”。应当由民众来说出他们的需要！如果他们不在乎“一般知识分子强令他们学习的读与写的艺术”，他们也自有他们的理由：他有较此更迫切更合理的精神的需要。试着去了解他们，帮助他们满足这些需求！

这是一个革命主义者的保守家的理论，托尔斯泰试着要在亚斯纳亚做一番实验，他在那里不像是他的学生们的老师，更似他们的同学。同时，他努力在农业垦殖中引入更为人间的精神。1861年他被任为克拉皮夫纳区域的地方仲裁人，他在田主与政府滥施威权之下成为民众保护人。

但不应当相信这社会活动已使他满足而占据了他整个的身心。他继续受着种种敌对的情欲支配。虽然他竭力接近民众，他仍爱，永远爱社交，

① 这次旅行中，托尔斯泰结识了奥尔巴赫（在德国德累斯顿）——他是第一个感应他去做民众教育的人，在基辛根结识福禄培尔；在伦敦结识赫尔岑，在比京结识蒲鲁东，似乎给他许多感应。

他有这种需求。有时，享乐的欲望侵扰他；有时，一种好动的性情刺激他。他不惜冒了生命之险去猎熊。他以大宗的金钱去赌博。甚至他会受他瞧不起的圣彼得堡文坛的影响。从这些歧途中出来，他因为厌恶，陷于精神狂乱。这时期的作品便不幸地具有艺术上与精神上的犹疑不定的痕迹。《两个轻骑兵》（1856）倾向于典雅、夸大、浮华的表现，在托尔斯泰的全体作品中不相称的。1857年在法国第戎写的《阿尔贝》是疲弱的、古怪的，缺少他所惯有的深刻与确切。《记数人日记》（1856）更动人，更早熟，似乎表白托尔斯泰对于自己的憎恶。他的化身，涅赫留多夫亲王，在一个下流的区处自杀了：

> 他有一切：财富，声望，思想，高超的感应；他没有犯过什么罪，但他做了更糟的事情：他毒害了他的心，他的青春；他迷失了，可并非为了什么剧烈的情欲，只是因为缺乏意志。

死已临头也不能使他改变：

> 同样奇特的矛盾，同样的犹豫，同样的思想上的轻佻……

死……这时代，它开始缠绕着托尔斯泰的心魂。在《三个死者》（1858—1859）中，已可预见《伊万·伊里奇之死》一书中对于死的阴沉的分析，死者的孤独，对于生人的怨恨，他的绝望的问句："为什么？"《三个死者》——富妇，痨病的老御者，斫断的桦树——确有他们的伟大；肖像刻画得颇为逼真，形象也相当动人，虽然这作品的结构很松懈，而桦树之死亦缺少增加托尔斯泰写景的美点的确切的诗意。在大体上，我们不知他究竟是致力于为艺术的艺术抑或是具有道德用意的艺术。

托尔斯泰自己亦不知道。1859年2月14日，在莫斯科的俄罗斯文学鉴赏人协会的招待席上，他的演说辞是主张为艺术而艺术；倒是该会会长霍米亚科夫，在向"这个纯艺术的文学的代表"致敬之后，提出社会的与道德的艺术和他抗辩。①

① 霍米亚科夫提出托尔斯泰自己的作品《三个死者》作为抗辩的根据。

一年之后，1860年9月19日，他亲爱的哥哥尼古拉，在耶尔地方患肺病死了[①]，这噩耗使托尔斯泰大为震惊，以致“摇动了他在善与一切方面的信念”，使他唾弃艺术：

真理是残酷的……无疑的，只要存在着要知道真理而说出真理的愿望，人们便努力要知道而说出。这是我道德概念中所留存的唯一的东西。这是我将实行的唯一的事物，可不是用你的艺术。艺术，是谎言，而我不能爱美丽的谎言。

然而，不到六个月之后，他在《波利库什卡》一书当中重复回到“美丽的谎言”，这或竟是，除了他对于金钱和金钱的万恶能力的诅咒外，道德用意最少的作品，纯粹为着艺术而写的作品；且亦是一部杰作，我们所能责备它的，只有它过于富丽的观察，足以写一部长篇小说的太丰盛的材料，和诙谐的开端与太严肃的扭转间的过于强烈、微嫌残酷的对照。

《夫妇间的幸福》

这个过渡时期内，托尔斯泰的天才在摸索，在怀疑自己，似乎在不耐烦起来，“没有强烈的情欲，没有主宰一切的意志”，如《记数人日记》中的涅赫留多夫亲王一般，可是在这时期中产生了他迄今为止从未有过的精纯的作品：《夫妇间的幸福》（1859）。这是爱情的奇迹。

① 托尔斯泰的另一个兄弟德米特里已于1856年患肺病而死了，托尔斯泰自以为亦染病了。如他于1852年10月28日所写的，他是“气质强而体质弱”的人，他老是患着牙痛，喉痛，眼痛，骨节痛。1852年在高加索时，他“至少每星期两天必须留在室内”。1854年，疾病使他在从锡利斯特拉到塞瓦斯托波尔的途中耽搁了几次。1856年，他在故乡患肺病甚重。1862年，为了恐怕肺痨之故，他赴萨马拉地方疗养。自1870年后，他几乎每年要去一次。他和费特的通信中充满了这些关于疾病的事情。这种健康时时受损的情景，令人懂得他对于死的憧憬。以后，他讲起他的病，好似他的最好的友人一般：“当一个人病时，似乎在一个平坦的山坡上往下走，在某处，障着一层极轻微的布幕：在幕的一面是生，那一面是死。在精神的价值上，病的状态比健全的状态是优越得多了，不要和我谈起那些没患过病的人们！他们是可怕的，尤其是女子！一个身体强壮的女子，这是一头真正狂野的兽类！”（与布瓦耶的谈话，见1901年8月27日巴黎《时报》）

许多年来，他一直和别尔斯一家友善。他轮流地爱过她们母女四个。[①]后来他终于确切地爱上了第二个女郎。但他不敢承认。索菲娅·安德烈耶芙娜·别尔斯还是一个孩子：她只十七岁；他已经三十余岁：自以为是一个老人，已没有权利把他衰惫的、污损的生活和一个无邪少女的生活结合了。他隐忍了三年。以后，他在《安娜·卡列尼娜》中讲述他怎样对索菲娅·别尔斯宣露他的爱情和她怎样回答他的经过——两个人用一块铅粉，在一张桌子上描画他们所不敢说的言辞的第一个字母。如《安娜·卡列尼娜》中的列文一般，他的极端的坦白，使他把日记给予他的未婚妻浏览，使她完全明了他过去的一切可羞的事；亦和《安娜·卡列尼娜》中的基蒂一样，索菲娅为之感到一种极端的痛苦。1862年9月23日，他们结婚了。

但在过去的三年中，在写《夫妇间的幸福》时，这婚姻在诗人思想上已经完成了。[②]在这三年内，他在生活中早已体验到：爱情尚在不知不觉间的那些不可磨灭的日子，爱情已经发露了的那些醉人的日子，期待中的神圣幽密的情语吐露的那时间，为了“一去不回的幸福”而流泪的时刻，还有新婚时的得意，爱情的自私，“无尽的、无故的欢乐”；接着是厌倦，模模糊糊的不快，单调生活的烦闷，两颗结合着的灵魂慢慢地分解了，远离了，更有对于少妇含有危险性的世俗的迷醉——如卖弄风情，嫉妒，无可挽救的误会——于是爱情掩幕了，丧失了；终于，心的秋天来了，温柔的、凄凉的景况，重现的爱情的面目变得苍白无色，衰老了，因了流泪，皱痕，各种经历的回忆；互相损伤的追悔，虚度的岁月而更凄恻动人；——以后便是晚间的宁静与清明，从爱情转到友谊，从热情的传奇生活转到慈祥的母爱的这个庄严的阶段……应当临到的一切，一切，托尔斯泰都已预先梦想到，体味到。而且为要把这一切生活得更透彻起见，他便在爱人身上实验。第一次——也许是托尔斯泰作品中唯一的一次——小说的故事在一个妇人心中展演，而且由她口述。何等的微妙！笼罩着贞洁之

① 童时，在一个嫉妒的争执中，托尔斯泰把他的游戏的伴侣——未来的别尔斯夫人，那时只有九岁，从阳台上推下，以致她在长久的时期内成为跛足。

② 在这部作品中，也许托尔斯泰还加入若干回忆；1856年他在亚斯纳亚写过一部爱情小说没有完成，其中描写一个和他十分不同的少女，十分轻佻与浮华的，为他终于放弃了的，虽然他们互相真诚地爱恋。

网的心灵的美……这一次，托尔斯泰的分析放弃了他微嫌强烈的光彩，它不复热烈地固执着要暴露真理。内心生活的秘密不是倾吐出来而唯令人窥测得到。托尔斯泰的艺术与心变得柔和了。形式与思想获得和谐的均衡：《夫妇间的幸福》是一部具有拉辛式作品的完美。

婚姻，为托尔斯泰已深切地预感到它的甜蜜与骚乱的，确是他的救星。他是疲乏了，病了。厌弃自己，厌弃自己的努力。在最初诸作获得盛大的成功之后，继以批评界的沉默与群众的淡漠。高傲地，他表示颇为得意。

"我的声名丧失了不少的普遍性，这普遍性原使我不快。现在，我放心了，我知道我有话要说，而我有大声地说的力量。至于群众，随便他们怎样想吧！"

但这只是他的自豪而已：他自己也不能把握他的艺术。无疑地，他能主宰他的文学工具；但他不知用以做什么。像他在谈及《波利库什卡》时所说的："这是一个会执笔的人抓着一个题目随便饶舌。"他的社会事业流产了，1862年，他辞去了地方仲裁人的职务。同年，警务当局到亚斯纳亚·波利亚纳大肆搜索，把学校封闭了。那时托尔斯泰正好不在家，因为疲劳过度，他担心着肺病。

> 仲裁事件的纠纷于我是那么难堪，学校的工作又是那么空泛，为了愿教育他人而要把我应该教授而为我不懂得的愚昧掩藏起来，所引起的怀疑，于我是那么痛苦，以致我病倒了。如果我不知道还有人生的另一方面可以使我得救的话——这人生的另一方面便是家庭生活，也许我早已陷于十五年后所陷入的绝望了。

《安娜·卡列尼娜》《战争与和平》

最初，他尽量享受这家庭生活，他所用的热情恰似他在一切事情上所用的一般。托尔斯泰伯爵夫人在他的艺术上发生非常可贵的影响，富有文学天才[①]，她是如她自己所说的，"一个真正的作家夫人"，对于丈夫的作品

① 托尔斯泰伯爵夫人曾写过几篇短篇小说。

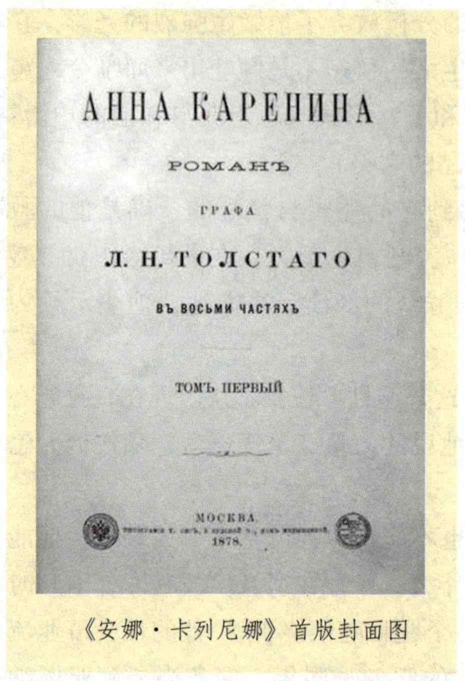
АННА КАРЕНИНА

РОМАНЪ

ГРАФА

Л. Н. ТОЛСТАГО

ВЪ ВОСЬМИ ЧАСТЯХЪ

ТОМЪ ПЕРВЫЙ

МОСКВА.

1878.

《安娜·卡列尼娜》首版封面图

那么关心。她和他一同工作，把他口述的笔录下来，誊清他的草稿。她努力保卫他，不使他受着他宗教魔鬼的磨难，这可怕的精灵已经不时在唆使他置艺术于死地。她亦努力把他的社会乌托邦关上了门。[①]她温养着他的创造天才，她且更进一步：她的女性心灵使这天才获得新的富源。除了《童年时代》与《少年时代》中若干美丽的形象之外，托尔斯泰初期作品中几乎没有女人的地位，即或有之，亦只站在次要的后景。在索菲娅·别尔斯的爱情感应之下写成的《夫妇间的幸福》中，女人显现了。在以后的作品中，少女与妇人的典型增多了。具有丰富热烈的生活，甚至超过男子的。我们可以相信，托尔斯泰伯爵夫人，不独被她的丈夫采作《战争与和平》中娜塔莎与《安娜·卡列尼娜》中基蒂的模型，而且由于她的心腹的倾诉，和她特殊的视觉，她亦成为他的可贵的幽密的合作者。[②]《安娜·卡列尼娜》中有若干篇幅，似乎完全出自一个女子的手笔。[③]

由于这段婚姻的恩泽，在十年或十五年中，托尔斯泰居然体味到久已没有的和平与安全。于是，在爱情的荫庇之下，他能在闲暇中梦想而且实现了他的思想的杰作，威临着19世纪全部小说界的巨著：《战争与和平》和《安娜·卡列尼娜》（1873—1877）。

① 结婚之后，托尔斯泰立刻停止了他的教育学工作，学校、杂志全部停了。

② 托尔斯泰的妹妹塔佳娜很聪明，具有艺术天才，他极赞赏她的思想与音乐天赋；在本书的女性人物中，托尔斯泰亦把她作为模型。托尔斯泰说过："我把塔尼娅（塔佳娜）和索尼娅（即托尔斯泰伯爵夫人）混合起来便成了娜塔莎。"（据比鲁科夫所述）

③ 例如多莉在乡间别墅中的布置、多莉与她的孩子们、许多化妆上的精细的描写，不必说女性心灵的若干秘密，如果没有一个女子指点，一个天才的男子汉决不能参透。

《战争与和平》是我们时代的最大的史诗，是近代的《伊利亚特》。整个世界的无数的人物与热情在其中跃动。在波涛汹涌的人间，矗立着一颗最崇高的灵魂，宁静地鼓动着并震慑着狂风暴雨。在对着这部作品冥想的时候，我屡次想起荷马与歌德，虽然精神与时代都不同，这样我的确发现在他工作的时代托尔斯泰的思想得力于荷马与歌德。而且，在他规定种种不同的文学品类的1865年的记录中，他把《奥德赛》《伊利亚特》《1805年》[①]等都归入一类。他思想的自然的动作，使他从关于个人命运的小说，引入描写军队与民众，描写千万生灵的意志交融着的巨大的人群的小说。他在塞瓦斯托波尔围城时所得的悲壮的经验，使他懂得俄罗斯的国魂和它古老的生命。巨大的《战争与和平》，在他计划中，原不过是一组史诗般的大壁画——自彼得大帝到十二月党人时代的俄罗斯史迹——中的一幅中心的画。[②]

为真切地感到这件作品的力量起见，应当注意它潜在的统一性。大半的法国读者不免短视，只看见无数的枝节，为之眼花缭乱。他们在这人生的森林中迷失了。应当使自己超临一切，目光瞩视着了无障蔽的天际和丛林原野的范围；这样我们才能窥见作品的荷马式的精神，永恒的法则的静寂，命运的气息的强有力的节奏。统率一切枝节的全体的情操，和统制作品的艺人的天才，如《创世记》中的上帝威临着茫无边际的海洋一般。

---

① 《战争与和平》的最初两部发刊于1865—1866年间，那时题名《1805年》。

② 这部巨著托尔斯泰于1863年先从《十二月党人》开始，他写了三个片段（见全集卷六）。但他看到他的作品的基础不够稳固；往前追溯过去，他到了拿破仑战争的时代，于是他写了《战争与和平》。原著于1865年起在《俄罗斯通报》杂志上发表；第六册完成于1869年秋。那时托尔斯泰又追溯历史的上流，他想写一部关于彼得大帝的小说，以后又想写另一部18世纪皇后当政时代及其幸臣的作品。他在1870—1873年间为这部作品工作，搜罗了不少材料，开始了好几幕写景；但他的写实主义的顾虑使他终于放弃了；他意识到他永远不能把这遥远的时间以相当真实的手法使其再现。——更后，1876年1月，他又想写一部关于尼古拉一世时代的小说；接着1877年他热烈地继续他的《十二月党人》，从当时身经事变的人那里采集了若干材料，自己又亲自去探访事变发生的所在地。1878年，他写信给他的姑母说："这部作品于我是那么重要！重要的程度为你所意想不到；和信仰之于你同样重要。我的意思是要说比你的信仰更重要。"——但当他渐渐深入时，他反冷淡起来：他的思想已不在此了。1879年4月17日，他在致费特书中已经说："十二月党人？上帝知道他们在哪里！……"——在他生命的这一个时期内，宗教狂乱已经开始：他快要把他从前的偶像尽行销毁了。

最初是一片静止的海洋。俄罗斯社会在战争前夜所享有的和平。首先的一百页，以极准确的手法与卓越的讥讽口吻，映现出浮华的心魂的虚无幻灭之境。到了第一百页，这些活死人中最坏的一个，瓦西里亲王才发出一声生人的叫喊：

> 我们犯罪，我们欺骗，是为了什么？我年纪已过五十，我的朋友……死了，一切都完了……死，多么可怕！

在这些暗淡的，欺妄的，有闲的，会堕落与犯罪的灵魂中，也显露着若干具有比较纯洁的天性的人——在真诚的人中，例如天真朴讷的皮埃尔·别祖霍夫，具有独立不羁的性格与俄罗斯情操的玛丽亚·德米特里耶芙娜，饱含着青春之气的罗斯托夫；——在善良与退忍的灵魂中，例如玛丽亚公主；——还有若干并不善良但很高傲且被这不健全的生活所磨难的人，如安德烈亲王。

可是波涛开始翻腾了，第一是“行动”。俄罗斯军队在奥地利。无可幸免的宿命支配着战争，而宿命也更不能比在这发泄着一切兽性的场合中更能主宰一切了。真正的领袖并不设法要指挥调度，而是如库图佐夫或巴格拉季昂般，“凡是在实际上只是环境促成的效果，由部下的意志所获得的成绩，或竟是偶然的现象，他们必得要令人相信他们自己的意志是完全和那些力量和谐一致的”。这是听凭命运摆布的好处！纯粹行动的幸福，正则健全的情状。惶乱的精神重复觅得了它们的均衡。安德烈亲王得以呼吸了，开始有了真正的生活……至于在他的本土和这生命的气息与神圣的风波远离着的地方，正当两个最优越的心魂，皮埃尔与玛丽亚公主受着时流的熏染，沉溺于爱河中时，安德烈在奥斯特利茨受伤了，行动对于他突然失掉了陶醉性，一下子得到了无限清明的启示。仰身躺着，“他只看见在他的头上，极高远的地方，一片无垠的青天，几片灰色的薄云无力地飘浮着”。

> 何等的宁静！何等的平和！”他对着自己说，“和我狂乱的奔驰相差多远！这美丽的天我怎么早就没有看见？终于窥见了，我何等的幸福！是的，一切是空虚，一切是欺罔，除了它……它之外，什么也没

有……如此，颂赞上帝吧！

然而，生活恢复了，波浪重新低落。灰心的、烦闷的人们，深自沮丧，在都市的颓废的诱惑的空气中，他们在黑夜中彷徨。有时，在浊世的毒化的氛围中，融泄着大自然的醉人的气息，春天，爱情，盲目的力量，使魅人的娜塔莎去接近安德烈亲王，而她不久以后，却投入第一个追逐她的男子怀中。尘世已经糟蹋了多少的诗意，温情，心地纯洁！而“威临着恶浊尘土的无垠的天”依然不变！但是人们却看不见它。即使是安德烈也忘记了奥斯特利茨的光明。为他，天只是“阴郁沉重的穹隆”，笼罩着虚无。

对于这些枯萎贫弱的心魂，极需要战争的骚乱重新来刺激他们。国家受着威胁了。1812年9月7日，鲍罗金诺村失陷。这庄严伟大的日子啊。仇恨都消灭了。道洛霍夫亲抱他的敌人皮埃尔。受伤的安德烈，为了他生平最憎恨的人，病车中的邻人，阿纳托里·库拉金遭受患难而痛哭，充满着温情与怜悯。由于热烈的为国牺牲和对于神明的律令的屈服，一切心灵都联合了。

严肃地，郑重地，接受这不可避免的战争……最艰难的磨炼莫过于把人的自由在神明的律令前低首屈服了。在服从神的意志上才显出心的质朴。

大将军库图佐夫便是俄国民族心魂和它服从运命的代表：

这个老人，在热情方面，只有经验——这是热情的结果——他没有用以组合事物搜寻结论的智慧，对于事故，他只用哲学的目光观照，他什么也不发明，什么也不干；但他谛听着，能够回忆一切，知道在适当的时间运用他的记忆，不埋没其中有用的成分，可亦不容忍其中一切有害的成分。在他的士兵的脸上，他会窥到这无可捉摸的，可称为战胜的意志，与未来的胜利的力。他承认比他的意志更强有力的东西，便是在他眼前展现的事物的必然的动向；他看到这些事物，紧随着它们，他亦知道摒除他的个人意见。

最后他还有俄罗斯的心。俄国民族的又是镇静又是悲壮的宿命观念，在那可怜的乡人，普拉东·卡拉塔耶夫身上亦人格化了，他是质朴的、虔诚的、克制的，即在痛苦与死的时候也含着他那种慈和的微笑。经过了种种磨炼，国家多难，忧患遍尝，书中的两个英雄，皮埃尔与安德烈，由于使他们看到活现的神的爱情与信仰，终于达到了精神的解脱和神秘的欢乐。

托尔斯泰并不就此终止。叙述1820年时代的本书结尾，只是从拿破仑时代递嬗到十二月党人这个时代的过渡。他令人感到生命的赓续与更始。全非在骚乱中开端与结束，托尔斯泰如他开始时一样，停留在一波未平一波继起的阶段中。我们已可看到将临的英雄，与又在生人中复活过来的死者，和他们的冲突。

以上我试把这部小说分析出一个重要纲目：因为难得有人肯费这番功夫。但是书中包罗着成百的英雄，每个都有个性，都是描绘得如是真切，令人不能遗忘，兵士、农夫、贵族，俄国人、奥地利人、法国人……但这些人物的可惊的生命力，我们如何能描写！在此丝毫没有临时构造之迹。对于这一批在欧罗巴文学中独一无偶的肖像，托尔斯泰曾作过无数的雏形，如他所说的，“以千万的计划组织成功的”，在图书馆中搜寻，应用他自己的家谱与史料，他以前的随笔，他个人的回忆。①这种缜密的准备确定了作品的坚实性，可也并不因之而丧失它的自然性。托尔斯泰写作时的热情与欢乐亦令人真切地感到。而《战争与和平》的最大魅力，尤其在于它年轻的心。托尔斯泰更无别的作品较本书更富于童心的了，每颗童心都如泉水一般明净，如莫扎特的旋律般婉转动人，例如年轻的尼古拉·罗斯托夫，索尼娅和可怜的小彼佳。

最秀美的当推娜塔莎。可爱的小女子神怪不测，娇态可掬，有易于爱恋的心，我们看她长大，明了她的一生，对她抱着对于姊妹般的贞洁的温情——谁不曾认识她呢？美妙的春夜，娜塔莎在月光中，凭栏幻梦，热情地说话，隔着一层楼，安德烈倾听着她……初舞的情绪，恋爱，爱的期待，无穷的欲念与美梦，黑夜，在映着神怪火光的积雪林中滑冰。大自然

① 我说过《战争与和平》中的罗斯托夫与保尔康斯基两个大族，在许多情节上和托尔斯泰的父系母系两族极为相似。在《高加索纪事》与《塞瓦斯托波尔纪事》中，我们亦已见到《战争与和平》中不少的士兵与军官的雏形。

的迷人的温柔吸引着你。剧院之夜，奇特的艺术世界，理智陶醉了；心的狂乱，沉浸在爱情中的肉体的狂乱；洗濯灵魂的痛苦，监护着垂死的爱人的神圣的怜悯……我们在唤引起这些可怜的回忆时，不禁要发生那种在提及一个最爱的女友时同样的情绪。啊，这样的一种创造和现代的小说与戏剧相比时，便显出后者的女性人物的弱点来了！前者把生命都抓住了，而且转变的时候，那么富于弹性，那么流畅，似乎我们看到它在颤动嬗变。——面貌很丑而德行极美的玛丽亚公主亦是一幅同样完美的绘画；在看到深藏着一切心的秘密突然暴露时，这胆怯呆滞的女子脸红起来，如一切和她相类的女子一样。

在大体上，如我以前说过的，本书中女子的性格高出男子的性格很多，尤其是高出于托尔斯泰托寄他自己的思想的两个英雄：软弱的皮埃尔·别祖霍夫与热烈而枯索的安德烈·保尔康斯基。这是缺乏中心的灵魂，它们不是在演进，而是永远踌躇；它们在两端中间来回，从来不前进。无疑地，人们将说这正是俄国人的心灵。可是我注意到俄国人亦有同样的批评。是为了这个缘故屠格涅夫责备托尔斯泰的心理老是停滞的。“没有真正的发展，永远的迟疑，只是情操的颤动。”托尔斯泰自己亦承认他有时为了伟大的史画而稍稍牺牲了个人的性格。①

的确，《战争与和平》一书的光荣，便在于整个历史时代的复活，民族移植与国家争战的追怀。它的真正的英雄，是各个不同的民族；而在他们后面，如在荷马的英雄背后一样，有神明在指引他们；这些神明是不可见的力：“是指挥着大众的无穷的渺小”，是“无穷”的气息。在这些巨人的争斗中——一种隐伏着的运命支配着盲目的国家——含有一种神秘的伟大。在《伊利亚特》之外，我们更想到印度的史诗。

《安娜·卡列尼娜》同《战争与和平》一样是这个成熟时期的登峰造极之作。这是一部更完美的作品，支配作品的思想具有更纯熟的艺术手腕，更丰富的经验，心灵于它已毫无秘密可言，但其中缺少《战争与和平》中的青春的火焰，热情的朝气——伟大的气势。托尔斯泰已没有同样的欢乐来创造了。新婚时的暂时的平静消逝了。托尔斯泰伯爵夫人努力在他周围

① 托尔斯泰说：“特别是第一编中的安德烈亲王。”

建立起来的爱情与艺术圈中，重新有精神烦闷渗入。

婚后一年，托尔斯泰写下《战争与和平》的最初几章；安德烈向皮埃尔倾诉他关于婚姻问题的心腹语，表示一个男子觉得他所爱的女人不过是一个漠不相关的外人，是无心的仇敌，是他的精神发展的无意识的阻挠者时所感到的幻灭。1865年时代的书信，已预示他不久又要感染宗教的烦闷。这还只是些短期的威胁，为生活之幸福所很快地平复了的。但当1869年托尔斯泰完成《战争与和平》时，却发生了更严重的震撼——

几天之内，他离开了家人，到某处去参观。一夜，他已经睡了；早上两点钟刚敲过：

> 我已极度疲倦，我睡得很熟，觉得还好。突然，我感到一种悲苦，为我从未经受过的那么可怕。我将详细告诉你：这实在是骇人。我从床上跳下，让人套马。正在人家为我套马时，我又睡着了，当人家把我喊醒时，我已完全恢复。昨天，同样的情景又发生了，远还没有前次那么厉害……

托尔斯泰伯爵夫人辛辛苦苦以爱情建造成的幻想之宫崩圮了。《战争与和平》的完成使艺术家的精神上有了一个空隙，在这空隙时间，艺术家重又被教育学、哲学[①]的研究抓住了：他要写一部平民用的启蒙读本；他埋首工作了四年，对于这部书，他甚至比《战争与和平》更为得意，他写成了一部（1872年），又写第二部（1875年）。接着，他狂热地研究希腊文，一天到晚地研习，把一切别的工作都放下了，他发现了“精微美妙的色诺芬”与荷马，真正的荷马而非翻译家转述出来的荷马，不复是那些茹科夫斯基[②]与福斯[③]辈的庸俗萎靡的歌声，而是另一个旁若无人尽情歌唱的妖魔之妙音了。[④]

---

① 1869年夏，当写完《战争与和平》的时候，托尔斯泰发现了叔本华，他立时醉心于他的学说：“叔本华是人类中最有天才的人。”（1869年8月30日致费特书）

② 茹科夫斯基，俄国诗人。

③ 福斯，德国批评家兼翻译家。

④ 托尔斯泰说在翻译者与荷马中间的差别，“有如沸水之于冷泉水，后者虽然令你牙齿发痛，有时且带着沙粒，但它受到阳光的洒射，更纯洁更新鲜”。（1870年12月致费特书）

不识希腊文，不能有学问！……我确信在人类语言中真正是美的，只有是单纯的美，这是我素所不知的。

这是一种疯狂：他自己亦承认。他重又经营着学校的事情，那么狂热，以致病倒了。1871年他到萨马拉地方巴奇基尔斯那里疗养。那时，除了希腊文，他对什么都不满。1872年，在讼案完了后，他当真地谈起要把他在俄罗斯所有的财产尽行出售后住到英国去。托尔斯泰伯爵夫人不禁为之悲叹：

如果你永远埋头于希腊文中，你将不会有痊愈之日。是它使你感着这些悲苦而忘掉目前的生活。人们称希腊文为死文字实在是不虚的：它令人陷入精神死灭的状态中。

放弃了不少略具雏形的计划之后，终于在1873年3月19日，使伯爵夫人喜出望外地，托尔斯泰开始写《安娜·卡列尼娜》。正在他为这部小书工作的时候，他的生活受着家庭中许多丧事的影响变得阴沉暗淡，[①]他的妻子亦病了。“家庭中没有完满的幸福……”

作品上便稍稍留着这惨淡的经验与幻灭的热情的痕迹。[②]除了在讲起列文订婚的几章的美丽的文字外，本书中所讲起的爱情，已远没有《战争与和平》中若干篇幅的年轻的诗意了，这些篇幅是足以和一切时代的美妙的抒情诗媲美的。反之，这里的爱情含有一种暴烈的，肉感的，专横的性格。统制这部小说的定命论，不复是如《战争与和平》中的一种神（克里希纳），不复是一个运命的支配者，而是恋爱的疯狂，“整个的维纳斯”在舞会的美妙的景色中，当安娜与沃伦斯基不知不觉中互相热爱的时候，是这爱神在这无邪的，美丽的，富有思想的，穿着黑衣的安娜身上，加上

---

① 三个孩子夭殇（1873年11月18日，1875年2月，1875年11月终）。塔佳娜姑母，他的义母（1874年6月20日），彼拉格娅姑母（1875年12月22日）相继去世。

② “女人是男子的事业的障碍石。爱一个女人同时又要做些好的事业是极难的；要不永远受着阻碍的唯一的方法便是结婚。”（《安娜·卡列尼娜》第一册——阿谢特法译本）

“一种几乎是恶魔般的诱惑力”。当沃伦斯基宣露爱情的时候，亦是这爱神使安娜脸上发出一种光辉——“不是欢乐的光辉，而是在黑夜中爆发的火灾的骇人的光辉。”亦是这爱神使这光明磊落、理性很强的少女，在血管中，流溢着肉欲的力，而且爱情逗留在她的心头，直到把这颗心磨炼到破碎的时候才离开它。接近安娜的人，没有一个不感到这潜伏着的魔鬼的吸力与威胁。基蒂第一个惊惶地发现它。当沃伦斯基去看安娜时，他的欢乐的感觉中也杂有神秘的恐惧。列文，在她面前，失掉了他全部的意志。安娜自己亦知道她已不能自主。当故事渐渐演化的时候，无可震慑的情欲，把这高傲人物的道德的壁垒，尽行毁掉了。她所有的最优越的部分，她的真诚而勇敢的灵魂瓦解了，堕落了：她已没有勇气牺牲世俗的虚荣；她的生命除了取悦她的爱人之外更无别的目标，她胆怯地、羞愧地不使自己怀孕；她受着嫉妒的煎熬，完全把她征服了的性欲的力量，迫使她在举动中声音中眼睛中处处作伪；她堕入那种只要使无论何种男子都要为之回首一瞥的女人群中。她用吗啡来麻醉自己，直到不可容忍的苦恼，和为了自己精神的堕落而悲苦的情操迫使她投身于火车轮下。“而那胡须蓬乱的乡人”——她和沃伦斯基时时在梦中遇见的幻象——“站在火车的足踏板上俯视铁道”；据那含有预言性的梦境所示，“她俯身伏在一张口袋上，把什么东西隐藏在内，这是她往日的生命、痛苦、欺妄和烦恼……”

“我保留着报复之权。”上帝说……

这是被爱情所煎熬，被神的律令所压迫的灵魂的悲剧——为托尔斯泰一鼓作气以极深刻的笔触描写的一幅画。在这悲剧周围，托尔斯泰如在《战争与和平》中一样，安插下好几个别的人物的小说。但这些平行的历史可惜衔接得太迅骤太造作，没有达到《战争与和平》中交响曲般的统一性。人们也觉得其中若干完全写实的场面——如圣彼得堡的贵族阶级与他们有闲的谈话——有时是枉费的。还有，比《战争与和平》更显明地，托尔斯泰把他的人格与他的哲学思想和人生的景色交错在一起。但作品并不因此而减少它的富丽。它和《战争与和平》中同样众多的人物，同样可惊地准确。我觉得男子的肖像更为优越。托尔斯泰描绘的斯捷潘·阿尔卡杰维奇，那可爱的自私主义者，没有一个人见了他能不回答他的好意的微笑，还有卡列宁，高级官员的典型，漂亮而平庸的政治家，永远借着讥讽以隐藏自己的情操：尊严与怯弱的混合品；虚伪世界奇特的产物，这个虚伪世界，虽然他聪明慷慨，终于无法摆脱——而且他的不信任自己的心也是不错的，因为当他任令自己的情操摆布时，他便要堕入一种神秘的虚无境界。

但这部小说的主要意义，除了安娜的悲剧和1860年时代的俄国社会——沙龙，军官俱乐部，舞会，戏院，赛马——的种种色相之外，尤其含有自传的性格。较之托尔斯泰所创造的许多其他的人物，列文更加是他的化身。托尔斯泰不独赋予他自己的又是保守又是民主的思想，和乡间贵族轻蔑知识阶级的反自由主义；[①]而且他把自己的生命亦赋予了他。列文与基蒂的爱情和他们初婚后的数年，是他自己的回忆的变相——即列文的兄弟之死亦是托尔斯泰的兄弟德米特里之死的痛苦的表现。最后一编，在小说上是全部无用的，但使我们看出他那时候衷心惶乱的原因。《战争与和平》的结尾，固然是转入另一部拟议中的作品的艺术上的过渡，《安娜·卡列尼娜》的结尾却是两年以后在《忏悔录》中宣露的精神革命的过渡。在本书中，已屡次以一种讽刺的或剧烈的形式批评当时的俄国社会，这社会是为他在将来的著作中所不住地攻击的。攻击谎言，攻击一切谎言，对于道德的谎言，和对于罪恶的谎言同样看待，指斥自由论调，抨击世俗的虚浮的慈悲，沙龙中的宗教，和博爱主义！向整个社会宣战，因为它魅惑一切真实的情操，灭杀心灵的活力！在社会的陈腐的法统之上，死突然放射了一道光明。在垂危的安娜前面，矫伪的卡列宁也感动了。这没有生命，一切都是造作的心魂，居然亦透入一道爱的光明而具有基督徒的宽恕。霎时间，丈夫，妻子，情人，三个都改变了。一切变得质朴正直。但当安娜渐次回复时，三人都觉得“在一种内在地支配他们的几乎是圣洁的力量之外，更有另一种力量，粗犷的，极强的，不由他们自主地支配着他们的生命，使他们不复再能享受平和”。而他们预先就知道他们在这场战斗中是无能的，“他们将被迫作恶，为社会所认为必需的”。[②]

列文所以如托尔斯泰的化身般在书的结尾中变为升华者，是因为死亦使他感动了之故。他素来是“不能信仰的，他亦不能彻底怀疑”。自从他看见他的兄弟死后，他为了自己的愚昧觉得害怕。他的婚姻在一时期内曾抑

① 在《战争与和平》的结尾中，还有明白攻击战争、国家主义、泛斯拉夫族主义的思想。

② “对于社会，罪恶是合理的。牺牲爱，却是不健全。”（《安娜·卡列尼娜》法译本第二册）

住这些悲痛的情绪。但自从他的第一个孩子生下之后，它们重复显现了。他时而祈祷时而否定一切。他徒然浏览哲学书籍。在狂乱的时光，他甚至害怕自己要自杀。体力的工作使他镇静了：在此，毫无怀疑，一切都是显明的。列文和农人们谈话；其中一个和他谈着那些“不是为了自己而是为了上帝生存的人”。这对于他不啻是一个启示。他发现理智与心的敌对性。理智教人为了生存必得要残忍地奋斗；爱护他人是全不合理的：

> 理智是什么也没有教我；我知道的一切都是由心启示给我的。

从此，平静重新来临。卑微的乡人——对于他，心是唯一的指导者——这个名词把他重新领到上帝面前……什么上帝？他不想知道。这时候的列文，如将来长久时期内的托尔斯泰一般，在教会前面是很谦恭的，对于教义亦毫无反抗的心。

> 即使在天空的幻象与星球的外表的运动中，也有一项真理。

《忏悔录》与宗教狂乱

列文瞒着基蒂的这些悲痛与自杀的憧憬，亦即是托尔斯泰同时瞒着他的妻子的。但他还未达到他赋予书中主人翁的那般平静。实在说来，平静是无从传递给他人的。我们感到他只愿望平静却并未实现，故列文不久又将坠入怀疑。托尔斯泰很明白这一层。他几乎没有完成本书的精力与勇气。《安娜·卡列尼娜》在没有完成之前，已使他厌倦了。①他不复能工作了。他停留在那里，不能动弹，没有意志，厌弃自己，对着自己害怕。于是，在他生命的空隙中，发出一阵深渊中的狂风，即是死的眩惑。托尔斯泰逃出了这深渊以后，曾述及这些可怕的岁月。

“那时我还没有五十岁，”他说，“我爱，我亦被爱，我有好的孩子，大

① “现在我重复被那部可厌而庸俗的《安娜·卡列尼娜》所羁绊住了，我唯一的希望便是能早早摆脱它，越快越好……”（1875年8月26日致费特书）“我应得要完成使我厌倦的小说……”（1876年致费特书）

的土地，光荣，健康，体质的与精神的力量；我能如一个农人一般刈草；我连续工作十小时不觉疲倦。突然，我的生命停止了。我能呼吸，吃，喝，睡眠。但这并非生活。我已没有欲望了。我知道我无所愿望。我连认识真理都不希求了。所谓真理是：人生是不合理的。我那时到了深渊前面，我显然看到在我面前除了死以外什么也没有。我，身体强健而幸福的人，我感到再不能生活下去。一种无可抑制的力驱使我要摆脱生命。……我不说我那时要自杀。有一种要把我推到生命以外去的力量比我更强；这是和我以前对于生命的憧憬有些相似，不过是相反的罢了。我不得不和我自己施用策略，使我不致让步得太快。我这幸福的人，竟要把绳子藏起以防止我在室内的几个衣橱之间自缢。我也不复挟着枪去打猎了，恐怕会使我起意。[①]我觉得我的生命好似什么人和我戏弄的一场恶作剧。四十年的工作，痛苦，进步，使我看到的却是一无所有！什么都没有。将来，我只留下一副腐蚀的骸骨与无数的虫蛆……只在沉醉于人生的时候一个人才能生活；但醉意一经消灭，便只看见一切是欺诈，虚妄的欺诈……家庭与艺术已不能使我满足。家庭，这是些和我一样的可怜虫。艺术是人生的一面镜子。当人生变得无意义时，镜子的游戏也不会令人觉得好玩了。最坏的，是我还不能退忍。我仿佛是一个迷失在森林中的人，极端愤恨着，因为是迷失了，到处乱跑不能自制，虽然他明白多跑一分钟，便迷失得更加厉害……”

他的归宿毕竟在于民众身上。托尔斯泰对于他们老是具有“一种奇特的，纯粹是生理的感情”，他在社会上所得的重重的幻灭的经验从没有动摇他的信念。在最后几年中，他和列文一样对于民众接近得多了。他开始想着，那些自杀、自我麻醉的学者、富翁，和他差不多过着同样绝望的生活的有闲阶级的狭小集团之外，还有成千成万的生灵。他自问为何这些千万的生灵能避免这绝望，为何他们不自杀。他发觉他们的生活，不是靠了理

① 《安娜·卡列尼娜》中有这样的一段：“列文，被爱着，很幸福，做了一家之主，他亲手把一切武器藏起来，仿佛他恐怕要受着自杀的诱惑一般。”这种精神状态并非是托尔斯泰及其书中人物所特有的。托尔斯泰看到欧罗巴，尤其是俄罗斯的小康阶级的自杀之多不胜讶异。他在这时代的作品中时常提及此事。我们可说在1880年左右，欧洲盛行着精神萎靡症，感染的人不下数千。那时代正是青年的人，如我一般，都能记忆此种情况；故托尔斯泰对此人类的危机的表白实有历史的价值。他写了一个时代的悲剧。

智，而是——毫不顾虑理智——靠了信仰。这不知有理智的信仰究竟是什么呢？

> 信仰是生命的力量。人没有信仰，不能生活。宗教思想在最初的人类思想中已经酝酿成熟了。信仰所给予人生之谜的答复含有人类的最深刻的智慧。

那么，认识了宗教书籍中所列举的这些智的公式便已足够了吗？——不，信仰不是一种学问，信仰是一种行为；它只在被实践的时候，才有意义。一般“思想圆到”之士与富人把宗教只当作一种“享乐人生的安慰”，这使托尔斯泰颇为憎厌，使他决意和一班质朴的人混在一起，只有他们能使生命和信仰完全一致。

他懂得：“劳动民众的人生即是人生本体，而这种人生的意义方是真理。”

但怎样使自己成为民众而能享有他的信心呢？一个人只知道别人有理亦是徒然的事；要使我们成为和他们一样不是倚仗我们自己就可办到的。我们徒然祈求上帝；徒然张着渴望的臂抱倾向着他。上帝躲避我们，到哪里抓住他呢？

一天，神的恩宠获得了。

> 早春时的一天，我独自在林中，听着林中的声音。我想着我最近三年来的惶惑，神的追求。从快乐跳到绝望的无穷尽的突变……突然，我看到我只在信仰神的时候我才生活着。只要思念到神，生命欢乐的波浪便在我内心涌现了。在我周围，一切都生动了，一切获得一种意义。但等到我不信神时，生命突然中断了。我的内心发出一声呼喊：
>
> “——那么，我还寻找什么呢？便是‘他’，这没有了便不能生活的‘他’！认识神和生活，是一件事情。神便是生……”
>
> 从此，这光明不复离开我了。

他已得救了。神已在他面前显现。

但他不是一个印度的神秘主义者，不能以冥想入定为满足；因为他的亚洲人的幻梦中又杂有西方人的重视理智与要求行动的性格，故他必得要把所得到的显示，表现诚实地奉行的信仰，从这神明的生活中觅得日常生活的规律。毫无成见地，为了愿真诚地相信他的家族们所虔奉的信仰，他研究他所参与的罗马正教的教义。且为更加迫近这教义起见，他在三年中参与一切宗教仪式，忏悔，圣餐，一切使他不快的事情，他不敢遽下判断，只自己发明种种解释去了解他觉得暗晦或不可思议的事。为了信仰他和他所爱的人，不论是生人或死者，完全一致，老是希望到了一个相当的时间，“爱会替他打开真理的大门”。——但他的努力只是徒然：他的理智与心互相抗争起来。有些举动，如洗礼与圣餐，于他显得是无耻的。当人家强使他重复地说圣体是真的基督的肉和血时，“他仿如心中受了刀割”。在他和教会之间筑起一堵不可超越的墙壁的，并非是教义，而是实行问题。——尤其是各个教会中间的互相仇恨，和不论是绝对的或默许的杀人权，——由此产生战争与死刑这两项。

于是，托尔斯泰决绝了；他的思想被压抑了三年之久，故他的决绝尤为剧烈。他什么也不顾忌了。他轻蔑这为他在昨天还在笃信奉行的宗教。在他的《教义神学批判》（1879—1881）中，他不独把神学当作“无理的，且是有意识的，有作用的谎言”。[①]在他的《四福音书一致论》中，他便把福音书与神学对抗。终于，他在福音书中建立了他的信仰（《我的信仰的基础》，1883）。

这信仰便在下列几句话中：

> 我相信基督的主义。我相信当一切人都实现了幸福的时候，尘世才能有幸福存在。

信仰的基础是摩西在山上的宣道，托尔斯泰把这些教训归纳成五诫：

---

① “我确信教会的训条，理论上是一种有害的谎言，实用上是许多粗俗与妖魔的迷信，在这种情形之下，基督教主义的意义完全消灭了。”（致神圣宗教会议答复，1901年4月4日至17日）参看《教会与国家》（1883年）——托尔斯泰责备教会的最大的罪恶，是它和世间暂时的权力的联络。这是“强盗和谎骗者的联络”。

一、不发怒。

二、不犯奸。

三、不发誓。

四、不以怨报怨。

五、不为人敌。

这是教义的消极部分，其积极部分只包括在一条告诫中：

爱神和爱你的邻人如爱你自己。

基督说过，谁对于这些诫命有何轻微的违背，他就将在天国中占据越低的地位。

托尔斯泰天真地补充道：

> 不论这显得多么可异，我在一千八百年之后，发现这些规律如一件新颖的事迹。

那么，托尔斯泰信不信基督是一个神？——全然不信。他把他当作何等人呢？当作是圣贤中最高的一个，释迦牟尼，婆罗门，老子，孔子，琐罗亚斯德，以赛亚——一切指示人以真正的幸福与达到幸福的必由之道的人。托尔斯泰是这些伟大的宗教创造人——这些印度、中国、希伯来的半神与先知者的信徒。他竭力为他们辩护。攻击他所称为“伪善者”与“法学教官Scribes”的一流，攻击已成的教会，攻击傲慢的科学的代表者。[①]这并非说他欲借心灵的显示以推翻理智。自从他脱离了《忏悔录》上所说的烦闷时期之后，他可以说是理智的信奉者，也可说是一个理智的神秘主义者。

“最初是Verbe（三位一体中的第二位），”他和圣约翰一样的说法，“Verbe，意即‘理智’。”

他的《生命论》一书（1887），在题词中曾引用帕斯卡尔的名句：

① 托尔斯泰辩称他并不攻击真正的科学，因为它是虚心而认识界限的。

人只是一枝芦苇，自然中最弱的东西，但这是一枝有思想的芦苇……我们全部的尊严包含在思想中……因此我们得好好地思想：这即是道德的要义。

全书只是对于理智的颂诗。

“理智”固然不是科学的理智，狭隘的理智，“把部分当作全体，把肉的生活当作全部生活的”，而是统制着人的生命的最高律令，“有理性的生物，即人，所必然要依据了它生活的律令”。

这是和统治着动物的生长与繁殖，草木的萌芽与滋荣，星辰与大地的运行的律令类似的律令。只在奉行这条律令，为了善而把我们的兽性服从理智的规条的行为中，才存有我们的生命……理智不能被确定，而我们也不必加以确定，因为不独我们都认识它，而且我们只认识它……人所知道的一切，是由理智——而非由信仰——而知道的……只在理智有了表白的时候生命方才开始。唯一真实的生命是理智的生命。

那么，有形的生命，我们个人的生命，又是什么？“它不是我们的生命，”托尔斯泰说，“因为它不是由我们自主的。”

我们肉体的活动是在我们之外完成的……把生命当作个人的这种观念在今日的人类中已经消灭了。对于我们这时代一切赋有理智的人，个人的善行之不可能，已成为确切不移的真理。

还有许多前提，无须我在此讨论，但表现托尔斯泰对于理智怀有多少的热情。实在，这是一种热情，和主宰着他前半生的热情同样的盲目与妒忌。一簇火焰熄了，另一簇火焰燃起。或可说永远是同一簇火焰，只是它变换了养料而已。

而使“个人的”热情和这“主智的”热情更形肖似的，是因为这些热情都不能以爱为满足，它们要活动，要实现。

“不应当说而应当做。”基督说过。

理智的活动现象是什么？——爱。

> 爱是人类唯一的有理性的活动，爱是最合理最光明的精神境界。它所需的，便是什么也不掩蔽理智的光芒，因为唯有理智的光芒方能助长爱。……爱是真实的善，至高的善，能解决人生一切的矛盾，不独使死的恐怖消灭，且能鼓舞人为别人牺牲：因为除了把生命给予所爱者之外，无所谓别的爱了；只有它是自己牺牲时，爱才配称为爱。因此，只有当人懂得要获得个人的幸福之不可能时，真正的爱方能实现。那时候，他的生命的精髓才能为真正的爱的高贵的接枝，而这接枝为了生长起见，才向这粗野的本干，即肉的本体，去吸取元气……

这样，托尔斯泰并不如一条水流枯竭的河迷失在沙土里那般地达到信仰。他是把强有力的生命的力量集中起来灌注在信仰中间。——这我们在以后会看到。

这热烈的信心，把爱与理智密切地结合了，它在托尔斯泰致开除他教籍的神圣宗教会议复书中找到了完满的表达：

> 我相信神，神于我是灵，是爱，是一切的要素。我相信他在我心中存在，有如我在他心中存在一样。我相信神的意志从没有比在基督的教义中表现得更明白了；但我们不能把基督当作神而向他祈祷，这将冒犯最大的亵渎罪。我相信一个人的真正的幸福在于完成神的意志，我相信神的意志是要一切人爱他的同类，永远为了他们服务，如神要一切人类为了他而活动一般；这便是，据福音书所说，一切的律令和预言的要旨。我相信生命的意义，对于我们中每个人，只是助长人生的爱，我相信在这人生中，发展我们的爱的力量，不啻是一种与日俱增的幸福，而在另一个世界里，又是更完满的福乐；我相信这爱的生长，比任何其他的力量，更能助人在尘世建立起天国。换言之，是以一种含有协和、真理、博爱的新的系统来代替一种含有分离、谎骗与强暴的生活组织。我相信为在爱情中获得进步起见，我们只有一种方法：祈祷。不是在庙堂中的公共祈祷，为基督所坚决摈弃的。而是如基督以身作则般的祈祷，孤独的祈祷，使我们对于生命的意义具

有更坚实的意识……我相信生命是永恒的，我相信人是依了他的行为而获得酬报，现世与来世，现在与将来，都是如此。我对于这一切相信得如是坚决，以至在我这行将就木的年纪，我必得要以很大的努力才能阻止我私心祝望肉体的死灭——换言之，即祝望新生命的诞生。

《社会的烦虑》《我们应当怎么做?》《我信仰的寄托》

他想象已经到了彼岸，获得了一个为他烦恼的心魂所能安息的荫庇。

其实，他只是处于一种新的活动的始端。

在莫斯科过了一冬（他对于家庭的义务迫使他随着他的家族）[①]，1882年1月，他参加调查人口的工作，使他得以真切地看到大都市的惨状的机会。他所得的印象真是非常凄惨。第一次接触到这文明隐藏着疮痍的那天晚上，他向一个朋友讲述他的所见时，“他叫喊，号哭，挥动着拳头”。

“人们不能这样地过活！”他号啕着说，“这决不能存在！这决不能存在！……”几个月之久，他又堕入悲痛的绝望中。1882年3月3日，伯爵夫人写信给他说：

从前你说：“因为缺少信心，我愿上吊。”现在，你有了信心，为何你仍苦恼?

因为他不能有伪君子般的信心，那种自得自满的信心。因为他没有神秘思想家的自利主义，只顾自己的超升而不顾别人，[②]因为他怀有博爱，因为他此刻再不能忘记他所看到的惨状，而在他热烈的心的仁慈中他们的痛苦与堕落似乎是应由他负责的，他们是这个文明的牺牲品，而他便参与着这个牺牲了千万生灵以造成的优秀阶级，享有这个魔鬼阶级的特权。接受

① “迄今为止，我一向在都市之外过生活……”（《我们应当怎么做?》）

② 对于那些“为自己而不为别人的苦行者”，托尔斯泰屡次表示反感。他把他们与骄傲而愚昧的革命家放在同一类型内，“他们自命要施善于人，可还不知道他们自己需要什么……”托尔斯泰说：“我以同样的爱情爱这两种人，但我亦以同样的憎恨恨他们的主义。唯一的主义是激发一种永恒的活动，支配一种适应心魂企望的生活，而努力筹思实现他人的幸福。基督的主义便是这样的，它既无宗教的安息情调，亦无那般革命家般徒唱高调不知真正的幸福为何物的情境。”

这种以罪恶换来的福利，无异是共谋犯。在没有自首之前，他的良心不得安息了。

《我们应当怎么做?》(1884—1886）便是这第二次错乱病的表白，这次的病比第一次的更为悲剧化，故它的后果亦更重大。在人类的苦海中，实在的，并非一般有闲的人在烦恼中造作出来的苦海中，托尔斯泰个人的宗教苦闷究竟算什么呢？要不看见这种惨状是不可能的。看到之后而不设法以任何代价去消除它亦是不可能的。——可是，啊，消除它是可能的吗?

一幅奇妙的肖像，我见了不能不感动的，说出托尔斯泰在这时代所感的痛苦。他是正面坐着，交叉着手臂，穿着农夫的衣服；他的神气颇为颓丧。他的头发还是黑的，他的胡髭已经花白。他的长须与鬓毛已经全白了。双重的皱痕在美丽宽广的额角上画成和谐的线条。这巨大的犬鼻，这双直望着你的又坦白又犀利又悲哀的眼睛，多少温和善良啊！它们看得你那么透彻。它们不啻在为你怨叹，为你可惜。眼眶下划着深刻的线条的面孔，留着痛苦的痕迹。他曾哭泣过。但他很强，准备战斗。

他有他英雄式的逻辑：

> 我时常听到下面这种议论，觉得非常错异：“是的，在理论上的确不错；但在实际上又将如何?”仿佛理论只是会话上必需的美丽的词句，可绝不是要把它适合实际的！……至于我，只要我懂得了我所思索的事情，我再不能不依了我所了解的情形而做。

他开始以照相一般准确的手法，把莫斯科的惨状照他在参观穷人区域与夜间栖留所里所见的情形描写下来。[①]他确信，这不复是如他最初所信的那样，可以用金钱来拯救这些不幸者的，因为他们多少受着都市的毒害。于是，他勇敢地寻求灾祸的由来。一层进一层，渐渐地发现了连锁似的负责者。最初是富人，与富人们该诅咒的奢侈的享受，使人眩惑，以至堕落。[②]

---

① 《我们应当怎么做?》这第一部（前面的十五章）完全被俄国检查委员会删去。

② “造成悲惨的主因是财富逐渐积聚在不生产的人手中，集中于大都会里。富人们群集在都市中以便享乐与自卫。穷人们到城里来仰他们的鼻息，拾他们的唾余以苟延生命。奇怪的是这些穷人中竟有许多是工人，并不去做易于挣钱的事情，如经商，垄断，行乞，舞弊，甚至抢劫。”

继之是普遍的不劳而获的生活欲。——其次是国家，强权者剥削其他部分的人类所造成的残忍的总体。——教会更从旁助纣为虐。科学与艺术又是共谋犯……这一切罪恶的武器，怎样能把它们打倒呢？第一要使自己不再成为造成罪恶的共犯。不参加剥削人类的工作。放弃金钱与田产，不为国家服务。

但这还不够，更应当“不说谎”，不惧怕真理。应当“忏悔”，排斥与教育同时根深蒂固的骄傲。末了，应当“用自己的手劳作”。“以你额上流着的汗来换取你的面包”这是第一条最主要的诫条。托尔斯泰为预先答复特殊阶级的嘲笑起见，说肉体的劳作决不会摧残灵智的力量，反而助它发展，适应本性的正常的需要。健康只会因之更加增进，艺术也因之进步。而且，它更能促进人类的团结。

在他以后的作品中，托尔斯泰又把这些保持精神健康的方法加以补充。他殚精竭虑地筹思如何救治心魂，如何培养元气，同时又须排除麻醉意识的畸形的享乐和灭绝良知的残酷的享乐。他以身作则。1884年，他牺牲了他最根深蒂固的嗜好：行猎。他实行持斋以锻炼意志；宛如一个运动家自己定下严厉的规条，迫使自己奋斗与战胜。

《我们应当怎么做?》这是托尔斯泰相当平和离开了宗教默想，而卷入社会漩涡后所取的艰难的途径的第一程。这时候便开始了这二十载的苦斗，孤独的亚斯纳亚老人在一切党派之外，（并指责他们）与文明的罪恶与谎言对抗着。

在他周围，托尔斯泰的精神革命并没博得多少同情；它使他的家庭非常难堪。

好久以来，托尔斯泰伯爵夫人不安地观察着她无法克服的病症的进展。自1874年起，她已因为她的丈夫为了学校白费了多少精神与时间，觉得十分懊恼。

> 这启蒙读本，这初级算术，这文法，我对之极端轻视，我不能假装对之发生兴趣。

但当教育学研究之后继以宗教研究的时候，情形便不同了。伯爵夫人对于托尔斯泰笃信宗教后的初期的诉述觉得非常可厌，以至托尔斯泰在提及上帝这名词时不得不请求宽恕：

> 当我说出上帝这名词时，你不要生气，如你有时会因之生气；我不能避免，因为他是我思想的基础。

无疑地，伯爵夫人是被感动了；她努力想隐藏她的烦躁的心情；但她不了解；她只是不安地注意着她的丈夫：

> 他的眼睛非常奇特，老是固定着。他几乎不开口了。他似乎不是这个世界上的人。

她想他是病了：

> 据列夫自己说他永远在工作。可怜！他只写着若干庸俗不足道的宗教论辩。他阅览书籍，他冥想不已，致使自己头痛，而这一切不过是为要表明教会与福音书主义的不一致。这个问题在全俄罗斯至多不过有十余人会对之发生兴趣而已。但这是无法可想的。我只希望一点：这一切快快地过去，如一场疾病一般。

疾病并不减轻。夫妇间的局势愈来愈变得难堪了。他们相爱，他们有相互的敬意；但他们不能互相了解。他们勉力，作相互的让步，但这相互的让步会变成相互的痛苦。托尔斯泰勉强跟随着他的家族到莫斯科。他在日记中写道：

> 生平最困苦的一月。侨居于莫斯科。大家都安置好了。可是他们什么时候开始生活呢？这一切，并非为生活，而是因为别人都是这样做！可怜的人！……

同时，伯爵夫人写道：

莫斯科。我们来此，到明日已满一月了。最初两星期，我每天哭泣，因为列夫不独是忧郁，而且十分颓丧。他睡不熟，饮食不进，有时甚至哭泣，我曾想我将发疯。

他们不得不分离若干时。他们为了互相感染的痛苦而互相道歉。他们是永远相爱着！……他写信给她道：

你说："我爱你，你却不需要我爱你。"不，这是我唯一的需要啊……你的爱情比世界上一切都更使我幸福。

但当他们一朝相遇的时候，龃龉又更进一层。伯爵夫人不能赞成托尔斯泰这种宗教热，这狂热促使他和一个犹太教士学习希伯来文。

更无别的东西使他发生兴趣。他为了这些蠢事而浪费他的精力。我不能隐藏我的不快。

她写信给他道：

看到以这样的灵智的力量去用在锯木、煮汤、缝靴的工作上，我只感到忧郁。

而她更以好似一个母亲看着她的半疯癫的孩子玩耍般的动情与嘲弄的微笑，加上这几句话：

可是我想到俄国的这句成语而安静了：尽管孩子怎样玩吧，只要他不哭。

但这封信并没寄出，因为她预想到她的丈夫读到这几行的时候，他的善良而天真的眼睛会因了这嘲弄的语气而发愁；她重新拆开她的信，在爱的狂热中写道：

> 突然，你在我面前显现了，显现得那么明晰，以至我对你怀着多少温情！你具有那么乖，那么善，那么天真，那么有恒的性格，而这一切更被那广博的同情的光彩与那副直透入人类心魂的目光烛照着……这一切是你所独具的。

这样，两个人互相爱怜，互相磨难，以后又为了不能自禁地互相给予的痛苦而懊丧烦恼。无法解决的局面，延宕了三十年之久，直到后来，这垂死的李尔王在精神迷乱的当儿突然逃往西伯利亚的时候才算终了。

人们尚未十分注意到《我们应当怎么做?》的末了有一段对于妇女的热烈的宣言。——托尔斯泰对于现代的女权主义毫无好感。[①]但对于他所称为“良母的女子”，对于一般认识人生真意义的女子，他却表示虔诚的崇拜；他称颂她们的痛苦与欢乐，怀孕与母性，可怕的苦痛，毫无休息的岁月，和不期待任何人报酬的无形的劳苦的工作，他亦称颂，在痛苦完了，尽了自然律的使命的时候，她们心魂上所洋溢着的完满的幸福。他描绘出一个勇敢的妻子的肖像，对于丈夫来说是一个助手而非阻碍的女子。她知道，“唯有没有酬报的为别人的幽密的牺牲才是人类的天职”。

> 这样的一个女子不独不鼓励她的丈夫去做虚伪欺妄的工作，享受别人的工作成绩；而且她以深恶痛绝的态度排斥这种活动，以防止她的儿女们受到诱惑。她将督促她的伴侣去担负真正的工作，需要精力不畏危险的工作……她知道孩子们，未来的一代，将令人类看到最圣洁的范型，而她的生命亦只是整个地奉献给这神圣的事业的。她将在她的孩子与丈夫的心灵中开发他们的牺牲精神……统制着男子，为他们的安慰者的当是此等女子。……啊，良母的女子！人类的运命系在你们手掌之间！

这是一个在乞援在希冀的声音的呼唤……难道没有人听见吗？……

几年之后，希望的最后一道微光也熄灭了：

① “只有在男子们不依照真正的工作律令的社会里，才能产生这种所谓女权运动。没有一个正当工人的妻子会要求参与矿中或田间的工作。实际上，她们只要求参与富人阶级的幻想工作。”

> 你也许不信；但你不能想象我是多么孤独，真正的我是被我周围的一切人士蔑视到如何程度。

最爱他的人，既如此不认识他精神改革的伟大性，我们自亦不能期待别人对他有何了解与尊敬了。屠格涅夫，是托尔斯泰为了基督徒式的谦卑精神——并非为了他对他的情操有何改变——而欲与之重归旧好的[①]，曾幽默地说："我为托尔斯泰可惜，但法国人说得好，各人各有扑灭虱蚤的方式。"

几年之后，在垂死的时候，屠格涅夫写给托尔斯泰那封有名的信，在其中他请求他的"朋友，俄罗斯的大作家"，"重新回到文学方面去"。

全欧洲的艺术家都与垂死的屠格涅夫表示同样的关切，赞同他的请求。特·沃居埃在1886年所写的《托尔斯泰研究》一书末了，他借着托尔斯泰穿农人衣服的肖像，向他作婉转的讽劝：

> 杰作的巨匠，你的工具不在这里！……我们的工具是笔；我们的园地是人类的心魂，它是亦应该受人照拂与抚育的。譬如莫斯科的第一个印刷工人，当被迫着去犁田的时候，他必须喊道："我与散播麦种的事是无干的，我的职务只是在世界上散播灵智的种子。"

这仿佛是认为托尔斯泰曾想放弃他散播精神食粮的使命！……在《我的信仰的寄托》的终了，他写道：

> 我相信我的生命，我的理智，我的光明，只是为烛照人类而秉有的。我相信我对于真理的认识，是用以达到这目标的才能，这才能是一种火，但它只有在燃烧的时候才是火。我相信我的生命的唯一的意义是生活在我内心的光明中，把它在人类面前擎得高高的使他们能够

① 言归于好的事情是在1878年。托尔斯泰致书屠格涅夫请其原谅。屠格涅夫于1878年8月到亚斯纳亚·波利亚纳访他。1881年7月，托尔斯泰回拜他。大家对于他举动的改变，他的温和，他的谦虚都感着惊讶。他仿佛是再生了。

看到。

但这光明，这“只有在燃烧的时候才是火”的火，使大半的艺术家为之不安。其中最聪明的也预料到他们的艺术将有被这火焰最先焚毁的危险。他们为了相信全部艺术受到威胁而惶乱，而托尔斯泰，如普洛斯帕罗[①]一样，把他创造幻象的魔棒永远折毁了。

但这些都是错误的见解；我将表明托尔斯泰非特没有毁灭艺术，反而把艺术中一向静止的力量激动起来，而他的宗教信仰也非特没有灭绝他的艺术天才，反而把它革新了。

《艺术论》

奇怪的是人们讲起托尔斯泰关于科学与艺术的思想时，往常竟不注意他表露这些思想最重要的著作：《我们应当怎么做?》（1884—1886）在此，托尔斯泰第一次攻击科学与艺术；以后的战斗中更无一次是与这初次冲突时的猛烈相比拟的。我们奇怪最近在法国对科学与知识阶级的虚荣心加以攻击之时，竟没有人想起重新浏览这些文字。它们包含着对于下列种种人物的最剧烈的抨击：“科学的宦官”“艺术的僭越者”，那些思想阶级，自从打倒了或效忠了古昔的统治阶级（教会，国家，军队）之后，居然占据了他们的地位，不愿或不能为人类尽些微的力，借口说人家崇拜他们，并盲目地为他们效劳，如主义一般宣扬着一种无耻的信仰，说什么为科学的科学，为艺术的艺术——这是一种谎骗的面具，借以遮掩他们个人的自私主义与他们的空虚。

“不要以为，”托尔斯泰又说，“我否定艺术与科学。我非特不否定它们，而是以它们的名义驱逐那些出卖殿堂的人。”

> 科学与艺术和面包与水同样重要，甚至更重要……真的科学是对于天职的认识，因此是对于人类的真正的福利的认识。真的艺术是认识天职的表白，是认识全人类的真福利的表白。

① 普洛斯帕罗，莎士比亚《暴风雨》中的人物。

他颂赞的人，是那些“自有人类以来，在竖琴或古琴上，在言语或形象上，表现他们对着欺罔的决斗，表现他们在决斗中所受的痛苦，表现他们的希望获得胜利，表现他们为了恶的胜利而绝望和为了企待未来的热情。”

于是，他描画出一个真正艺术家的形象，他的词句中充满着痛苦的与神秘的热情：

> 科学与艺术的活动只有在不僭越任何权利而只认识义务的时候才有善果。因为牺牲是这种活动的元素，故才能够为人类称颂。那些以精神的劳作为他人服务的人，永远为了要完成这事业而受苦：因为唯有在痛苦与烦闷中方能产生精神的境界。牺牲与痛苦，便是思想家与艺术家的运命：因为他的目的是大众的福利。人是不幸的，他们受苦，他们死亡，我们没有时间去闲逛与作乐。思想家或艺术家从不会如一般人所相信的那样，留在奥林匹斯山的高处，他永远处于惶惑与激动中。他应当决定并说出何者能给予人类的福利，何者能拯万民于水火；他不决定，他不说出，明天也许太晚了，他自己也将死亡了……并非是在一所造成艺术家与博学者的机关中教养出来的人（且实在说来，在那里，人们只能造成科学与艺术的破坏者），亦非获得一纸文凭或享有俸给的人就会成为一个思想家或艺术家；这是一个自愿不思索不表白他的灵魂的蕴藉，但又不能不表白的人，因为他是被两种无形的力量所驱使着：这是他的内在的需要与他对于人类的爱情。这世上绝没有心宽体胖、自得自满的艺术家。

这美妙的一页，在托尔斯泰的天才上不啻展开了悲剧的面目，它是在莫斯科惨状所给予他的痛苦的直接印象之下，和在认定科学与艺术是造成现代社会一切的不平等与伪善的共同犯这信念中写成的。——这种信念他从此永远保持着。但他和世界的初次接触后的悲惨印象慢慢地减弱了；创痕也渐次平复了；在他以后的著作中，我们一点也找不到像这部书中的痛苦的呻吟与报复式的愤怒。无论何处也找不到这个以自己的鲜血来创造的艺术家的宣道，这种牺牲，与痛苦的激动，说这是“思想家的宿命”，这种对于歌德式的艺术至上主义的痛恶。在以后批评艺术的著作中，他是以文学的观点，而没有那么浓厚的神秘色彩来讨论了，在此，艺术问题是和这人类的悲惨的背景分离了，这惨状一向是使托尔斯泰想起了便要狂乱，如他看了夜间栖留所的那天晚上回到家里便绝望地哭泣叫喊一般。

这不是说他的带有教育意味的作品有时会变得冷酷的。冷酷，于他是不可能的。直到他逝世为止，他永远是在给费特信中这样写的人物：

> 如果人们不爱他的人群，即使是最卑微的，也应当痛骂他们，痛骂到使他们上天也为之脸红耳赤，或嘲笑他们，使他们肚子也为之气破。

在他关于艺术的著作中，他实践他的主张。否定的部分——谩骂与讥讽——是那么激烈，以至艺术家们只看到他的谩骂与讥讽。他也过分猛烈地攻击他们的迷信与敏感，以至他们把他认作不独是他们的艺术之敌，而且是一切艺术之敌。但托尔斯泰的批评，是永远紧接着建设的。他从来不为破坏而破坏，而是为建设而破坏。且在他谦虚的性格中，他从不自命建立什么新的东西；他只是防卫艺术，防卫它不使一般假的艺术家去利用它，损害它的荣誉。1887年，在他那著名的《艺术论》问世以前十年，他写信给我道：

> 真的科学与真的艺术曾经存在，且将永远存在。这是不能且亦不用争议的。今日一切的罪恶是由于一般自命为文明人——他们旁边还有学者与艺术家——实际上都是如僧侣一样的特权阶级之故。这个阶级却具有一切阶级的缺点。它把社会上的原则降低着来迁就它本身的组织。在我们的世界上所称为科学与艺术的只是一场大骗局，一种大迷信，是我们脱出了教会的古旧迷信后会堕入的新迷信。要认清我们所应趱奔的道路，必得从头开始，——必得把使我觉得温暖但遮掩我的视线的风帽推开。诱惑力是很大的。或是我们生下来便会受着诱惑的，或者我们一级一级爬上阶梯；于是我们处于享有特权的人群中，处于文明，或如德国人所说的文化的僧侣群中了。我们应当，好似对于婆罗门教或基督教教士一样，应当有极大的真诚与对于真理的热

爱，才能把保障我们的特权的原则重新加以审核。但一个严正的人，在提出人生问题时，决不能犹豫。为具有明察秋毫的目光起见，他应当摆脱他的迷信，虽然这迷信于他的地位是有利的。这是必不可少的条件……没有迷信。使自己处在一个儿童般的境地中，或处于如笛卡儿一样的尊重理智的状态……

这权利阶级所享受的现代艺术的迷信，这“大骗局”，被托尔斯泰在他的《艺术论》中揭发了。用严厉的词句，他揭发它的可笑，贫弱，虚伪，根本的堕落。他排斥已成的一切。他对于这种破坏工作，感到如儿童毁灭玩具一般的喜悦。这批评全部充满着调笑的气氛，但也含有许多偏狂的见解，这是战争。托尔斯泰使用种种武器随意乱击，并不稍加注意他所抨击的对象的真面目。往往，有如在一切战争中所发生的那样，他攻击他其实应该加以卫护的人物，如：易卜生或贝多芬。这是因为他过于激动了，在动作之前没有相当的时间去思索，也因为他的热情使他对于他的理由的弱点完全盲目，且也——我们应当说——因为他的艺术修养不充分之故。

在他关于文学方面的浏览之外，他还能认识什么现代艺术？他看到些什么绘画，他能听到些什么欧罗巴音乐，这位乡绅，四分之三的生活都消磨在莫斯科近郊的乡村中，自1860年后没有来过欧洲；——且除了唯一使他感到兴趣的学校之外，他还看到些什么？——关于绘画，他完全摭拾些道听途说的话，毫无秩序的引述，他所认为颓废的，有皮维斯，马奈，莫奈，勃克林，施图克，克林格，他为了他们所表现的善良的情操而佩服的，有布雷东，莱尔米特，但他蔑视米开朗琪罗，且在描写心灵的画家中，亦从未提及伦勃朗。——关于音乐，他比较更能感觉，但亦并不认识：他只留在他童年的印象中，只知道在1840年已经成了古典派的音乐家，此后的音乐家他一些不知道了（除了柴可夫斯基，他的音乐使他哭泣）；他把勃拉姆斯与理查·施特劳斯同样加以排斥，他竟教训贝多芬，[①]

① 托尔斯泰的偏执自1886年更加厉害了。在《我们应当怎么做?》一书中，他还不敢得罪贝多芬，也不敢得罪莎士比亚。他反而责备当代的艺术家敢指摘他们。“伽利略、莎士比亚、贝多芬的活动和雨果、瓦格纳等的绝无相似之处。正如圣徒们不承认与教皇有何共通性一般。”（见上述书）

而在批判瓦格纳时，只听到一次《西格弗里德》便自以为认识了他全部，且他去听《西格弗里德》，还是在上演开始后进场而在第二幕中间已经退出的。——关于文学的知识，当然较为丰富。但不知由于何种奇特的错误，他竟避免去批判他认识最真切的俄国作家，而居然去向外国诗人宣道，他们的思想和他的原来相差极远，他们的作品也只被他藐视地随手翻过一遍！

他的武断更随了年龄而增长。他甚至写了一整部的书以证明莎士比亚"不是一个艺术家"：

> 他可以成为任何角色；但他不是一个艺术家。

这种肯定真堪佩服！托尔斯泰不怀疑。他不肯讨论。他握有真理。他会和你说：

> 第九交响曲是一件分离人群的作品。①

或者：

> 除了巴赫的著名的小提琴调与肖邦的E调夜曲，及在海顿，莫扎特，舒伯特，贝多芬，肖邦等的作品中选出的十几件作品——且也不过这些作品中的一部分——之外，其他的一切都应该排斥与蔑视，如对付分离人群的艺术一般。

或者：

> 我将证明莎士比亚简直不能称为一个四流的作家。且在描写人性的一点上，他是完全无能的。

不论世界上其他的人都不赞同他的意见，可不能阻止他，正是相反！

---

① 原文是："第九交响曲不能联合一切人，只能联合一小部分，为它把他们和其余的人分离着的。"

“我的见解，”他高傲地写道，“是和欧洲一切对于莎士比亚的见解不同的。”

在他对于谎言的纠缠中，他到处感觉到有谎言；有一种越是普遍地流行的思念，他越要加以攻击；他不相信，他猜疑，如他说起莎士比亚的光荣的时候，说：“这是人类永远会感受的一种传染病式的影响。中世纪的十字军，相信妖术，追求方士炼丹之术都是的。人类只有在摆脱之后才能看到他们感染影响时的疯狂。因了报纸的发达，这些传染病更为猖獗。”——他还把“德雷福斯事件”作为这种传染病的最近的例子。他，这一切不公平的仇敌，一切被压迫者的防卫者，他讲起这大事件时竟带着一种轻蔑的淡漠之情。这个明显的例子，可以证明，他矫枉过正的态度把他对于谎言的痛恨与指斥“精神传染病”的本能，一直推到何等极端的地步。他自己亦知道，可无法克制。人类道德的背面，不可思议的盲目，使这个洞察心魂的明眼人，这个热情的唤引者，把《李尔王》当作“拙劣的作品”。把高傲的考狄利亚[①]当作“毫无个性的人物”。

但也得承认他很明白地看到莎士比亚的若干缺点，因我们不能真诚地说出的；例如，诗句的雕琢，笼统地应用于一切人物的热情的倾诉，英雄主义，单纯质朴。我完全懂得，托尔斯泰在一切作家中是最缺文学家气质的人，故他对于文人中最有天才的人的艺术，自然没有多少好感。但他为何要耗费时间去讲人家所不能懂得的事物？而且批判对于你完全不相干的世界又有什么价值？

如果我们要在这些批判中去探寻那些外国文学的门径，那么这些批判是毫无价值的。如果我们要在其中探寻托尔斯泰的艺术宝钥，那么，它的价值是无可估计的。我们不能向一个创造的天才要求大公无私的批评。当瓦格纳、托尔斯泰在谈起贝多芬与莎士比亚时，他们所谈的并非是贝多芬与莎士比亚，而是他们自身；他们在发表自己的理想。他们甚至不试着欺骗我们。批判莎士比亚时，托尔斯泰并不使自己成为“客观”。他正责备莎士比亚的客观的艺术。《战争与和平》的作者，无人格性的艺术的大师，对于那些德国批评家，在歌德之后发现了莎士比亚，发现了“艺术应当是客观的，即是应当在一切道德价值之外去表现故事——这是否定以宗教为目

① 考狄利亚，李尔王的女儿，一个模范的孝女。

的的艺术”这种理论的人，似乎还轻蔑得不够。

因此，托尔斯泰是站在信仰的高峰宣布他的艺术批判，在他的批评中，不必寻觅任何个人的成见。他并不把自己作为一种模范；他对于自己的作品和对于别人的作品同样毫无怜惜。那么，他愿望什么，他所提议的宗教理想对于艺术又有什么价值？

这理想是美妙的。“宗教艺术”这名词，在含义的广博上容易令人误会。其实，托尔斯泰并没限制艺术，而是把艺术扩大了。艺术，他说，到处皆是。

> 艺术渗透我们全部的生活，我们所称为艺术的：戏剧，音乐会，书籍，展览会，只是极微小的部分而已。我们的生活充满了各色各种的艺术表白，自儿童的游戏直至宗教仪式。艺术与言语是人类进步的两大机能。一是沟通心灵的，一是交换思想的。如果其中有一个误入歧途，社会便要发生病态。今日的艺术即已走入了歧途。

自文艺复兴以来，我们再不能谈起基督教诸国的一种艺术。各阶级是互相分离了。富人，享有特权者，僭越了艺术的专利权；他们依了自己的欢喜，立下艺术的水准。在远离穷人的时候，艺术变得贫弱了。

> 不靠工作而生活的人所感到的种种情操，较之工作的人所感到的情操要狭隘得多。现代社会的情操可以概括为三：骄傲，肉感，生活的困倦。这三种情操及其分枝，差不多构成了富人阶级的全部艺术题材。

它使世界腐化，使民众颓废。助长淫欲，它成为实现人类福利的最大障碍。而且它也没有真正的美，不自然，不真诚——是一种造作的、肉欲的艺术。

在这些美学者的谎言与富人的消遣品前面，我们来建立起活的，人间的，联合人类，联合阶级，团结国家的艺术。过去便有光荣的榜样。

> 我们所认为最崇高的艺术：永远为大多数的人类懂得并爱好的，

创世纪的史诗，福音书的寓言，传说，童话，民间歌谣。

最伟大的艺术是传达时代的宗教意识的作品。在此不要以为是一种教会的主义。“每个社会有一种对于人生的宗教观：这是整个社会都向往的一种幸福的理想。”大家都有一种情操，不论感觉得明显些或暗晦些；若干前锋的人便明白确切地表现出来。

永远有一种宗教意识。这是河床。①

我们这时代的宗教意识，是对于由人类友爱造成的幸福的企图。只有为了这种结合而工作的才是真正的艺术。最崇高的艺术，是以爱的力量来直接完成这事业的艺术。但以愤激与轻蔑的手段攻击一切反博爱原则的事物，也是一种参加这事业的艺术。例如，狄更斯的小说，陀思妥耶夫斯基的作品，雨果的《悲惨世界》，米勒的绘画。即使没有达到这高峰的，一切以同情与真理来表现日常生活的艺术亦能促进人类的团结。例如《堂吉诃德》，与莫里哀的戏剧。当然，这最后一种艺术往往因为它的过于琐碎的写实主义与题材的贫弱而犯有错误，“如果我们把它和古代的模范，如《约瑟行述》来相比的时候”。过于真切的枝节会妨害作品，使它不能成为普遍的作品。

现代作品常为写实主义所累，所以更应当指斥这艺术上狭隘的情调。

这样，托尔斯泰毫无犹豫地批判他自己的天才的要素。对于他，把他自己整个地为了未来而牺牲，使他自己什么也不再存留，也是毫无关系的。

未来的艺术定不会承继现在的艺术，它将建筑于别的基础之上。它将不复是一个阶级的所有物。艺术不是一种技艺，它是真实情操的表白。可是，艺术家唯有不孤独，唯有依据人类自然生活的时候，才

① 或更确切地说：“这是河流的方向。”

> 能感到真实的情操，故凡受到人生的庇护的人，在创造上，是处于最坏的环境中。

在将来，“将是一切有天职的人成为艺术家的”。“由于初级学校中便有音乐与绘画的课程和文法同时教授儿童”，使大家都有达到艺术活动的机会。而且，艺术更不用复杂的技巧，如现在这样，它将走上简洁、单纯、明白的路，这是古典的、健全的、荷马的艺术的要素。[①]在这线条明净的艺术中表现这普遍的情操，将是何等的美妙！为了千万的人类去写一篇童话或一曲歌，画一幅像，比较写一部小说或交响曲重要而且难得多。[②]这是一片庞大的、几乎还是未经开发的园地。由于这些作品，人类将懂得友爱的团结的幸福。

> 艺术应当铲除强暴，而且唯有它才能做到。它的使命是要使天国，即爱，来统治一切。[③]

我们之中谁又不赞同这些慷慨的言辞呢？且谁又不看到，含有多少理想与稚气的托尔斯泰的观念，是生动的与丰富的！是的，我们的艺术，全部只是一个阶级的表白，在这一个国家与别一个国家的界域上，又分化为若干敌对的领土。在欧洲没有一个艺术家的心魂能实现各种党派各个种族的团结。在我们的时代，最普遍的，即是托尔斯泰的心魂。在他的心灵上，我们相爱了，一切阶级一切民族中的人都联合一致了。他，如我们一

---

① 1873年，托尔斯泰写道：“你可以任意思想，但你作品中每个词，必须为一个把书籍从印刷所运出的推车夫也能懂得。在一种完全明白与质朴的文字中决不会写出坏的东西。”

② 托尔斯泰自己做出例子。他的“读本四种”为全俄罗斯所有的小学校——不论是教内或教外的——采用。他的《通俗短篇》成为无数民众的读物。斯捷潘·阿尼金于1910年12月7日在日内瓦大学演讲《纪念托尔斯泰》词中有言：“在下层民众中，托尔斯泰的名字和‘书籍’的概念连在一起了。”我们可以听到一个俄国乡人在图书馆中向管理员说：“给我一本好书，一本托尔斯泰式的！”（他的意思是要一部厚厚的书。）

③ 这人类间友爱的联合，对于托尔斯泰还不是人类活动的终极；他的不知足的心魂使他怀着超过爱的一种渺茫的理想，他说：“也许有一天科学将发现一种更高的艺术理想，由艺术来加以实现。”

样，体味过了这伟大的爱，再不能以欧洲狭小团体的艺术所给予我们的人类伟大心魂的残余为满足了。

《通俗故事》《黑暗的力量》《伊万·伊里奇之死》《克勒策奏鸣曲》

最美的理论只有在作品中表现出来时才有价值。对于托尔斯泰，理论与创作永远是相连的，有如信仰与行动一般。在他构成他的艺术批评时，他同时拿出他所希求的新艺术的模型。这模型包括两种艺术形式，一是崇高的，一是通俗的，在最富人间性的意义上，都是“宗教的”——一是努力以爱情来团结人类，一是对爱情的仇敌宣战。他写成了下列几部杰作：《伊万·伊里奇之死》（1884—1886），《民间故事与童话》（1881—1886），《黑暗的力量》（1886），《克勒策奏鸣曲》（1889），和《主与仆》（1895）。这一个艺术时期仿如一座有两个塔尖的大寺，一个象征永恒的爱，一个象征世间的仇恨；在这个时间的终极与最高峰诞生了《复活》（1899）。

这一切作品，在新的艺术性格上，都和以前的大不相同。托尔斯泰不但对于艺术的目的，且对于艺术的形式也改变了见解。在《我们应当怎么做?》或《莎士比亚论》中，我们对他所说的趣味与表现的原则觉得奇怪。它们大半都和他以前的大作相抵触。“清楚、质朴、含蓄”，我们在《我们应当怎么做?》中读到这些标语。他蔑视一切物质的效果，批斥细磨细琢的写实主义。——在《莎士比亚论》中，他又发表关于完美与节度的纯古典派的理想。“没有节度观念，没有真正的艺术家。”——而在他的新作品中，即使这老人不能把他

《复活》早期英语版插图

自己，把他的分析天才与天生的狂野完全抹煞，（在若干方面，这些天禀反而更明显）但线条变得更明显更强烈，心魂蓄藏着更多的曲折，内心变化更为集中，宛如一头被囚的动物集中力量准备飞腾一般，更为普遍的感情从一种固有色彩的写实主义与短时间的枝节中解脱出来，末了，他的言语也更富形象，更有韵味，令人感到大地的气息：总之，他的艺术是深深地改变了。

他对于民众的爱情，好久以来已使他体味通俗言语之美。童年时他受过行乞说书者所讲的故事的熏陶。成人而变了名作家之后，他在和乡人的谈话中感到一种艺术的乐趣。

“这些人，”以后他和保尔·布瓦耶说，“是创造的名手。当我从前和他们，或和这些背了粮袋在我们田野中乱跑的流浪者谈话时，我曾把为我是第一次听到的言辞，为我们现代文学语言所遗忘，但总是为若干古老的俄国乡间所铸造出来的言辞，详细记录下来……是啊，言语的天才存在于这等人身上……”

他对于这种语言的感觉更为敏锐，尤其因为他的思想没有被文学窒息。远离着城市，混在乡人中间过生活，久而久之，他思想的方式渐渐变得如农人一般。他和他们一样，具有冗长的辩证法，理解力进行极缓，有时混杂着令人不快的激动，老是重复说尽人皆知的事情，而且用了同样的语句。

但这些却是民间语言的缺陷而非长处。只是年深月久之后，他才领会到其中隐藏着的天才，如生动的形象，狂放的诗情，传说式的智慧。自《战争与和平》那时代始，他已在受着它的影响。1872年3月，他写信给斯特拉科夫说：

> 我改变了我的语言与文体。民众的语言具有表现诗人所能说的一切的声音。它是诗歌上最好的调节器。即使人们要说什么过分或夸大的话，这种语言也不能容受。不像我们的文学语言般没有骨干，可以随心所欲地受人支配，完全是舞文弄墨的事情。①

① 见《生活与作品》。——1879年夏天，托尔斯泰与农人交往甚密，斯特拉科夫告诉我们，除了宗教之外，“他对于言语极感兴趣。他开始明白地感到平民言语的美，每天，他发现新词，每天，他更蔑视文言的言语”。

他不独在风格上采取民众语言的模型；他的许多感应亦是受它之赐。1877年，一个流浪的说书者到亚斯纳亚·波利亚纳来，托尔斯泰把他所讲的故事记录了好几桩。如几年之后托尔斯泰所发表的最美的《民间故事与童话》中《人靠了什么生活?》与《三老人》两篇即是渊源于此。

近代艺术中独一无二之作。比艺术更崇高的作品：在读它的时候，谁还想起文学这东西？福音书的精神，同胞一般的人类的贞洁的爱，更杂着民间智慧的微笑般的欢悦，单纯，质朴，明净，无可磨灭的心的慈悲——和有时那么自然地照耀着作品的超自然的光彩！在一道金光中，它笼罩着一个中心人物爱里赛老人，或是鞋匠马丁——那个从与地一样平的天窗中看见行人的脚和上帝装扮作穷人去访问他的人。这些故事，除了福音书中的寓言之外，更杂有东方传说的香味，如他童时起便爱好的《天方夜谭》中的。有时是一道神怪的光芒闪耀着，使故事具有骇人的伟大。有如《农奴巴霍姆》，拼命收买土地，收买在一天中所走到的全部土地。而他在走到的时候死了。

> 在山岗上，斯塔尔希纳坐在地下，看他奔跑。巴霍姆倒下了。
> ——“啊，勇敢的人，壮士，你获得了许多土地。”
> 斯塔尔希纳站起，把一把铲掷给巴霍姆的仆人！
> ——“哦，把他掩埋吧。”
> 仆人独自一人，为巴霍姆掘了一个墓穴，恰如他从头到脚的长度——他把他埋了。

这些故事，在诗的气氛中，几都含有福音书中的道德教训，关于退让与宽恕的：

> 不要报复得罪你的人。
> 不要抵抗损害你的人。
> “报复是属于我的。”上帝说。

无论何处，结论永远是爱。托尔斯泰愿建立一种为一切人类的艺术一下子获得了普遍性。在全世界，他的作品获得永无终止的成功：因为它从艺术的一切朽腐的原子中升华出来；在此只有永恒。

《黑暗的力量》一书，并不建筑于心的严肃的单纯的基础上；它绝无这种口实：这是另外的一方面。一面是神明的博爱之梦。一面是残酷的现实。在读这部戏剧时，我们可以看到托尔斯泰是否果能把民众理想化而揭穿真理！

托尔斯泰在他大半的戏剧试作中是那么笨拙，在此却达到了指挥如意的境界。性格与行动布置得颇为自然：刚愎自用的尼基塔，阿尼西娅的狂乱与纵欲的热情，老马特廖娜的无耻的纯朴，养成她儿子的奸情，老阿基姆的圣洁——不啻是一个外似可笑而内是神明的人。——接着是尼基塔的溃灭，并不凶恶的弱者，虽然自己努力要悬崖勒马，但终于被他的母与妻诱入堕落与犯罪之途。

> 农奴是不值钱的。但她们这些野兽！什么都不怕……你们，其他的姊妹们，你们是几千几万的俄国人，而你们竟如鼹鼠一样盲目，你们什么都不知道，什么都不知道！……农奴他至少还能在酒店里，或者在牢狱里——谁知道？——军营里学习什么东西，可是野兽……什么？她什么也不看见，不听得。她如何生长，便如何死去。完了……她们如一群盲目的小犬，东奔西窜，只把头往垃圾堆里乱撞。她们只知道她们愚蠢的歌曲：“呜——呜！呜——呜！”什么！……呜——呜？她们不知道。

接着是谋害新生婴儿的可怕的一场。尼基塔不愿杀。但阿尼西娅，为了他而谋害了她的丈夫的女人，她的神经一直为了这件罪案而执拗着痛苦着，她变得如野兽一般，发疯了，威吓着要告发他；她喊道：

> 至少，我不复是孤独的了。他也将是一个杀人犯。让他知道什么叫作凶犯！

尼基塔在两块木板中把孩子压死。在他犯罪的中间，他吓呆了，逃跑，他威吓着要杀阿尼西娅与他的母亲，他号啕，他哀求：

我的小母亲，我不能再支持下去了！

他以为听见了被压死的孩子的叫喊。

我逃到哪里去？

这是莎士比亚式的场面。——没有上一场那样的狂野，但更惨痛的，是小女孩与老仆的对话。他们在夜里听到，猜到在外面展演的惨案。

末了是自愿的惩罚。尼基塔，由他的父亲阿基姆陪着，赤着足，走入一个正在举行结婚礼的人群中。他跪着，他向全体人员请求宽恕，他自己供认他的罪状。老人阿基姆用痛苦的目光注视着他鼓励他：

上帝！噢，他在这里，上帝！

这部剧作所以具有一种特殊的艺术韵味者，更因为它采用乡人的语言。“我搜遍我的笔记夹以写成《黑暗的力量》。”这是托尔斯泰和保尔·布瓦耶所说的话。

这些突兀的形象，完全是从俄国民众的讽刺与抒情的灵魂中涌现出来的，自有一种强烈鲜明的色彩，使一切文学的形象都为之黯然无色。我们感到作者在艺术家身份上，以记录这些表白与思想为乐，可笑之处也没有逃过他的手法；而在热情的使徒身份上，却在为了灵魂的黑暗而痛惜。

在观察着民众，从高处放一道光彩透破他们的黑夜的时候，托尔斯泰对于资产与中产阶级的更黑暗的长夜，又写了两部悲壮的小说。我们可以感到，在这时代，戏剧的形式统制着他的艺术思想。《伊万·伊里奇之死》与《克勒策奏鸣曲》两部小说都是紧凑的、集中的内心悲剧；在《克勒策奏鸣曲》中，又是悲剧的主人翁自己讲述的。

《伊万·伊里奇之死》（1884—1886）是激动法国民众最剧烈的俄国作品之一。本书之首，我曾说过我亲自见到法国外省的中产者，平日最不关心艺术的人，对于这部作品也受着极大的感动。这是因为这部作品是以骇人的写实手法，描写这些中等人物中的一个典型，尽职的公务员，没有宗教，没有理想，差不多也没有思想，埋没在他的职务中，在他的机械生活中，直到临死的时光方才凛然发觉自己虚度了一世。伊万·伊里奇是1880年代的欧洲中产阶级的代表，他们读着左拉的作品，听着萨拉·伯恩哈特的演唱，毫无信仰，甚至也不是非宗教者：因为他们既不愿费心去信仰，也不愿费心去不信仰——他们从来不想这些。

由于对人世尤其对婚姻的暴烈的攻击与挖苦，《伊万·伊里奇之死》是一组新作品的开始；它是《克勒策奏鸣曲》与《复活》的更为深刻与惨痛的描写的预告。它描写这种人生（这种人生何止千万）的可怜的空虚，无聊的野心，狭隘的自满——“至多是每天晚上和他的妻子面对面坐着”——职业方面的烦恼，想象着真正的幸福，玩玩“非斯脱”纸牌。而这种可笑的人生为了一个更可笑的原因而丧失，当伊万·伊里奇有一天在客厅的窗上悬挂一条窗帘而从扶梯上滑跌下来之后，他感到人生的虚伪，疾病的虚伪，只顾自己的强健的医生的虚伪。因为疾病感到厌恶的家庭的虚伪。妻子的虚伪，她只筹划着丈夫死后她将如何生活。一切都是虚伪，只有富有同情的仆人，对于垂死的人并不隐瞒他的病状而友爱地看护着他。伊万·伊里奇“对自己感觉无穷的痛惜”，为了自己的孤独与人类的自私而痛哭；他受着极残酷的痛苦，直到他发觉他过去的生活只是一场骗局的那天，但这骗局，他还可补救。立刻，一切都变得清明了——这是在他逝世的一小时之前。他不复想到他自己，他想着他的家族，他矜怜他们；他应当死，使他们摆脱他。

> ——痛苦，你在哪里？——啊，在这里……那么，你顽强执拗下去吧。——死，它在那里？——他已找不到它了。没有死，只有光明。——“完了。”有人说。——他听到这些话，把它们重复地说。——“死不复存在了。”他自言自语说。

在《克勒策奏鸣曲》中，简直没有这种光明的显露。这是一部攻击社会的狞恶可怖的作品，有如一头受创的野兽，要向他的伤害者报复。我们不要忘记，这是杀了人，为嫉妒的毒素侵蚀着的凶横的人类的忏悔录。托尔斯泰在他的人物后面隐避了。无疑地，我们在对于一般的伪善的攻击中可以找到他的思想，他的语气，他所深恶痛恨的是：女子教育，恋爱，婚姻——“这日常的卖淫”；社会，科学，医生——这些“罪恶的播种者”等等的虚伪。但书中的主人翁驱使作者采用粗犷的表辞，强烈的肉感的描绘——画出一个淫逸的人的全部狂热——而且因为反动之故，更表示极端的禁欲与对于情欲的又恨又惧，并如受着肉欲煎熬的中世纪僧侣般诅咒人生。写完了，托尔斯泰自己也为之惊愕：

“我绝对没有料到，”他在《克勒策奏鸣曲》的跋文中说，“一种严密的论理会把我在写作这部小说的时候，引我到我现在所到达的地步。我自己的结论最初使我非常惊骇，我不愿相信我的结论，但我不能……我不得不接受。”

他在凶犯波斯德尼舍夫口中说出攻击爱情与婚姻的激烈的言论：

> 一个人用肉感的眼光注视女人——尤其是他自己的妻子时，他已经对她犯了奸情。
>
> 当情欲绝灭的时候，人类将没有存在的理由，他已完成自然的律令；生灵的团结将可实现。

他更依据了圣马太派的福音书论调，说：“基督教的理想不是婚姻，无所谓基督教的婚姻，在基督教的观点上，婚姻不是一种进步，而是一种堕落，爱情与爱情前前后后所经历的程序是人类真正的理想的阻碍。”①

但在波斯德尼舍夫口中没有流露出这些议论之前，这些思想从没有在托尔斯泰脑中显得这样明白确切。好似伟大的创造家一样，作品推进作家；艺术家走在思想家之前。——可是艺术并未在其中有何损失。在效果的力量上，在热情的集中上，在视觉的鲜明与狂野上，在形式的丰满与成熟上，没有一部托尔斯泰的作品可和《克勒策奏鸣曲》相比。

现在我得解释它的题目了。——实在说，它是不确切的。这令人误会作品的内容。音乐在此只有一种副作用。取消了奏鸣曲，什么也不会改变。托尔斯泰把他念念不忘的两个问题混在一起——他认为音乐与恋爱都

① 注意托尔斯泰从未天真地相信独身与贞洁的理想对于现在的人类是可以实现的。但依他的意思，一种理想在定义上是不能实现的，但它是唤引人类的英雄的力量的一种教训。

具有使人堕落的力量——这是错误的。关于音乐的魔力，须由另一部专书讨论；托尔斯泰在此所给予它的地位，不是证实他所判断的危险。在涉及本问题时，我不得不有几句赘言：因为我不相信有人完全了解托尔斯泰对音乐的态度。

要说他不爱音乐是绝对不可能的。一个人只怕他所爱的事物。我们当能记忆音乐的回忆在《童年时代》中，尤其在《夫妇的幸福》中所占的地位，本书中所描写的爱情的周圈，自春至秋，完全是在贝多芬的*Quasi una fantasia*奏鸣曲①的各个阶段中展演的。我们也能记忆涅赫留多夫②与小彼佳③在临终的前夜在内心听到的美妙的交响曲。托尔斯泰所学的音乐或许并不高妙④，但音乐确把他感动至于下泪；且在他一生的某几个时代，他曾纵情于音乐。1858年，他在莫斯科组织一个音乐会，即是以后莫斯科音乐院的前身。他的妻弟别尔斯在《关于托尔斯泰的回忆》中写道：

> 他酷好音乐。他能奏钢琴，极爱古典派大师。他往往在工作之前弹一会儿琴。很可能，他要在音乐中寻求灵感。他老是为他最小的妹妹伴奏，因为他欢喜她的歌喉。我留意到他被音乐所引动的感觉，脸色微微显得苍白，而且有一种难于辨出的怪相，似乎是表现他的恐怖。

这的确是和这震撼他心灵深处的无名的力接触后的恐怖！在这音乐的世界中，似乎他的意志，理性，一切人生的现实都溶解了。我们只要读《战争与和平》中描写尼古拉·罗斯托夫赌输了钱，绝望着回家的那段。他听见他的妹妹娜塔莎在歌唱。他忘记了一切：

> 他不耐烦地等待着应该连续下去的一个音，刹那间世界上只有那

---

① 俗称月光曲。

② 在《一个绅士的早晨》的终端。

③ 见《战争与和平》。——在此我且不说那《阿尔贝》（1857）讲一个天才音乐家的故事；那短篇且是极弱的作品。

④ 参看《青年时代》中述及他学钢琴的一段。——“钢琴于我是一种以感伤情调来迷醉小姐们的工具。”

段三拍子的节奏：Oh！mio crudele affetto！[①]

——“我们的生活真是多么无聊，”他想，“灾祸，金钱，恨，荣誉，这一切都是空的……瞧，这才是真实的！……娜塔莎，我的小鸽！我们且看她能否唱出B音……她已唱出了，谢上帝！”

他，不知不觉地唱起来了，为增强这B音起见，他唱和着她的三度音程。

——“噢，吾主，这真是多么美！是我给予她的吗？何等的幸福！”他想；而这三度音程的颤动，把他所有的精纯与善性一齐唤醒了。在这超人的感觉旁边，他赌输的钱与他允诺的言语又算得什么！……疯狂啊！一个人可以杀人，盗窃，而仍不失为幸福。

事实上，尼古拉既不杀人，也不偷盗，音乐于他亦只是暂时的激动；但娜塔莎已经到了完全迷失的顶点。这是在歌剧院某次夜会之后，“在这奇怪的、狂乱的艺术世界中，远离着现实，一切善与恶，诱惑与理性混合在一起的世界中”，她听到阿纳托里·库拉金的倾诉而答应他把她带走的。

托尔斯泰年纪越大，越害怕音乐。[②]1860年时在德累斯顿见过他而对他有影响的人，奥尔巴赫[③]，一定更增加他对于音乐的防范。“他讲起音乐仿佛是一种颓废的享乐。据他的见解，音乐是倾向于堕落的涡流。”

卡米耶·贝莱格问：在那么多的令人颓废的音乐家中，为何要选择一个最纯粹最贞洁的贝多芬？[④]——因为他是最强的缘故。托尔斯泰曾经爱他，他永远爱他。他的最辽远的童年回忆是和《悲怆奏鸣曲》有关联的；在《复活》的终局，当涅赫留多夫听见奏着《C小调交响曲》的“行板”时，他禁不住流下泪来；“他哀怜自己。”——可是，在《艺术论》中，托尔斯泰论及“聋子贝多芬的病态的作品”时，表现出何等激烈的怨恨；1876年时，他已经努力要“摧毁贝多芬，使人怀疑他的天才”，使柴可夫斯基大为不平，而他对于托尔斯泰的佩服之心也为之冷却了。《克勒策奏鸣

① 意大利语：啾，我痛苦的爱情！——编注

② 他从未中止对于音乐的爱好。他年老时的朋友，一个是音乐家戈登魏泽，于1910年时在亚斯亚纳避暑。在托尔斯泰最后一次病中，他几乎每天来为他弄音乐。

③ 奥尔巴赫（Berthold Auerbach，1812—1882），德国犹太裔诗人、作家。

④ 见卡米耶·贝莱格著《托尔斯泰与音乐》。（1911年1月4日《高卢人》日报）

曲》更使我们彻底看到这种热狂的不公平。托尔斯泰所责备贝多芬的是什么呢？他的强力。他如歌德一样，听着《C小调交响曲》，受着它的震撼，愤怒地对着这权威的大师表示反动。

“这音乐，”托尔斯泰说，“把我立刻转移到和写作这音乐的人同样的精神境界内……音乐应该是国家的事业，如在中国一样。我们不能任令无论何人具有这魔术般的可怕的机能。……这些东西，(《克勒策奏鸣曲》中的第一个急板）只能在若干重要的场合中许它奏演……”

但在这种反动之后，我们看到他为贝多芬的大力所屈服，而且他亦承认这力量是令人兴起高尚与纯洁之情的！在听这曲子时，波斯德尼舍夫堕入一种不可确定的无从分析的境地内，这种境地的意识使他快乐；嫉妒匿迹了。女人也同样地被感化了。她在演奏的时候，“有一种庄严的表情”，接着浮现出“微弱的、动人怜爱的、幸福的笑容，当她演奏完了时”……在这一切之中，有何腐败堕落之处——只有精神被拘囚了，受着声音的无名的力量的支配。精神简直可以被它毁灭，如果它愿意。

这是真的；但托尔斯泰忘记一点：听音乐或奏音乐的人，大半都是缺少生命或生命极庸俗的。音乐对于一般没有感觉的人是不会变得危险的。一般感觉麻木的群众，决不会受着歌剧院中所表现的《莎乐美》的病态的情感所鼓动。必得要生活富丽的人，如托尔斯泰般，方有为了这种情绪而受苦的可能。——实际是，虽然他对于贝多芬是那么不公平，托尔斯泰比今日大半崇拜贝多芬的人更深切地感到贝多芬的音乐。至少他是熟识充满在“老聋子”作品中的这些狂乱的热情，这种狂野的强暴，为今日的演奏家与乐队所茫然不解的。贝多芬对于他的恨意比着对于别人的爱戴或许更为满意呢。

《复活》

《复活》与《克勒策奏鸣曲》相隔十年，十年之中，日益专心于道德宣传。《复活》与这渴慕永恒的生命所期望着的终极也是相隔十年。《复活》可说是托尔斯泰艺术上的一种遗嘱，它威临着他的暮年，仿如《战争与和平》威临着他的成熟时期。这是最后的一峰或者是最高的一峰——如果不是最威严的——不可见的峰巅在雾氛中消失了。[1]托尔斯泰正是七十岁。他注视着世界，他的生活，他的过去的错误，他的信仰，他的圣洁的愤怒。他从高处注视一切。这是如在以前的作品中同样的思想，同样对于虚伪的战争，但艺术家的精神，如在《战争与和平》中一样，统制着作品；在《克勒策奏鸣曲》与《伊万·伊里奇》的骚动的精神与阴沉的讥讽之中，他又混入一种宗教式的静谧，这是在他内心反映着的世界中超脱出来的，我们可以说有时竟是基督徒式的歌德。

我们在最后一时期内的作品中所注意到的艺术性格，在此重复遇到，尤其是叙事的集中，在一部长篇小说中较之在短篇故事中更为明显。作品是一致的，在这一点上和《战争与和平》与《安娜·卡列尼娜》完全不同。几乎没有小故事的穿插。唯一的动作，在全部作品中十分紧凑地进展，而且各种枝节都搜罗净尽。如在《克勒策奏鸣曲》中一样，同样淋漓尽致的人物描绘。越来越明澈越坚实并且毫无顾忌的写实，使他在人性中看到兽性——“人类的可怕的顽强的兽性，而当这兽性没有发现，掩藏在所谓诗意的外表下面时更加可怕。”这些沙龙中的谈话，只是以满足肉体的需要为目的：“在播动口腔与舌头的筋肉时，可以帮助消化。”犀利的视觉，对于任何人都不屑假借，即使是美丽的科尔夏金女郎也不能免，“肱骨的前突，大拇指甲的宽阔”，她裸裼袒露的情态使涅赫留多夫感到“羞耻与厌恶，厌恶与羞耻”，书中的女主人，玛斯洛娃也不能被视为例外，她的沦落的征象丝毫不加隐匿，她的早衰，她的猥亵卑下的谈吐，她的诱人的微笑，她的酒气熏人的气味，她的满是火焰的红红的脸。枝节的描写有如自然派作家的狂野：女人踞坐在垃圾箱上讲话。诗意的想象与青春的气韵完全消失了，只有初恋的回忆，还能在我们心中引起强烈的颤动，又如那复活节前的星期六晚上，白雾浓厚到“屋外五步之处，只看见一个黑块，其中隐现着一星灯火”，午夜中的鸡鸣，冰冻的河在剥裂作响，好似玻璃杯在破碎，一个青年在玻璃窗中偷窥一个看不见他的少女，坐在桌子旁边，在黝暗的灯光之下，这是卡秋莎在沉思，微笑，幻梦。

作者的抒情成分占着极少的地位。他的艺术面目变得更独立，更摆脱他自己的个人生活。托尔斯泰曾努力要革新他的观察领域。他在此所研究

① 托尔斯泰预定要写第四部，实际是没有写。

的犯罪与革命的领域，于他而言是陌生的；[①]他只赖着自愿的同情透入这些世界中去；他甚至承认在没有仔细观察他们之前，革命者是为他所极端厌恶的。尤其令人惊佩的是他的真切的观察，不啻是一面光明无瑕的镜子。典型的人物多么丰富，枝节的描写多么确切！卑劣与德行，一切都以不宽不猛的态度，镇静的智慧与博爱的怜悯去观察。……妇女们在牢狱里，可哀的景象！她们毫无互相矜怜之意；但艺术家是一个温良的上帝：他在每个女人心中看到隐在卑贱以内的苦痛，在无耻的面具下看到涕泗纵横的脸。纯洁的，惨白的微光，在玛斯洛娃的下贱的心魂中渐渐地透露出来，终于变成一朵牺牲的火焰鲜明地照耀着它，这微光的动人的美，有如照在伦勃朗微贱的画面上的几道阳光。毫无严厉的态度，即使是对于刽子手们也不。“请宽恕他们，吾主，他们不知道他们所做的事情。”……最糟的是，他们明白自己所做的事，并且为之痛悔，但他们无法禁阻自己不做。书中特别表出一种无可支撑的宿命的情调，这宿命压迫着受苦的人与使人受苦的人——例如这典狱官，充满着天然的慈善，对于这狱吏生活，和对于他的羸弱失神的女儿一天到晚在钢琴上学习李斯特的《匈牙利狂想曲》，同样的厌恶——这西伯利亚城的聪明善良的统治官，在所欲行的善与不得不作的恶之间发生了无可解决的争斗，于是，三十五年以来，他拼命喝酒，可是即在酒醉的时候，仍不失他的自主力，仍不失他的庄重——更有这些人物对于家庭满怀着温情，但他们的职业逼使他们对于别人毫无心肝。

在各种人物的性格中，缺乏客观真实性的，唯有主人翁涅赫留多夫的性格，因为托尔斯泰把自己的思想完全寄托在他身上。这已经是《战争与和平》与《安娜·卡列尼娜》中最著名的人物，如安德烈亲王，皮埃尔·别祖霍夫，列文等的缺点——或可说是危险。但他们的缺点不算太严重：因为那些人物，在地位与年龄上，与托尔斯泰的精神状态更为接近。不像在此，作者在主人翁三十五岁的身体中，纳入一个格格不入的七十老翁的灵魂。我不说涅赫留多夫的精神错乱缺少真实性，也并非说这精神病不能

① 相反，托尔斯泰曾混入他在《战争与和平》《安娜·卡列尼娜》《高加索人》《塞瓦斯托波尔纪事》中所描绘的各种社会：贵族沙龙、军队、街头生活。他只要回忆一下便是。

发生得如此突兀。[①]但在托尔斯泰所表现的那人物的性情禀赋上，在他过去的生活上，绝无预示或解释这精神病发生的原因：而当它一朝触发之后，便什么也阻挡不住了；无疑地，对于涅赫留多夫的不道德的混合与牺牲思想的交错，自怜自叹与以后在现实面前感到的惊惧憎恶，托尔斯泰曾深切地加以标明。但他的决心绝不屈服。只是以前那些虽然剧烈究属一时的精神错乱，和这一次的实在毫无关联。什么也阻不住这优柔寡断的人了。这位亲王家里颇富有，自己也受人尊重，对于社会的舆论颇知顾虑，正在娶一位爱他而他亦并不讨厌的女子，突然决意放弃一切：财富，朋友，地位，而去娶一个娼妓，为的是要补赎他的旧愆。他的狂乱支持了几个月之久，无论受到何种磨炼，甚至听到他所要娶为妻子的人继续她的放浪生活，也不能使他气馁。[②]——在此有一种圣洁，为陀思妥耶夫斯基的心理分析能在暗晦的意识深处，能在他的主人翁的机构中，发露出它的来源的。但涅赫留多夫绝无陀思妥耶夫斯基式人物的气质。他是普通人物的典型，庸碌而健全的，这是托尔斯泰所惯于选择的人物。实际上，我们明白感到，一个十分现实主义的人[③]和属于另一个人的精神错乱并立着；——而这另一个人，即是托尔斯泰老翁。

本书末尾，在严格写实的第三部分中更杂有不必要的福音书般的结论：在此又予人以双重元素对立着的印象——因为这个人信仰的行为显然不是这主人翁的生活的符合逻辑的结果。且托尔斯泰把他的宗教掺入他的写实主义亦非初次；但在以前的作品中，两种元素混合得较为完满。在此，它们同时存在，并不混合；而因为托尔斯泰的信心更离开实证，他的写实主义却逐渐鲜明而尖锐，故它们的对照愈显得强烈。这是年纪的——而非衰弱的——关系，故在连续的关节上缺少婉转自如。宗教的结论绝非作品在结构上自然发展的结果。我确信在托尔斯泰的心灵深处，虽然他自己那么肯定，但他那艺术家的真理与他作为信仰者的真理绝没有完满的

---

① 托尔斯泰也许想起他的弟弟德米特里，他也是娶了一个玛斯洛娃般的女人。但德米特里的暴烈而失掉平衡的性格是和涅赫留多夫的气质不同的。

② 当涅赫留多夫知道了玛斯洛娃仍和一个男护士犯奸时，他更坚决地要“牺牲他的自由以补赎这个女人的罪恶”。

③ 托尔斯泰描绘人物的手法从没如此有力，如此稳健。可参看涅赫留多夫在第一次出席法院以前的各幕。

调和。

然而即使《复活》没有他早年作品的和谐的丰满，即使我个人更爱《战争与和平》，它仍不失为歌颂人类同情的最美的诗——最真实的诗，也许，我在本书中比在他别的任何作品中更清楚地看到托尔斯泰的清明的目光，淡灰色的，深沉的，“深入人的灵魂的目光”，它在每个灵魂中都看到神的存在。

托尔斯泰的社会思想

托尔斯泰永远不委弃艺术。一个大艺术家，即是他想要那样，也不能舍弃他自己借以存在的理由。为了宗教的原由，他可以不发表；但他不能不写作。托尔斯泰从未中途辍弃他的艺术创作。在亚斯纳亚·波利亚纳，在最后几年中见到他的保尔·布瓦耶说他埋首于宣道或笔战的工作与纯属幻想的事业；他把这几种工作作为调剂。当他完成了什么关于社会的论著，什么《告统治者书》或《告被统治者书》时，他便再来写一部他想象了好久的美丽的故事——如他的《哈吉·穆拉特》那部军队的史诗，歌咏高加索战争与山民的抵抗的作品，便是在这种情形下产生的。艺术不失为他的乐趣，他的宽弛。但他以为把艺术作为点缀未免是虚荣了。他曾编了一部《每日必读文选》（1904—1905）①，其中收集了许多作家对于人生与真理的思想——可说是一部真正的关于世界观的文选，从东方的圣书起到现代的艺术家无不包罗净尽——但除了这本书以外，他在1900年起所写的作品几乎全部是没有印行的手写稿。

反之，他大胆地、热情地发表他关于社会论战的含有攻击性的与神秘的文字。在1900—1910年间，他的最坚强的精力都消耗在社会问题的论战中，俄罗斯经历着空前的恐慌，帝国的基础动摇了，到了快要分崩离析的地步。日俄战争，战败以后的损失，革命的骚乱。海陆军队的叛变，屠杀，农村的暴动，似乎是“世纪末”的征兆——好似托尔斯泰的一部著作的题目所示的那般。——这大恐慌，在1904与1905年间达到了顶点。那时

① 这部文选，托尔斯泰视为他的主要作品之一：“《每日必读文选》，是我作品中很经意的东西，我非常重视它……”（1909年8月9日致扬·斯季卡书）

期，托尔斯泰印行了一组引起回响的作品《战争与革命》《大罪恶》《世纪末》。[①]在这最后的十年间，他占据着唯一的地位，不独在俄罗斯，而且在全世界，唯有他，不加入任何党派，不染任何国家色彩，脱离了把他开除教籍[②]的教会。他的理智的逻辑，他的信仰的坚决，逼得他“在离开别人或离开真理的二途中择一而行”。他想起俄国的一句谚语：“一个老人说谎，无异一个富人窃盗”；于是他和别人分离了，为的要说出真理。真理，他完全说给大家听了。这扑灭谎言的老人继续勇敢地抨击一切宗教的与社会的迷信，一切偶像。他不仅针对古代的虐政、教会的横暴与皇室权贵；在这大家向他们掷石的时候，他对于他们的愤怒也许反而稍稍平静了。人家已经认识他们，他们便不会如何可怕！而且，他们做他的职务并不欺骗人。托尔斯泰致俄皇尼古拉二世书，[③]在毫无对于俄皇应有的恭顺之中，却充满着对于人的温情，他称俄皇为“亲爱的兄弟”，他请他“原谅他，如果他在无意中使他不快”；他的署名是：“祝你有真正的幸福的你的兄弟”。

但托尔斯泰所最不能原谅的，所最刻毒地抨击的，是新的谎言，因为旧的谎言已经暴露了真面目。他痛恨的并非是奴隶主义，而是自由的幻象。但在新偶像的崇拜者中间，我们不知托尔斯泰更恨哪一种人：社会主义者或“自由党人”。

他对于自由党人的反感已经是年深月久的事。当他在塞瓦斯托波尔一役中当军官，和处在圣彼得堡的文人团体中的时候，他已具有这反感。这曾经是他和屠格涅夫不和的主要原因之一。这骄傲的贵族，世家出身的人物，不能忍受这些知识分子和他们的幻梦，说是不论出于自愿与否，依了他们的理想，可使国家获得真正的幸福。俄罗斯人的本色很浓，且是渊源旧族，[④]他对于自由党的新理论，这些从西方传来的立宪思想，素来抱着轻

① 大部分在托尔斯泰生前都被检查委员会删节不少，或竟完全禁止发行。直到大革命为止，在俄国流行的他的作品是以手抄本的形式藏在读者的大衣袋里的。即在今日，当一切都印行了的时候，共产党的检查并不较帝国时代的检查为宽大。

② 托尔斯泰的被除教籍，是1901年2月22日的事。起因是《复活》中有一章讲起弥撒祭的事情。这一章，在法译本中可惜被译者删掉了。

③ 关于土地国有问题，参看《大罪恶》（1905年印行）。

④ 勒鲁瓦·博利厄说托尔斯泰是“纯粹的莫斯科土著，斯拉夫血统的伟大的俄国人，芬兰的混血种，在体格上，他是更近于平民而较远于贵族”。（见1910年12月15日法国《两球杂志》）

蔑的态度，而他的两次欧洲旅行也只加强了他的信念。在第一次旅行回来时，他写道：

> 要避免自由主义的野心。

第二次旅行回来，他认为“特权社会”绝无权利可用它的方式去教育它所不认识的民众。……

在《安娜·卡列尼娜》中，他对于自由党人的蔑视，表现得淋漓尽致。列文拒绝加入内地的民众教育与举办新政的事业。外省绅士的选举大会表出种种欺罔的伎俩，使一个地方从旧的保守的行政中脱换到新的自由的行政。什么也没有变，只是多了一桩谎骗，这谎骗既不能加以原谅也不值得为之而耗费几个世纪。

“我们也许真是没有什么价值，”旧制度的代表者说，“但我们的存在已不下千余年了。”

而自由党人滥用“民众，民众的意志……”这些词句，益增托尔斯泰的愤懑。唉，他们知道些关于民众的什么事情？民众是什么？

尤其在自由主义获得相当的成功，将促成第一次国会的召集的时候，托尔斯泰对于立宪思想表示强烈的反对。

> 晚近以来，基督教义的变形促成了一种新的欺诈的诞生，它使我们的民众更陷于奴仆的状态。用了一种繁复的议会选举制度，使我们的民众想象在直接选出他们的代表时，他们已参与了政权，而在服从他们的代表时，他们无异服从自己的意志，他们是自由的。这是一种欺罔。民众不能表白他们的意志，即使以普选的方法也是不可能：第一，因为在一个有数百万人口的国家中，集团意志是不存在的；第二，即使有这种意志的存在，大多数的选举票也不会是这种意志的表白。不必说被选举人的立法与行政不是为了公众的福利而是为了维护自己的政权——也不必说民众的堕落往往是由于选举的压迫与违法——这谎言尤其可以致人死命，因为服从这种制度的人会堕入一种沾沾自满的奴隶状态……这些自由人不啻那些囚犯，因为可以选举执掌狱中警政的狱吏而自以为享受了自由……专制国家的人民可以完全

自由，即是在暴政苛敛之时。但立宪国家的人民永远是奴隶，因为他承认对他施行的强暴是合法的……瞧，人们竟欲驱使俄国人民和其他的欧洲民众同样入于奴隶状态！

在对于自由主义的离弃中，轻蔑统治着一切。对于社会主义，如果托尔斯泰不是禁止自己去憎恨一切，那他定会加以痛恨。他加倍地蔑视社会主义，因为它集两种谎言于一身：自由与科学。它的根据不是某种经济学，而它的绝对的定律握着世界进步的机捩吗？

托尔斯泰对于科学是非常严厉的。对这现代的迷信，“这些无用的问题：种族起源论，七色研究，镭锭原质的探讨，数论，化石动物，以及其他一切无益的论辩，为今日的人们和中世纪人对于圣母怀胎与物体双重性同样重视的”，托尔斯泰写着连篇累牍的文字，充满着尖利的讽刺。——他嘲弄“这些科学的奴仆，和教会的奴仆一般，自信并令人信他们是人类的教主，相信他们的颠扑不破性，但他们中间永远不能一致，分成许多小派，和教会一样，这些派别变成鄙俗不知道德的主因，且更使痛苦的人类不能早日解除痛苦，因为他们摒弃了唯一能团结人类的成分：宗教意识”。

当他看到这新的热狂的危险的武器落在一班自命为促使人类再生的人手中时，他的不安更甚，而愤怒之情亦更加剧了。他采用强暴手段时，无异是一个革命的艺术家。然而革命的知识分子与理论家是他痛恨的：这是害人的迂儒，骄傲而枯索的灵魂，不爱人类而只爱自己思想的人。①

思想，且还是卑下的思想。

社会主义的目的是要满足人类最低级的需求：他的物质的舒适。而即使是这目的，还不能以它所拟的方法达到。

实际上，它是没有爱的。它只痛恨压迫者，并“艳羡富人们的安定而

① 这类人物的典型，在《复活》中有诺沃德沃罗夫，那个革命煽动者，极度的虚荣与自私窒塞了他的智慧。绝无想象，毫无怀疑。在他后面，跟随着一个由工人转变成的革命家马尔克尔，他的要革命是为了受人压迫，心存报复，他崇拜科学，但他根本不知何谓科学，他盲目地反对教会。在《又是三个死者》或《神与人》中，还有若干新革命青年的典型。

甜蜜的生活，它们有如簇拥在秽物周围的苍蝇”。当社会主义获得胜利时，世界的面目将变得异样的可怕。欧罗巴的游民将以加倍的力量猛扑在弱小民众身上，他们将他们变成奴隶，使欧罗巴以前的无产者能够舒适地、悠闲地享乐，如罗马帝国时代的人一样。

幸而，社会主义的最精华的力量，在烟雾中在演说中耗费了——如饶勒斯那般：

> 多么可惊的雄辩家！在他的演辞中什么都有——而什么也没有……社会主义有些像俄国的正教：你尽管追究它，你以为抓住它了，而它突然转过来和你说：“不！我并非是如你所信的，我是别一样东西。”它把你玩于手掌之间……耐心啊！让时间来磨炼吧。社会主义的理论将如妇人的时装一般，很快地就会从客厅里撤到下室中去的。

然而，托尔斯泰这样地向自由党人与社会主义者宣战，究非为独裁政治张目；相反，这是为在队伍中消除了一切捣乱的与危险的分子之后，他的战斗方能在新旧两世界间竭尽伟大的气势。因为他亦是相信革命的。但他的革命较之一般革命家的另有一种理解：这是如中世纪神秘的信徒一般的，企待圣灵来统治未来：

> 我相信在这确定的时候，大革命开始了，它在基督教的世界内已经酝酿了二千年——这革命将代替已经残破的基督教义和从真正的基督教义衍出的统治制度，这革命将是人类的平等与真正的自由的基础——平等与自由原是一切赋有理智的生灵所希冀的。

这预言家选择哪一个时间来宣告幸福与爱的新时代呢？是俄罗斯最阴沉的时间，破灭与耻辱时间。啊，具有创造力的信心的美妙的机能啊！在它周围，一切都是光明——甚至黑夜也是。托尔斯泰在死灭中窥见再生的先机——在满洲战祸中，在俄国军队的瓦解中，在可怕的无政府状态与流血的阶级斗争中。他的美梦的逻辑使他在日本的胜利中获得这奇特的结论，说是俄罗斯应当弃绝一切战争：因为非基督徒的民众，在战争中往往较“曾经经历奴仆阶级的”基督徒民众占优。——这是不是叫他的民族退让？——不，这是至高的骄傲。俄罗斯应当放弃一切战争，因为他应当完成“大革命”。

瞧，这亚斯纳亚·波利亚纳的宣道者，反对暴力的老人，于不知不觉中预言着共产主义革命了！[①]

> 1905年的革命，将把人类从强暴的压迫中解放出来的革命，应当在俄国开始。——它开始了。

为什么俄罗斯要扮演这特选民族的角色？——因为新的革命首先要补救“大罪恶”，少数富人的独占土地，数百万人民的奴隶生活，最残忍的奴隶生活。[②]且因为没有一个民族对于这种褊枉的情况有俄罗斯民族所感的那般亲切明白。

尤其是因为俄罗斯民族是一切民族中最感染真正的基督教义的民族，而那时爆发的革命应当以基督的名义，实现团结与博爱的律令。但这爱的律令决不能完成，如果它不是依据了无抵抗那条律令。而无抵抗一向是俄罗斯民族的主要性格。

> 俄罗斯民族对于当局，老是持有一种和欧洲别的国家不同的态度。他从来不和当局争斗；也从来不参与政柄，因此他亦不能为政治玷污。他认为参政是应当避免的一桩罪恶。一个古代的传说，相传俄国人祈求瓦兰人来统治他们。大多数的俄国人素来宁愿忍受强暴的行为而不加报复。他们永远是屈服的……

自愿的屈服与奴颜婢膝的服从是截然不同的。

---

① 1865年始，托尔斯泰已有关于社会大混乱的预告的言语：“产业便是窃盗，这真理，只要世界上有人类存在，将比英国宪法更为真确……俄国在历史上的使命是要使世界具有土地社会公有的概念。俄国的革命只能以此原则为根据。它将不是反对帝王反对专制政治，而是反对土地私有。”

② “最残忍的奴隶制度是令人没有土地。因为一个主人的奴隶是做一个人的奴隶；但没有土地权的人却是众人的奴隶。”（见《世界之末日》第七章）

> 真正的基督徒能够屈服，而且他只能无抵抗地屈服于强暴，但他不能够服从，即不能承认强暴的合法。

当托尔斯泰写这几行的时候，他正因为目睹着一个民族的无抵抗主义最悲壮的榜样而激动着——这是1905年1月22日圣彼得堡的流血的示威运动，一群手无寸铁的民众，由教士加蓬领导着，任人枪决，没有一声仇恨的呼喊，没有一个自卫的姿势。

长久以来，俄国的老信徒，为人们称作“皈依者”的，不顾一切压迫，顽强地对于国家坚持着他们的和平抵抗，并不承认政府威权为合法。[①]在日俄战争这场祸变以后，这种思想更迅速地传布到乡间的民众中去。拒绝军役的事情一天一天地增多；他们愈是受到残忍的压迫，反抗的心情愈是增强。——此外，各行省，各民族，并不认识托尔斯泰的，也对于国家实行绝对的和平抵抗：1898年开始的高加索的杜霍博尔人，1905年左右的古里的格鲁吉亚人，托尔斯泰对于这些运动的影响远没有这些运动对于他的影响重大；而他的作品的意义，正和革命党的作家（如高尔基）所说的相反，确是俄罗斯旧民族的呼声。[②]

他对于冒着生命的危险去实行他所宣传的主张的那班人，抱着很谦虚很严肃的态度。对于杜霍博尔人、格鲁吉亚人，与对于逃避军役的人一样，他全没有教训的神气。

> 凡不能忍受任何试炼的人也不能教导什么给忍受试炼的人。

他向“一切为他的言论与文字所能导向痛苦的人”请求宽恕。他从来不鼓励一个人拒绝军役。这是由各人自己决定的。如果他和一个正在犹豫的人有何交涉时，“他老是劝他接受军役，不要反抗，只要在道德上于他不是不可能的话”。因为，如果一个人犹豫，这是因为他还未成熟；“多一个

① 托尔斯泰曾描绘了两个“盲从者”的典型：一个在《复活》的终端，另一个在《又是三个死者》中间。

② 在托尔斯泰指摘各省议会的骚动以后，高尔基表示大不满意，写道：“这个人变成他的思想的奴隶了。长久以来，他已离开了俄罗斯的现实生活而不听见民众的呼声了。他所处的地位已超临俄罗斯太远。”

军人究竟比多一个伪善者或变节者要好一些，这伪善与变节是做力不胜任的事的人们所容易陷入的境界”。他怀疑那逃避军役的责恰连科的决心。他怕这青年受了自尊心与虚荣心的驱使，而不是“为了爱慕上帝之故”。对于杜霍博尔人他写信给他们，教他们不要为了骄傲为了人类的自尊心而坚持他们的抵抗，但是要“如果可能的话，把他们的孱弱的妻儿从痛苦中拯救出来。没有人会因此而责备他们”。他们只“应当在基督的精神降临在他们心中的时候坚持，因为这样，他们才会因了痛苦而感到幸福”。在普通情形中，他总请求一切受着虐待的人，“无论如何不要断绝了他们和虐待他们的人中间的感情”。即是对于最残忍的古代的希律王，也要爱他，好似他在致一个友人书中所写的那般：

> 你说：“人们不能爱希律王。”——我不懂，但我感到，你也感到，我们应当爱希律王。我知道你也知道，如果我不爱他，我会受苦，我将没有生命。[①]

神明的纯洁，爱的热烈，终于连福音书上的“爱你的邻人如你自己一般”那句名言也不能使他满足了，因为这还是自私的变相！

有些人认为这爱情是太广泛了，把人类自私的情绪摆脱得那么干净之后，爱不将变成空洞吗？——可是，还有谁比托尔斯泰更厌恶“抽象的爱”？

> 今日最大的罪过，是人类的抽象的爱，对于一个离得很远的人的爱……爱我们所不认识的所永远遇不到的人，是多么容易的事！我们用不到牺牲什么。而同时我们已很自满！良心已经受到揶揄。——不。应当要爱你的近邻——爱和你一起生活并妨碍你的人。

大部分研究托尔斯泰的著作都说他的哲学与他的信仰并非是独创的：这是对的，这些思想的美是太永久了，决不能显得如一时代流行的风气那

① 1905年11月致友人书。托尔斯泰的关于国家问题的最重要的著作是《基督教精神与爱国主义》《爱国主义与政府》《军人杂记册》《日俄战争》《向逃避军役的人们致敬》。

般……也有人说他的哲学与信仰是乌托邦式的。这亦不错：它们是乌托邦式的，如福音书一般。一个预言家是一个理想者；他的永恒的生活，在尘世即已开始。既然他在我们面前出现了，既然我们看到这预言家中的最后一个，在艺术家中唯一的额上戴有金光的人——我觉得这个事实比世界上多一个宗教多一派哲学更为特殊更为重要。要是有人看不见这伟大的心魂的奇迹，看不见这疮痍满目的世界中的无边的博爱，真可说是盲人了！

“他的面目确定了”

他的面貌有了确定了的特点，由于这特点，他的面貌永远铭刻于人类记忆中：宽广的额上刻着双重的皱痕，浓厚的雪白的眉毛，美丽的长须，令人想起第戎城中的摩西像。苍老的脸容变得温和了；它留着疾病，忧苦，与无边的慈爱的痕迹。从他二十岁时的粗暴狂野，塞瓦斯托波尔从军时的呆板严肃起，他有了多少的变化！但清明的眼神仍保有它锐利逼人的光芒，表示无限的坦白，自己什么也不掩藏，什么也不能对他有何隐蔽。

在他逝世前九年，在致神圣宗教会议的答复（1901年4月17日）中，托尔斯泰说过：

> 我的信心使我生活在和平与欢乐之中，使我能在和平与欢乐之中走向生命的终局。

述到他这两句时，我不禁想起古代的谚语：“我们在一个人未死之前绝不能称他为幸福的人。”

那时候，他所引以自豪的和平与欢乐，对他是否能永远忠实？

1905年“大革命”的希望消散了。在已经拨开云雾的黑暗中，期待着的光明没有来到。革命的兴奋过去之后，接着是精力的耗竭。从前种种苛政暴行丝毫没有改变，只有人民陷于更悲惨的水深火热中。1906年时，托尔斯泰对于俄国斯拉夫民族所负的历史的使命已经起了怀疑；他的坚强的信心远远地在搜寻别的足以负起这使命的民族。他想起“伟大的睿智的中国人”。他相信“西方的民族所无可挽救地丧失的自由，将由东方民族去重新觅得”。他相信，中国领导着亚洲，将从“道”的修养上完成人类的转变大业。

但这是消失得很快的希望：信奉老子与孔子的中国如日本一样，否定了它过去的智慧，为的要模仿欧洲。[①]被凌虐的杜霍博尔人移民到加拿大去了；在那里，他们立刻占有了土地，使托尔斯泰大为不满。格鲁吉亚人，刚才脱离了国家的羁绊，便开始袭击和他们意见不同的人；而俄国的军队，被召唤着去把一切都镇压平了。即是那些犹太人——“他们的国家即是圣经，是人的理想中最美的国家。”——亦不能不沾染着这虚伪的国家主义，“为现代欧罗巴主义的皮毛之皮毛，为它的畸形的产物”。

托尔斯泰很悲哀，可不失望。他信奉上帝，他相信未来：

> 这将是完满之至了，如果人们能够在一霎间设法长成一个森林。不幸，这是不可能的，应当要等待种子发芽，长成，生出绿叶，最后才由树干长成一棵树。

但要长成一个森林必须要许多树；而托尔斯泰只有一个人。光荣的，但是孤独的。全世界到处都有人写信给他：回教国，中国，日本，人们翻译他的《复活》，到处流传着他关于“授田于民”的主义。美国的记者来访问他；法国人来征询他对于艺术或对于政教分离的意见。但他的信徒不到三百，他自己亦知道。且他也不筹思去获得信徒。他拒绝朋友们组织“托尔斯泰派”的企图。

> 不应该互相迎合，而应当全体去皈依上帝……你说：团结了，将更容易……——什么？——为工作，刈割，是的。但是接近上帝，人们却只有孤独才能达到……我眼中的世界，仿如一座巨大的庙堂，光明从高处射到正中。为互相联合起见，大家都应当走向光明。那里，我们全体，从各方面来，我们和并未期待的许多人相遇：欢乐便在于此。

在穹隆中射下的光明之下，他们究竟有多少人聚集在一处呢？——没有关系，只要和上帝在一起有一个也够了。

① 在他1906年的信中，托尔斯泰已经表示这种恐惧。

唯有在燃烧的物质方能燃着别的物质，同样，唯有一个人的真正的信仰与真正的生活方能感染他人而宣扬真理。

这也许是的；但这孤独的信仰究竟能为托尔斯泰的幸福保证到如何程度？——在他最后几年中，他真和歌德苦心孤诣所达到的清明宁静，相差得多少远？可说他是逃避清明宁静，他对于它满怀反感。

能够对自己不满是应当感谢上帝的。希望永远能如此！生命和它的理想的不调和正是生的标识，是从小到伟大，从恶到善的向上的动作。而这不调和是成为善的必要条件。当一个人平安而自满的时候，便是一种恶了。

而他幻想着这小说的题材，这小说证明列文或皮埃尔·别祖霍夫的烦闷在心中还未熄灭：

我时常想象着一个在革命团体中教养长大的人，最初是革命党，继而平民主义者，社会主义者，正教徒，阿多山上的僧侣，以后又成为无神论者，家庭中的好父亲，终于变成高加索的杜霍博尔人。他什么都尝试，样样都放弃，人们嘲笑他，他什么也没有做，在一座收留所中默默无闻地死了。在死的时候，他想他糟蹋了他的人生。可是，这是一个圣者啊。

那么，他，信心那么丰满的他，心中还有怀疑吗？——谁知道？对于一个到身体衰老与精神依然壮健的人，生命是绝不能停留在某一点思想的上的。生命还须前进。

动，便是生。[①]

---

① “想象一切人类完全懂得真理而集合在一起住在岛上。这是不是生活？”（1901年3月致一个友人书）

在他生命的最后几年中，他多少事情都改变了。他对于革命党人的意见转变了没有呢？谁又能说他对于无抵抗主义的信心丝毫没有动摇？——在《复活》中，涅赫留多夫和政治犯们的交往证明他对于俄国革命党的意见已经变易了。

至此为止，他所一向反对他们的，是他们的残忍，罪恶的隐蔽，行凶，自满，虚荣。但当他更迫近地看他们时，当他看到当局如何对待他们时，他懂得他们是不得不如此的。

他佩服他们对于义务具有高卓的观念，整个的牺牲都包括在这观念中了。

但自1900年起，革命的潮流开始传布扩大了，从知识分子出发，它侵入民众阶级，它暗中震撼着成千成万的不幸者。他们军队中的前锋，在亚斯纳亚·波利亚纳托尔斯泰住所窗下列队而过。《法兰西水星》杂志所发表的三短篇，为托尔斯泰暮年最后的作品的一部分，令人窥见这种情景在他精神上引起多少痛苦多少凄惶。在图拉田野，走过一队队质朴虔敬的巡礼者的时间，如今在哪里。此刻是无数的饥荒者在彷徨流浪。他们每天都有得来。托尔斯泰和他们谈过话，发现他们胸中的愤恨为之骇然；他们不复如从前般把富人当为“以施舍作为修炼灵魂的人，而是视为强盗，喝着劳动民众的鲜血的暴徒”。其中不少是受过教育的，破产了，铤而走险地出此一途。

> 将来在现代文明上做下如匈奴与汪达尔族在古代文明上所做的事的野蛮人，并非在沙漠与森林中而是在都会近旁的村落中与大路上养成的了。

亨利·乔治曾经这样说过。托尔斯泰更加以补充，说：

> 汪达尔人在俄罗斯已经准备好了，在那么富于宗教情绪的我们的民族中，他们将格外显得可怕，因为我们不知道限度，如在欧洲已经大为发达的舆论与法度，等等。

托尔斯泰时常收到这些反叛者的书信，抗议他的无抵抗主义，说对于一切政府与富人向民众所施的暴行只能报以“复仇！复仇！复仇”之声。——托尔斯泰还指摘他们不是吗？我们不知道。但当他在几天之后，看见在他的村庄中，在对着无情的役吏哀哀啼哭的穷人家中，牛羊釜锅被掠去的时候，他亦不禁对着那些冷酷的官吏喊起复仇的口号来了，那些刽子手，“那些官僚与助手，只知道贩酒取利，教人屠杀，判罚流刑，下狱，苦役，或绞死——这些家伙，一致认为在穷人家抓去的牛羊布匹，更宜于用来蒸馏毒害民众的酒精，制造杀人的军火，建造监狱，而尤其是和他们的助手们分赃花用”。

这是一个过渡段，前一句总结了托尔斯泰的几乎大半生的信仰伴随社会变动而失落；后一句开启下文：托尔斯泰晚年生活的变化。

这真是悲苦的事：当一个人整整的一生都在期待爱的世界来临时，而在这些可怕的景象之前又不得不闭着眼睛，满怀惶惑。——这将更为惨痛，当一个人具有托尔斯泰般真切的意识时，而要承认自己的生活还不曾和他的主张一致。

在此，我们触及他最后几年——当说他的最后三十年吧？——的最苦痛的一点，而这一点，我们只应当以虔诚的手轻轻地加以抚摩：因为这痛苦，托尔斯泰曾努力想保守秘密，而且这痛苦不只属于死者，亦属于其他的生者，他所爱的，爱他的人们了。

他始终不能把他的信心感染给他最亲爱的人，他的夫人，他的儿女。我们已见到这忠实的伴侣，勇敢地分担他的生活与他的艺术工作，对于他的放弃艺术信仰而去换一个为她不了解的道德信仰，感有深切的苦痛。托尔斯泰看到自己不被他最好的女友懂得，痛苦亦不下于她。

“我全个心魂都感到，”他写信给捷涅罗莫说，“感到下列几句话的真切：丈夫与妻子不是两个分离着的生物，而是结合为一的；我热愿把我能有时借以超脱人生之苦恼的宗教意识，传递一部分给我的妻子。我希望这意识能够，当然不是由我，而是由上帝传递给她，虽然这意识是女人们所不大能达到的。”[①]

这个志愿似乎没有被接纳。托尔斯泰伯爵夫人爱“和她结合为一的”伟大的心魂的仁慈，爱他心地的纯洁，爱他坦白的英雄气；她窥见“他走在群众之前，指示人类应取的途径”；当神圣宗教会议开除他的教籍时，她勇敢地为他辩护，声称她将分任她的丈夫所能遭逢的危险。但她对于她不相信的事情不能佯为相信；而托尔斯泰亦是那么真诚，不愿强令她佯为信从——因为他恨虚伪的信仰与爱，更甚于完全的不信仰与不爱。[②]因此，他怎么能强迫不相信的她改变她的生活，牺牲她和她的儿女们的财产呢？

和他的儿女们，他们间的龃龉似乎更深。勒鲁瓦·博利厄氏曾在亚斯纳亚·波利亚纳见过托尔斯泰，说“在食桌上，当父亲说话时，儿子们竟不大遮掩他们的烦恼与不信任”。他的信仰只稍稍感染了他的三位女儿，其中一个，他最爱的玛丽亚，那时已经死了。[③]他在家人中间，精神上是完全孤独的，懂得他的“仅有他的幼女和他的医生”。

他为了这思想上的距离而苦恼，他为了不得不敷衍的世俗的交际而苦恼，世界上到处有人来访问他，那些美国人，那些趋附时髦的轻浮之士使他非常厌倦；他亦为了他的家庭生活所强迫他享受的“奢侈”而苦恼。其实亦是最低限度的奢侈，如果我们相信在他家里见过他的人的叙述的话，严肃冷峻的家具，他的小卧室内，放着一张铁床，四壁秃露无一物！但这种舒适已使他难堪：这是他永远的苦恼。在《法兰西水星》的第二短篇中，他悲苦地把周围的惨状和他自己家中的享用作对比。

1903年时，他已写道：“我的活动，不论对于若干人士显得是如何有益，都已经丧失了它大半的重要性，因为我的生活不能和我所宣传的主张完全一致。”

他真是如何地不能实现这一致！他既不能强迫他的家族弃绝人世，也不能和他们与他们的生活分离——使他得以摆脱他的敌人们的攻击，说他是伪善，说他言行不一致！

---

① 1892年5月16日。托尔斯泰那时看见他的夫人为了一个男孩的死亡而痛苦着，他不知如何安慰她。

② “我从来不责备人没有宗教。最坏的是当人们说谎时，佯作信奉宗教。”此外又言：“如果上帝假装爱我们，这是比恨我们更糟。”

③ 保尔·比鲁科夫最近在德译本中发表一部托尔斯泰与他的女儿玛丽亚的通信。

他曾有过思念。长久以来，他已下了决心。人们已觅得并发表了他于1897年6月8日写给他的妻子的信。应当在此全部转录出来。再没有比这封信更能抉发他的热爱与苦痛的心魂的了：

长久以来，亲爱的索菲娅，我为了我的生活与我的信仰的不一致而痛苦。我不能迫使你改变你的生活与习惯。迄今为止，我也不能离开你，因为我想我离开之后，我将失掉我能给予你的还很年轻的孩子们的小小的影响，而我将使你们大家非常难过。但我不能继续如过去的十六年般的生活[①]，有时是对你们抗争使你们不快，有时我自己陷于我所习惯的周围的诱惑与影响中间不能振作。我此刻决心要实行我已想了好久的计划：走……如印度人一般，到了六十岁的时候到森林中去隐居，如一切信教的老人一般，愿将他的残年奉献给上帝，而非奉献给玩笑，说幽默话，胡闹，打网球，我亦是，在这七十岁左右的时节，我在整个心魂的力量上愿静穆，孤独，即非完满的一致，至少亦不要在我一生与良心之间争斗的不一致。如果我公开地走，一定会引起你们的祈求，辩论，我将退让，或者就在我应当实行我的决心的时候就没有实行。因此我请你们宽恕我，如果我的行动使你们难过。尤其是你，索菲娅，让我走吧，不要寻找我，不要恨我，不要责备我。我离开你这个事实并不证明我对你有何不满……我知道你不能，你不能如我一样地思想与观察，故你不能改变你的生活，不能为了你所不承认的对象作何牺牲。因此，我一点也不埋怨你；相反，我满怀着爱与感激来回忆我们三十五年的冗长的共同生活，尤其是这时期的前半期，你用你天赋的母性中的勇敢与忠诚，来负起你所承认的你的使命。你对于我，对于世界，你所能给予的已经给予了。你富有母爱，尽了极大的牺牲……但在我们的生活的后半部，在这最近的十五年间，我们是分道扬镳了。我不能相信这是我的错误；我知道我改变了，可这既非为了享乐，亦非为了别人，而是为了我不得不如此之故。我不能责备你丝毫没有跟从我，我感谢你，且我将永远怀着真挚

① 这种痛苦的情况自1881年，即在莫斯科所度的那个冬天起即已开始，那时候即托尔斯泰初次发现社会惨状。

的爱想起你对于我的赐予。——别了，我亲爱的索菲娅。我爱你。

“我离开你这事实……”实在他并未离开她。——可怜的信！对于他，写了这信似乎已足够，似乎已经完成了他的决心……写完了，他的决断的力量已经用尽了。——“如果我公开地走，一定会引起你们的祈求，辩论，我将退让……”可是于他不需什么“祈求”“辩论”，他只要一刻之后，看到他要离开的一切时，他便感到他不能，他不能离开他们了；他衣袋中的信，就此藏在一件家具内，外面注着：

我死后，将此交给我的妻，索菲娅·安德烈耶芙娜。

他的出亡的计划至此为止。

这是他的力的表现吗？他不能为了他的上帝而牺牲他的温情吗？——当然，在基督教名人录中，不乏更坚决的圣者，会毫不踌躇地摈弃他们的与别人的感情……怎么办呢？他决非是这等人。他是弱者。他是人。为了这，我们才爱他。

十五年前，在极端怆痛的一页中，他自问：

那么，列夫·托尔斯泰，你是否依照你所宣扬的主义而生活？

他痛苦地答道：

我羞愧欲死，我是罪人，我应当被人蔑视。……可是，请把我过去的生活和现在的比一比吧。你可以看到我在寻求依了上帝的律令而生活的方法。我没有做到我应做的千分之一，我为此而惶愧，但我的没有做到并非因为我不愿而是因为我不能……指斥我吧，可不要指斥我所遵循的道路。如果我认识引领到我家里去的道路而我如醉人一般踉踉跄跄地走着，这便可说是我所取的路是坏路吗？不是请你指点我另一条路，就是请支持我去遵循真理的路，而我已完全准备受你支持了。可不要冷落我，不要把我的破灭引为乐事，不要高兴地喊：“瞧啊！他说他要走到家里，而他堕入泥洼中去了！”不，不要幸灾乐祸，但请助我，支持我！……助我啊！我为了我们大家都彷徨失措而心碎；而当我竭尽全力想超脱地狱时，当我每次堕入歧途时，你们却不予我同情，反指着我说："看吧，他亦和我们一起跌入泥洼了！"

离他的死更近的时候，他又重复着说：

我不是一个圣者，我从来不自命为这样的人物。我是一个任人驱使的人，有时候不完全说出他所思想他所感觉着的东西；并非因为他不愿，而是因为他不能，因为他时常要夸大或彷徨。在我的行为中，这更糟了。我是一个完全怯弱的人，具有恶习，愿侍奉真理之神，但永远在颠蹶，如果人们把我当作一个不会有何错误的人，那么，我的每项错误皆将显得是谎言或虚伪。但若人们视我为一个弱者，那么，我的本来面目可以完全显露，这是一个可怜的生物，但是真诚的，他一直要而且诚心诚意地愿成为一个好人，上帝的一个忠仆。

这样地，他为良心的责备所苦，为他的更坚毅的但缺少人间性的信徒们的无声的埋怨所抨击，为了他的怯弱，他的踟蹰不决而痛心，老是在家族之爱与上帝之爱间徘徊——直到一天，一时间的绝望，或是他临死前的狂热的旋风，迫他离开了家，在路上，一面彷徨，一面奔逃，去叩一所修道院的门，随后又重新启程，终于在途中病倒了，在一个无名的小城中一病不起。在他弥留的床上，他哭泣着，并非为了自己，而是为了不幸的人们，而在号啕的哭声中说：

大地上千百万的生灵在受苦；为何你们大家都在这里只照顾一个列夫·托尔斯泰？

于是，"解脱"来了——这是1910年11月20日，清晨六时余——"解脱"，他所称为"死，该祝福的死……"来了。

“战斗告终了”

战斗告终了，以八十二年的生命作为战场的战斗告终了。悲剧的光荣的争战，一切生的力量，一切缺陷一切德行都参与着。——一切缺陷，除了一项，他不息地抨击的谎言。

最初是醉人的自由，在远远的电光闪闪的风雨之夜互相摸索冲撞的情欲——爱情与幻梦的狂乱，永恒的幻象。高加索，塞瓦斯托波尔，这骚乱烦闷的青春时代……接着，婚后最初几年中的恬静。爱情，艺术，自然的幸福，《战争与和平》。天才的最高期，笼罩了整个人类的境界，还有在心魂上已经成为过去的，这些争斗的景象。他统治着这一切，他是主宰；而这，于他已不足够了。如安德烈亲王一样，他的目光转向奥斯特利茨无垠的青天。是这青天在吸引他：

> 有的人具有强大的翅翼，为了对于世俗的恋念堕在人间，翅翼折断了：例如我。以后，他鼓着残破的翅翼奋力冲飞，又堕下了。翅翼将会痊愈变成完好的。我将飞翔到极高。上帝助我！

这是他在最惊心动魄的暴风雨时代所写的句子，《忏悔录》便是这时期的回忆与回声。托尔斯泰曾屡次堕在地下折断了翅翼。而他永远坚持着。他重新启程。他居然“翱翔于无垠与深沉的天空中了”，两张巨大的翅翼，一是理智一是信仰。但他在那里并未找到他所探求的静谧。天并不在我们之外而在我们之内。托尔斯泰在天上仍旧激起他热情的风波，在这一点上，他和一切舍弃人世的使徒有别：他在他的舍弃中灌注着与他在人生中同样的热情。他所抓握着的永远是“生”，而且他抓握得如爱人般的强烈。他“为了生而疯狂”。他“为了生而陶醉”。没有这醉意，他不能生存。[①]为

① “一个人只有在醉于生命的时候方能生活。”（《忏悔录》，1879）“我为了人生而癫狂……这是夏天，美妙的夏天。今年，我奋斗了长久；但自然的美把我征服了。我感着生的乐趣。”（1880年7月致费特书）这几行正是他为了宗教而狂乱的时候写的。

了幸福，同时亦为了苦难而陶醉，醉心于死，亦醉心于永生。①他对于个人生活的舍弃，只是他对于永恒生活的企慕的呼声而已。不，他所达到的平和，他所唤引的灵魂的平和，并非是死的平和。这是那些在无穷的空间中热烈地向前遯奔的人们的平和。在于他，愤怒是沉静的，而沉静却是沸热的。信心给予他新的武器，使他把从初期作品起便开始的对于现代社会的谎言的战斗，更愤激地继续下去。他不再限于几个小说中的人物，而向一切巨大的偶像施行攻击了：宗教，国家，科学，艺术，自由主义，社会主义，平民教育，慈善事业，和平运动……他痛骂它们，把他们抨击得毫无余地。

世界上曾时常看见那些伟大的思想反叛者出现，他们如先驱者约翰般诅咒堕落的文明。其中的最后一个是卢梭。在他对于自然的爱慕，在他对于现代社会的痛恨，在他极端的独立性，在他对于圣书与基督教道德的崇拜，卢梭可说是预告了托尔斯泰的来临，托尔斯泰自己即承认，说："他的文字中有许多地方打动我的心坎，我想我自己便会写出这些句子。"

但这两颗心魂毕竟有极大的差别，托尔斯泰的是更纯粹的基督徒的灵魂！且举两个例子以见这位日内瓦人的《忏悔录》中含有多么傲慢，不逊，伪善的气氛：

> 永恒的生灵！有人能和你说——只要他敢：我曾比此人更好！
>
> 我敢毫无顾忌地说：谁敢当我是不诚实的人，他自己便是该死。

托尔斯泰却为了他过去生命中的罪恶而痛哭流涕：

> 我感到地狱般的痛苦。我回想起我以往一切的卑怯，这些卑怯的回忆不离我，它们毒害了我的生命。人们通常抱憾死后不能保有回忆。这样将多么幸福啊！如果在这另一个生命中，我能回忆到我在此世所犯的一切罪恶，将是怎样的痛苦啊！……

---

① 1865年10月《日记》："死的念头……""我愿，我爱永生。"

他不会如卢梭一般写他的《忏悔录》，因为卢梭曾言："因为感到我的善胜过恶，故我认为有说出一切的利益。"托尔斯泰试着写他的《回忆录》，终于放弃了；笔在他手中堕下，他不愿人们将来读了之后说：

> 人们认为那么崇高的人原来如此！他曾经是何等卑怯！至于我们，却是上帝自己令我们成为卑怯的。

基督教信仰中的美丽而道德的贞洁，和使托尔斯泰具有憨直之风的谦虚，卢梭都从未认识。隐在卢梭之后——在鹭鸶岛的铜像周围——我们看到一个日内瓦的圣皮埃尔，罗马的加尔文。在托尔斯泰身上，我们却看到那些巡礼者，无邪的教徒，曾以天真的忏悔与流泪感动过他的童年的。

对于世界的奋战，是他和卢梭共同的争斗，此外尚另有一种更甚于此的争斗充塞着托尔斯泰最后三十年的生命，这是他心魂中两种最高的力量的肉搏：真理与爱。

真理——"这直透入心魂的目光。"——透入你内心的灰色的眼珠中的深刻的光明……它是他的最早的信仰，是他的艺术之后。

> 成为我作品中的女英雄的，为我以整个心魂的力量所爱的，在过去，现在，将来，永远是美的，这便是真理。

真理，是在他兄弟死后一切都毁灭了的时候所仅存的东西。[①]真理，是他生命的中枢，是大海中的岩石。……

但不久之后，"残酷的真理"于他已不够了。爱占夺了它的地位。这是他童年时代的活泼的泉源，"他的心魂的自然的境界"。1880年发生精神错乱时，他绝未舍弃真理，他把它导向爱的境界。

爱是"力的基础"。爱是"生存的意义"，唯一的意义，当然，美亦是的。爱是由生活磨炼成熟后的托尔斯泰的精髓，是《战争与和平》《答神圣

① "真理……在我道德观念中唯一存留的东西，我将崇拜的唯一的对象。"（1860年10月17日）

宗教会议书》的作者的生命的精髓。

爱深入于真理这一点，成为他在中年所写的杰作的独有的价值，他的写实主义所以和福楼拜式的写实主义有别者亦为此。福楼拜竭力要不爱他书中的人物。故无论这种态度是如何伟大，它总缺少光明的存在！太阳的光明全然不够，必须要有心的光明。托尔斯泰的写实主义现身在每个生灵的内部，且用他们的目光去观察他们时，在最下贱的人中，他亦会找到爱他的理由，使我们感到这恶人与我们中间亦有兄弟般的情谊联系着。①由于爱，他参透生命的根源。

但这种博爱的联系是难于维持的。有时候，人生的现象与痛苦是那么悲惨，对于我们的爱显得是一种打击，那时，为了拯救这爱，拯救这信念，我们不得不把它超临人世之上，以致它有和人世脱离一切关系的危险。而那秉有看到真理，且绝对不能不看到真理的这美妙而又可畏的天赋的人，将怎么办呢？托尔斯泰最后数年中，锐利的慧眼看到现实的残酷，热烈的心永远期待着锻炼着爱，他为了心与目的不断的矛盾所感到的痛苦，谁又能说出来呢？

我们大家都体验过这悲剧的争斗。我们屡次陷入或不忍睹或痛恨的轮回中！一个艺术家—— 一个名副其实的艺术家，一个认识文字的美妙而又可怕的力量的作家——在写出某项某项真理的时候，感到为惨痛的情绪所拗苦：此种情形何可胜数！②在现代的谎言中，在文明的谎言中，这健全而严重的真理，有如我们赖以呼吸的空气一般需要……而我们发现这空气，为多少肺所不能忍受，多少为文明所磨成，或只为他们心地的慈悲而变成怯弱的人所不堪忍受！这使人骇而却走的真理，我们可毫不顾虑这些弱者而在他们眼前暴露吗？有没有在高处如托尔斯泰所说的一般，一种“导向爱的”真理？——可是什么？我们能不能容忍以令人安慰的谎言去欺骗人，如皮尔·金特把他的童话来麻醉他的垂死的母亲？……社会永远处在这两条路的中间：真理；或爱。它通常的解决，往往是把真理与爱两者一齐牺牲了。

---

① “艺术家对于他的作品的爱是艺术的心灵。没有爱，没有艺术品。”（1889年9月书）

② “我写了这些书，所以我知道它们所能产生的罪过……”（1897年11月21日，托尔斯泰致杜霍博尔人的领袖韦里金书）。

托尔斯泰从未欺妄过他两种信心中的任何一种。在他成熟期的作品中，爱是真理的火焰。在他晚年的作品中，这是一种从高处射下的光明，一道神恩普照的光彩烛照在人生上，可是不复与人生融合了。我们在《复活》中看到信仰统治着现实，但仍站在现实之外。托尔斯泰所描写的人物，每当他个别观察他们的面目时，显得是弱的，无用的，但一等到他以抽象的方式加以思索时，这些人物立刻具有神明般的圣洁了。①——在他日常生活中，和他的艺术同样有这种矛盾的表现，而且更为残酷的。他虽然知道爱所支使他的任务，他的行动却总不一致；他不依了神而生活，他依了世俗而生活。即是爱，到哪里去抓握它呢？在它不同的面目与矛盾的系统中如何加以辨别？是他的家庭之爱，抑是全人类之爱？……直到最后一天，他还是在这两者中间彷徨。

社会的两边为什么是“真理”和“爱”？这里的“真理”指的是什么？“爱”又指的是什么？

如何解决？——他不知道。让那些骄傲的知识分子去轻蔑地批判他吧。当然，他们找到了解决方法，找到了真理，他们具有确信。在这些人看来，托尔斯泰是一个弱者，一个感伤的人，不足为训的。无疑地，他不是一个他们所能追随的榜样：他们没有相当的生命力。托尔斯泰不属于富有虚荣心的优秀阶级，他亦不属于任何教派——他既非伪善者，亦非如他所称谓的犹太僧侣。他是自由基督徒中最高的一个典型，他的一生都在倾向于一个越趋越远的理想。

托尔斯泰并不向那些思想上的特权者说话，他只说给普通人听。——他是我们的良知。他说出我们这些普通人所共有的思想，为我们不敢在自己心中加以正视的。而他

① 参看《一个绅士的早晨》——或在《忏悔录》中理想的描写，那些人是多么质朴，多么善良，满足自己的命运，安分守己，博得人生的意义——或在《复活》第二编末，当涅赫留多夫遇见放工回来的工人时，眼前显出“这人类，这新世界”。

之于我们，亦非一个骄傲的大师，如那些坐在他们的艺术与智慧的宝座上，威临着人类的高傲的天才一般。他是——如他在信中自称的，那个在一切名称中最美，最甜蜜的一个——“我们的弟兄”。

1911年1月

阅读测评

“我心中的英雄”任务单

班级________ 姓名________ 学号________

阅读完这部分，我的时间轴是这样的

我的自我评价及成果展示

我的组员对我说

我的老师对我说

天马行空自由发挥区

阅读拓展

二十世纪的前半期是人类历史上风云激荡也苦难深重的时期，罗曼·罗兰创作《名人传》，傅雷先生翻译《名人传》，都是有感而为，是要从这些伟人的生涯中汲取生存的力量和战斗的勇气。傅雷先生说：“在阴霾遮蔽了整个天空的时候”，他从《名人传》中得到的启示是：“唯有真实的苦难，才能驱除罗曼蒂克的幻想的苦难；唯有克服苦难的壮烈的悲剧，才能帮助我们担受残酷的命运；唯有抱着‘我不入地狱谁入地狱’的精神，才能挽救一个萎靡而自私的民族……”

那么，对于今天的读者来说，《名人传》又能给予我们什么呢？在一个物质生活极度丰富而精神生活相对贫弱的时代，在一个人们躲避崇高、告别崇高而自甘平庸的社会里，《名人传》给予我们的也许更多是尴尬，因为这些巨人的生涯就像一面明镜，使我们的卑劣与渺小纤毫毕现。我们宁愿去赞美他们的作品而不愿去感受他们人格的伟大。

《名人传》也非常好地印证了一句中国人的古训：古今之成大事业者，非惟有超世之才，亦必有坚韧不拔之志。贝多芬的“在伤心隐忍中找栖身”，米开朗琪罗的“愈受苦愈使我喜欢”，托尔斯泰的“我哭泣，我痛苦，我只是欲求真理”，无不表明伟大的人生就是一场无休无止的战斗。我们的时代千变万化，充满机遇，我们渴望成功，但我们却不想奋斗。我们要的是一夜成名。浮躁和急功近利或许会使我们取得昙花一现的成就，但决不能让我们跻身人类中的不朽者之列。因此，读读《名人传》也许会让我们清醒一些。

——李瑞华：《〈名人传〉——感受崇高》

在三十年代，同罗曼·罗兰有过通信关系的，就是罗曼·罗兰的巨著《约翰·克利斯朵夫》和《三名人传》的译者傅雷。傅雷曾于1927—1931年在法国游学，但他同罗曼·罗兰通信却是他回国以后的事。在罗曼·罗兰的文献中，他藏有傅雷写给他的七封信，第一封是1934年3月3日，最后一封是1936年7月27日。他在第一封信中，告诉罗曼·罗兰他在翻译《三名人传》，罗曼·罗兰在6月30日复了信，一开头就说："足下移译拙著《贝多芬》《米开朗琪罗》《托尔斯泰》三书，并有意以汉译付刊，闻之不胜欣慰。"这封信的原件和中译本曾印在1935年上海商务印书馆出版的《托尔斯泰传》的卷首。他在此后写给罗曼·罗兰的几封信，都与翻译《约翰·克利斯朵夫》有关，其中询问了一些疑难之处。

……

罗曼·罗兰在他的一生当中，对中国和中国人民是非常关心的。他同情被帝国主义者压迫的中国人民。他反对过日本帝国主义者压迫中国人民，他反对过日本帝国主义者对中国的侵略。当1931年"九一八"事变发生之后不久，他曾向全世界的进步人士发出呼吁："为了遭受进攻的中国人民，……我所求：快援助啊！捉住凶手！"1932年8月27日在荷兰阿姆斯特丹召开的全世界反战大会上，他曾这样讲道：

"中国巨人般的身体，被帝国主义从外面，同时又被帝国主义的同谋者从内部撕成碎片的身体，正在英勇地站起来，而且将从痛苦的海洋中，重新涌现。"

当1936年10月鲁迅逝世以后，宋庆龄、茅盾、蔡元培还曾联名写信给罗曼·罗兰，请他在世界各国纪念鲁迅方面给予支持。……

罗曼·罗兰离开我们已是整整四十年了，但中国人民没有忘记这位伟大的作家，中国的文艺界和广大的读者没有忘记这位伟大的作家，中国的文艺界和广大的读者依然在从他的著作中汲取生命的活力和鼓舞的力量。这正如中国名作家郭沫若所说的：

“你的一生，在精神生产上的多方面的努力，对人类的贡献非常宏大，人类是永远地纪念着你。你将和历史上各个民族各个时代的伟大的灵魂们，像天空中的星群一样，永远在我们人类的头上照耀。”

——戈宝权：《罗曼·罗兰和中国》

书籍在中国的影响力和在法国的文学地位也是两码事。仍以这两个作家为例子。罗曼·罗兰尽管得到过诺贝尔文学奖，但在文学史上的地位应该说不如同样获得诺贝尔文学奖的纪德、加缪等人。而都德的爱国主义“身份”也被一些批评家质疑，因为他对拿破仑三世、对第二帝国的愚忠态度。实际上，长篇小说《约翰·克利斯朵夫》、短篇小说《最后一课》在法国国内的影响也不是很大，至少不如我们想象的那样灿烂辉煌。它们可能远远不如普鲁斯特的《追寻逝去的时光》（即《追忆似水年华》），甚至不如福楼拜的《包法利夫人》，尽管后者只是一部讲述外省女子一味追求时髦生活而被诱惑日渐堕落的小说。

记得当年，有同行托我在巴黎访学期间购买一本罗曼·罗兰的《三名人传》（《米开朗琪罗传》《贝多芬传》《托尔斯泰传》）法文版原著来做翻译之用，我跑了多家书店，都被告知“绝版”“没有重印”，一开始我还有些纳闷，为什么在中国一版再版的书，在法国却绝版了，而且，绝版之后也不再重印了呢？而且在两家比较大的图书馆里，我都没有找到这本《三名人传》。

这件事当时真让我惊讶。估计，应该是没有读者的需求吧。再静下心来一想，其实也就想通了，其中的原因很简单，就是中国和法国的读者对罗曼·罗兰作品的不同需要、不同评价。《约翰·克利斯朵夫》也好，《三名人传》也好，在半殖民地半封建的旧中国时，属于引导青年奋进革命的进步文学，在人民当家的新中国时，属于鼓励青年自觉奋斗的主旋律文学；而在法国，在百花齐放的文学花园中，《约翰·克利斯朵夫》的地位就明显低得多了。

——余中先：《法国书的中国命运》

名著阅读力养成丛书

朝花夕拾
白洋淀纪事——孙犁小说
湘行散记·从文自传
西游记
猎人笔记
镜花缘
骆驼祥子
海底两万里
飞向太空港
昆虫记
寂静的春天
星星离我们有多远
傅雷家书
给青年的十二封信
钢铁是怎样炼成的
名人传
雪落在中国的土地上——艾青诗选
泰戈尔诗选
唐诗三百首
水浒传
世说新语
聊斋志异
儒林外史
格列佛游记
简·爱
契诃夫短篇小说选
我是猫

山海经
呐喊
繁星·春水——冰心诗选
背影
想念地坛
昆明的雨
紫藤萝瀑布·丁香结
城南旧事
假如给我三天光明
三大师传
居里夫人自传
人类的群星闪耀时
沙滩上的童话
孤独的小螃蟹·大象的耳朵
小狗的小房子·小柳树和小枣树
稻草人
项链·神奇咒语
愿望的实现
神笔马良
笠翁对韵

更多图书即将面世……